Rheinische Wunderkammer

200 Objekte aus 200 Jahren

Universität Bonn 1818–2018

universitätsgesellschaft bonn

100 Jahre Förderung der Museen und Sammlungen:
Die Rheinische Wunderkammer
entstand mit der Förderung
der Universitätsgesellschaft Bonn, 1917-2017

UNIVERSITÄT BONN

Dank für die Unterstützung gilt ebenso der
Rheinischen Friedrich-Wilhelms-Universität Bonn

Rheinische Wunderkammer

200 Objekte aus 200 Jahren Universität Bonn 1818–2018

herausgegeben von
Klaus Herkenrath und
Thomas Becker

mit Bildern von
Volker Lannert

WALLSTEIN VERLAG

Bibliografische Information der Deutschen Nationalbibliothek

Die Deutsche Nationalbibliothek verzeichnet diese Publikation in der Deutschen Nationalbibliografie; detaillierte bibliografische Daten sind im Internet über http://dnb.d-nb.de abrufbar.

www.wallstein-verlag.de
Vom Verlag gesetzt aus der Garamond und der Thesis
Umschlaggestaltung: Marion Wiebel

Druck und Verarbeitung: Friedrich Pustet, Regensburg
ISBN 978-3-8353-3139-6

Inhalt

Vorwort

Museen und Sammlungen gehören zu Universitäten wie Hörsäle, Labore und Bibliotheken. Während wissenschaftlich fundierte Aussagen durch den ständigen Erkenntnisfortschritt einem steten Wandel unterworfen sind, bleiben die Objekte der Sammlungen mit ihrer Informationsfülle bestehen und bilden weiter das Faktengerüst, auf dem der wissenschaftliche Erkenntnisprozess ruht. Objekte wissenschaftlicher Sammlungen lassen keinen Raum für »alternative Fakten«, wohl aber für den Fortschritt. Sie wirken einem schwindenden Vertrauen der Bevölkerung in die Verlässlichkeit wissenschaftlicher Untersuchungsergebnisse entgegen. In diesem Sinne sind die wissenschaftlich fundierten Sammlungen Forschungsinfrastruktur. Im direkten Interesse der Universität liegt es, diese Forschungsinfrastruktur zu pflegen, zu bewahren und weiter zu erforschen, wo dies ratsam ist.

Dieses Buch zeigt, wie aus Dingen Objekte des wissenschaftlichen Diskurses zwischen einander wertschätzenden Wissenschaftlern wurden. Ein Diskurs, der 1818 ebenso wie heute auf einem Methodenkanon beruht, der sowohl entlang der Fachdisziplinen als auch über deren Grenzen hinaus geführt wird, im Ringen um die auch veränderlichen Regeln des Diskurses selbst, stets das Wohl der Gemeinschaft im Blick. Dabei entwickeln sich Methoden weiter, Ausgangsfragen ändern sich. Theorien und Statistiken haben heute bestenfalls mittlere Reichweite. Erkenntnis und Irrtum liegen nicht nur nah beieinander, sondern sind strukturell miteinander verwoben; es gibt das eine nicht ohne das andere. Die Objekte spiegeln das.

Dem liegt die Idee vom menschlichen Streben nach Wahrheit zur Erweiterung des Horizontes im Diskurs unter Gleichen zugrunde, jene Idee, die Wilhelm von Humboldt im überlieferten Fragment seiner »Theorie der Bildung des Menschen« im Jahre 1812 formulierte und die seinen Bruder Alexander in der ganzen Welt reisen, sammeln und forschen ließ. Bis heute können Disputanten den Weg aller Gedankenführungen zurück zur Quelle gehen, also zu den Dingen, die im Diskurs Objekte wurden.

200 ihrer Objekte stellen die Museen und Sammlungen mit diesem Band vor. Hinter jedem steht eine ganze Welt. Sie kann – von der ersten Frage über die Suche und die Entdeckung, Bergung oder Erfindung bis hin zur Restaurierung, Inventarisierung und Präsentation – hier nur skizziert werden. Jede Darstellung ist eine Einladung, selbst demnächst einmal vor Ort näher hinzuschauen. Einige der Objekte können in den 12 Museen der Universität betrachtet werden, andere lagern geordnet und inventarisiert im Magazin einer wissenschaftlichen Sammlung und sind dort für Betrachter, Studierende und Forscher zugänglich. Auch Objekte aus noch nicht systematisierten Sammlungen zählen zu diesem Band. Manche Objekte wurden mindestens teilweise zerstört oder gehörten einst einer Sammlung an, die inzwischen untergegangen ist, durch Krieg oder auch durch Unachtsamkeit. Bundesweit gehen nach Angaben der in Berlin ansässigen Koordinierungsstelle der Universitätssammlungen die meisten Objekte inzwischen deshalb verloren, weil eine Sammlung auf den Müll geworfen wird.

Dieses Buch soll also die Fülle der beschriebenen Forschungsinfrastruktur vor Augen führen und wir wünschen uns, dass es den Lesern und Leserinnen Freude bereitet, wenn beim Umblättern ein neues Objekt aus einer ganz anderen Sammlung und aus einem ganz anderen Wissenschaftsraum, als das gerade eben noch eine Seite davor entdeckte, auftaucht; stets in Perspektiven, die durch Volker Lannert vermittelt werden. So wird die Gemeinschaft der Wissenschaften, lat.: *universitas litterarum*, sichtbar, die der Universität ihren Namen gegeben hat. Die Rheinische Wunderkammer soll uns staunen lassen über den Horizont, die Ideen und die Erkenntnisse unserer Vorgänger und Zeitgenossen der Rheinischen Friedrich-Wilhelms-Universität.

Ein solches Buch entsteht nur durch das Zusammenwirken vieler Hände. Unser Dank gilt allen, die dazu beigetragen haben, also in erster Linie den Autorinnen und Autoren. Für nachhaltige Ermutigung bei der Geburt des Projektes sei Prof. Dr. Jürgen Fohrmann gedankt. Allen, die mit uns den Weg »durch die Ebene« durchlitten und uns bei der Bearbeitung der Texte geholfen haben, sei ebenfalls gedankt. Ohne die Bilder der Fotografen, allen voran Volker Lannert, wäre dieses Buch gar nicht vorstellbar. Daher auch an Volker Lannert sowie für einige Zulieferungen auch an Marlis Arnhold, Prof. Dr. Wilhelm Barthlott, Georg Oleschinski und Thomas Mantel an dieser Stelle ein herzlicher Dank. Für die jahrelange Unterstützung dieses Projekts durch die Arbeitsgemeinschaft der Museen und Sammlungen der Universität Bonn danken wir den Kustoden, Kustodinnen, Kuratoren und Sammlungsleitungen sowie den Direktoren der Museen. Gleiches gilt für das Engagement und die gute Zusammenarbeit mit dem Wallstein Verlag, insbesondere mit unserem Lektor, Martin Wiegand. Für die großzügige Bereitstellung von Mitteln zur Realisierung der Rheinischen Wunderkammer danken wir gerne auch hier der Universitätsgesellschaft Bonn und ihrem Vorsitzenden, Michael Kranz, sowie dem Rektor der Rheinischen Friedrich-Wilhelms-Universität, Prof. Dr. Michael Hoch.

Klaus Herkenrath,
Thomas Becker

Bonn, am 7. Juli 2017

200 Objekte aus 200 Jahren Universität Bonn

1818

Stiftungsurkunde der Universität Bonn

Am 18. Oktober 1818 gründete König Friedrich Wilhelm III. von Preußen mit seiner Unterschrift unter die Stiftungsurkunde die Bonner Universität. Damit war ein längeres Ringen um die Eröffnung dieser Hochschule zu einem guten Ende gekommen.

Schon im April 1815 hatte der Monarch seinen neuen Untertanen am Rhein die Gründung einer Universität versprochen. Aus dem nun einsetzenden Wettkampf der rheinischen Städte um ihren Sitz ging die Stadt Bonn als Siegerin hervor. Dabei war ausschlaggebend, dass hier mehrere Schlösser standen, die auf eine neue Nutzung warteten. Platz gab es also genug für eine neue, moderne Universität.

In den Jahren zwischen 1815 und 1818 hatte sich aber das Verhältnis des Königs zu Universitäten merklich verschlechtert. Die Einheitsbewegung, die einen geeinten deutschen Staat mit verfassungsmäßig garantierten Bürgerrechten forderte, wurde stark von Akademikern geprägt. Seit dem Wartburgfest von 1817 hatten sich Studenten »als Burschenschaften« zusammengeschlossen, und mancher liberale Professor sympathisierte mit ihnen. So auch der Publizist Ernst Moritz Arndt. Er war noch vor Gründung der Universität nach Bonn berufen worden, um die Eröffnung vorzubereiten. Arndt hatte während der Befreiungskriege in seinen Publikationen heftige Angriffe gegen Napoleon formuliert, die er nun auf Preußen übertrug. Der König war höchst verstimmt und wollte von Universitätsgründung nichts mehr wissen. Mit Mühe gelang es dem Staatskanzler Hardenberg, ihm am 17. Oktober 1818 seine Zustimmung zur Gründung abzuringen. Noch in der Nacht wurde die Stiftungsurkunde ausgefertigt. Man nahm dazu, was gerade zur Hand war: einfaches Kanzleipapier und einen Einband aus Pappe. Auch eine Eröffnungsfeier gab es nicht. Die Gründung der Bonner Universität reduzierte sich auf einen schlichten Verwaltungsakt.

Thomas Becker

Stiftungsurkunde, Montage vor Nachthimmel über dem Schloss

Papier, Folio-Format, geöffnet 38,5 x 51 cm, in Papp-Einband mit Goldprägung, ohne Siegel

Wir Friedrich Wilhelm,
von Gottes Gnaden,
König von Preußen,
Thun kund und fügen hiermit zu wissen:

Würzburger Lügensteine

Die »Würzburger Lügensteine« spiegeln Aspekte der Geschichte der Universität, des Goldfuß-Museums und schließlich der Wissenschaftsgeschichte wider. Die 436 erhaltenen von ursprünglich 2000 Lügensteinen stellen Fossilfälschungen dar und sind Beweisstücke einer frühen Intrige in der Wissenschaft. 15 dieser Beweisstücke liegen heute im Goldfuß-Museum, die größte Menge außerhalb Frankens. Sie entstammen wahrscheinlich der Sammlung der Leopoldina, der Deutschen Akademie der Naturforscher, und bildeten einen Teil des Grundstocks des früheren Naturhistorischen Museums Poppelsdorf. Zudem sind sie Zeugnisse der Verdinglichung menschlicher Vorstellungskraft und illustrieren die Interpretation von Fossilien im frühen 18. Jahrhundert.

Im Jahr 1725 führten Studenten den Würzburger Naturforscher Professor Johannes B.A. Beringer an einen Aufschluss bei Eibelstadt am Main, der sensationelle Funde von sonderbaren Bildsteinen beherbergen sollte. Nachdem Beringer von der Echtheit der Steine überzeugt war, beschrieb er diese natürlichen »Launen der Natur« und veröffentlichte sie 1726 in der »Lithographia Wircenburgensis«. Diese »lusus naturae« wurden von Beringer eingehend interpretiert und der Fachwelt zur Diskussion vorgestellt. Zügig wurden die Stücke mit Motiven von Tieren, Sternen und hebräischen Schriftzeichen jedoch als Fälschungen enttarnt. Als Urheber der Lügensteine und Beringers Blamage werden der Würzburger Professor für Geografie, Ignatz Roderique, sowie der Universitätsbibliothekar Johann G. von Eckart diskutiert.

Den Weg nach Bonn fanden die Lügensteine als Teil der naturhistorischen Sammlung der Leopoldina im Jahr 1819. Die Sammlungen wurden durch das Wirken der Gründungsprofessoren Georg August Goldfuß und Christian G. Nees von Esenbeck von Erlangen nach Bonn überführt. Goldfuß war der damalige Sekretär, von Esenbeck der damalige Präsident der Leopoldina. Die Lügensteine wurden Teil des Naturhistorischen Museums, aus dem später auch das heutige Goldfuß-Museum der Universität Bonn hervorging.

Ivette Weitz

Beringers Lügensteine,
Flachreliefe von
Tier-und Naturmotiven
aus Mergelkalkstein,
3 x 4 bis 13,5 x 9,5 cm,
1725,
Eibelstadt, STIPB

Bild: Georg Oleschinski,
bearb. von Volker Lannert

Elenchus Plantarum

Der ehemalige kurfürstliche Lustgarten wurde seit Oktober 1818 mit atemberaubendem Tempo in einen wissenschaftlichen Botanischen Garten umgewandelt. Der erste Gartendirektor Christian Gottfried Daniel Nees von Esenbeck und der erste Garten-Inspektor Wilhelm Sinning begannen bereits im ersten Wintersemester 1818/19 mit den Planungsarbeiten. Erste Erdarbeiten wurden im Januar 1819 durchgeführt und noch im selben Jahr die unglaubliche Zahl von 6131 Samenproben von etwa 3000 Arten ausgesät. Nees von Esenbeck war ein renommierter Wissenschaftler, der über 6.500 neue Arten, vorwiegend aus den Tropen, beschrieben hat. Er war bestens vernetzt und stand mit allen wichtigen botanischen Persönlichkeiten seiner Zeit im Kontakt und Austausch, die bereitwillig Saatgut für den Aufbau zur Verfügung stellten. Der »Geheime Rath von Göthe« schenkte 126 Proben von der Brasilien-Reise des Prinzen Maximilian zu Wied-Neuwied mit mehreren »neuen noch unbeschriebenen Arten«. Nees von Esenbeck hat diese Eingänge sorgfältig dokumentiert und 1820 ein erstes Verzeichnis, das »Elenchus Plantarum« der Pflanzen des Bonner Gartens veröffentlicht. In diesem Verzeichnis sind über 3.600 Arten aufgelistet, die in so kurzer Zeit zusammengetragen wurden. Darunter befinden sich viele Arten, die auch heute noch in den Botanischen Gärten kultiviert werden.

Leider befand sich kein Original davon im Archiv der Universität oder des Botanischen Gartens. Nach dem Tod der Fürstin Cecilie zu Salm-Reifferscheidt-Krautheim und Dyck im Jahr 1991 wurde Josephs botanische Bibliothek zusammen mit der gesamten Dycker Bibliothek versteigert. Ein Exemplar unseres Bonner Elenchus konnte dort glücklicherweise ersteigert werden.

Wolfram Lobin

Das erste Pflanzenverzeichnis

Kleines gebundenes Papierheft im Stil der Zeit, Originalausgabe, ersteigert 1991, 61 Seiten, hier im ältesten Teil der Botanischen Gärten fotografiert

ELENCHUS
PLANTARUM
HORTI BOTANICI
BONNENSIS.
BONNAE 1820.
77

Goethea cauliflora

Die Umwandlung des kurfürstlichen Lustgartens in einen Botanischen Garten begann im Dezember 1818, kurz nach der Universitätsgründung. Der erste Gartendirektor Christian Gottfried Daniel Nees von Esenbeck tauschte sich mit zahlreichen Botanikern und anderen Persönlichkeiten aus, die er auch um Samen bat. Als Geschenk des »Geheimen Raths von Göthe« erhielt Nees 126 Samen-Proben von der Brasilien-Reise des Prinzen Maximilian zu Wied-Neuwied »worunter [...] mehrere neue noch unbeschriebene Arten vorkommen«. Darunter befand sich ein neues Malvengewächs. Dieses wurde von Nees in eine neue Gattung gestellt, die er Goethea taufte. Den Naturwissenschaftler Johann Wolfgang von Goethe interessierte lange die sogenannte Urpflanze, worunter er sich »den Typus einer Blütenpflanze schlechthin« vorstellte, aus der sich alle anderen Pflanzengestalten ableiten lassen sollten. Darüber korrespondierte er auch mit Nees von Esenbeck, der ihm als Zeichen seiner Wertschätzung diese neue Pflanze widmete. Am 20. Juli 1821 schrieb dieser an Goethe: »[...] Doch werde ich nicht eher öffentlich zu Werk gehen, als bis Euer Exzellenz [...] die Tafel gebilligt haben.«

Der Widmungsbrief und das Dankschreiben Goethes sind erhalten und befinden sich im Archiv der Leopoldina, der Nationalen Akademie der Wissenschaften. Im Regenwaldhaus der Botanischen Gärten hat *Goethea cauliflora* heute einen festen Platz.

Wolfram Lobin

Blühende *Goethea cauliflora*, die strauchartige Variante der *Goethea*, Malvengewächs

Im Regenwaldhaus der Botanischen Gärten der Universität Bonn

1822

Die Schuster

»Rechnungs-Maschine von Johann Christoph Schuster zu Ansbach in Franken – angefangen 1820 vollendet 1822« lautet die Gravur auf dieser kreisrunden Rechenmaschine. Dieses kunstvolle Artefakt bildet das Ende einer damals bereits 200-jährigen Entwicklungszeit von Rechenmaschinen. Danach begann die Ära der Serienfertigung und diese Wunderwerke der Technik wurden zu seltenen Museumsstücken.

Im Jahr 2000 konnte die Maschine mithilfe der Kulturstiftung der Länder sowie der Unterstützung der Alfried Krupp von Bohlen und Halbach-Stiftung, des Landes Nordrhein-Westfalen, des Beauftragten der Bundesregierung für Angelegenheiten der Kultur und der Medien und der Universität Bonn für das Arithmeum angekauft werden. Von der Kulturstiftung der Länder als bedeutendes nationales Kulturgut eingestuft, wurde ihr sogar eine Sonderbriefmarke gewidmet.

Johann Christoph Schuster (1759-1823) hat als Schüler von Philipp Matthäus Hahn dessen Ideen zum Bau von Rechenmaschinen fortgeführt. Hahn, der passionierte Uhrmacher, baute astronomische Uhren und schrieb entsprechende Rechnungen. Um Fehler zu eliminieren, entwickelte er eine Rechenmaschine. Es war die erste für alle vier Grundrechenarten, die mit einer einzigen Kurbelumdrehung die Zehnerüberträge aller Stellen problemlos und fehlerfrei abarbeiten konnte. Weitere Exemplare folgten; Schuster setzte diese Fertigung fort. Das Exemplar im Arithmeum war wohl für den Hofastronomen eines indischen Maharadschas bestimmt.

Die Maschine rechnet bis zu zehn-stellige Ergebnisse. Die im äußeren Einstellwerk eingegebene Zahl wird durch Umdrehung der Antriebskurbel ins Ergebniswerk auf der Deckplatte übertragen. Mithilfe der roten Komplementärzahlen kann mit dieser richtläufigen Maschine auch subtrahiert werden. Multiplikation und Division werden durch mehrfache Addition bzw. Subtraktion realisiert. Bei der Division ist das Ergebnis im Umdrehungszählwerk nahe der Kurbelwelle auf der Deckplatte abzulesen. Nach der Restaurierung durch die hauseigene Restaurierungswerkstatt des Arithmeums funktioniert die Maschine heute wieder einwandfrei.

Ina Prinz

Inv.-Nr. FDM 6564

Vierspeziesrechenmaschine, manuell, richtläufig, Staffelwalzen, 10-stelliges Einstellwerk / Resultatwerk / Umdrehungszählwerk

Höhe 18,5 cm, Durchmesser 22,5 cm, Gewicht: 4500 g

Krisṇa als Veṇugopāla

Krisṇa ist in Deutschland vielen ein Begriff, seit die »International Society for Krishna Consciousness« in den 1960er Jahren im Westen als »Hare Krishna«-Bewegung bekannt wurde und viele Anhänger fand. Die Verehrung Krisṇas als höchster Gottheit ist kein Phänomen des Westens; die Ursprünge der Bewegung liegen im 15. Jahrhundert in Indien. Im Jahr 1823 übersetzte der Bonner Professor August Wilhelm Schlegel ihre wichtigste Schrift, die *Bhagavad Gītā*, ins Lateinische. Besonders beliebt sind bei den Gläubigen Krisṇas die Kindheitsstreiche und seine Jugend, in der er als Kuhhirte die Hirtinnen mit seinem Flötenspiel verzückte.

Die hier abgebildete Krisṇa Statue stammt aus dem Nachlass der Indologin Prof. Dr. Gritli von Mitterwallner (1925-2012). Das Objekt wurde der Abteilung 2012 von ihrer Familie geschenkt. Die Statue stellt Krisṇa als Veṇugopāla, den Flöte spielenden Kuhhirten, dar. *Veṇu* ist der Sanskritname für die indische Bambus-Querflöte und laut Mythologie soll das Flötenspiel des Gottes die Seelen der Gläubigen zu ihm rufen. Wie in vielen Bildern und Statuen von Krisṇa sieht man ihn hier mit überkreuzten Beinen auf einem Lotussockel stehen. In den Händen hält er die Bambusflöte, wie um sie an die Lippen zu heben und zu spielen. Begleitet wird er von einer kleinen Kuh, die sich an die Beine des schützenden Gottes schmiegt. Krisṇa wird meist elegant und schlank, reichgeschmückt, oft mit einer Krone, abgebildet. Doch diese Statue des Flötenspielers erinnert an südindische Darstellungen von Krisṇas Kindheit. Er ist wohlgenährt, die Haare sind zu einem ungeschmückten Knoten hochgebunden, dafür besitzt er aber abstehende, geschmückte Ohren. Betrachtet man die Statue von hinten, so erkennt man ein außergewöhnliches Detail: Die Frisur, bestehend aus einem kleinen Haarknoten und langem Zopf, ist eindeutig weiblich und zeigt, dass Krisṇa männliche und weibliche Aspekte in sich vereint.

Sandra J. Schlage

Flöte spielender Kuhhirte, vermutlich 19. Jahrhundert, Südindien

Metall, Breite: 3,6 cm, Tiefe: 3,2 cm, Höhe: 6,6 cm

Dollond-Refraktor

Dieses Teleskop war das erste Fernrohr der Bonner Universitätssternwarte. Karl Dietrich von Münchow (1778-1836), der erste Bonner Professor für Astronomie, erwarb dieses Gerät für die astronomischen Beobachtungen in Bonn. Von Münchow war extra von Jena nach Bonn gekommen, um hier seinen Traum von einer Sternwarte zu verwirklichen. Die englische Firma Dollond galt in dieser Zeit als eine der renommiertesten Firmen für den Bau von Fernrohren. Besonders die üblicherweise störenden Farbfehler hatte man durch Verwendung speziellen Glases bei dem Bau der Frontlinse in den Griff bekommen. Für von Münchow muss es eine große Enttäuschung gewesen sein, dass das Ministerium in Berlin den Bau einer Sternwarte aus finanziellen Gründen aufgab. Erst seinem Nachfolger Friedrich Wilhelm August Argelander gelang dann der Bau der Bonner Sternwarte mit finanzieller Hilfe des Preußenkönigs Friedrich Wilhelms IV.

Von Münchow verlegte sein Engagement daraufhin auf das »Physikalische und Optische Cabinet«, das vom Poppelsdorfer Schloss in das heutige Hauptgebäude der Universität umgezogen war. Außerdem hielt er Vorlesungen in Astronomie, Physik und Mathematik. Hinzu kommen seine »Seminare für Naturwissenschaften«, die er mit einem Kollegen der Mineralogie veranstaltete.

Wenn es auch keine neue Sternwarte gab, so hat von Münchow am Alten Zoll in Bonn dennoch immer wieder astronomische Beobachtungen durchgeführt. So konnte er zum Beispiel den Merkurdurchgang von 1832 in Bonn beobachten und die Ergebnisse auch veröffentlichen. Bei einer solchen Beobachtung zieht der Merkur – von der Erde aus gesehen – vor der Sonne her. Transitbeobachtungen von Merkur und vor allem Venus dienten den Astronomen im 19. Jahrhundert zur Bestimmung der mittleren Entfernung zwischen Erde und Sonne, der »Astronomischen Einheit«.

Michael Geffert

Optisches achromatisches Linsenteleskop mit einer Öffnung von 8.3 cm und einer Brennweite von 152 cm auf einem Stativ aus Mahagoniholz

Gimpel-Männchen

Die Vogelsammlung des Pfarrers Christian Ludwig Brehm (1787-1864) ist eine Ikone der wissenschaftlichen Vogelkunde. Sie ist die älteste heute noch erhaltene zusammenhängende ornithologische Sammlung dieser Zeit. Da ein Großteil der Präparate aus der Gegend um Renthendorf in Ostthüringen stammt, erlaubt sie einzigartige Einblicke in die Zusammensetzung der Vogelgemeinschaft dieser Region zu Beginn des 19. Jahrhunderts. Sie ermöglichen zudem eine Vielzahl vergleichender Untersuchungen mit der heutigen Vogelwelt. Um beispielsweise den altersabhängigen Gefiederwandel vergleichend nachzuvollziehen, der auf einem zeitlich genau regulierten Wechsel (Mauser) bestimmter Federpartien beruht, sammelte Brehm Individuen verschiedenen Alters ein und derselben Vogelart.

Der hier abgebildete Vogel ist ein junges Gimpel-Männchen, das gerade eine solche Mauser durchläuft. Seine äußere Erscheinung liegt zwischen dem einfachen Jugendkleid und dem prächtigen Erwachsenengefieder der Männchen. Die Reste des hellbraunen Jugendgefieders sind an Brust, Kopf und Rücken noch deutlich erkennbar, während einzelne hellgraue Federpartien des Rückens und der Flügeldeckfedern sowie die roten Federn am Bauch, die nur beim erwachsenen Männchen fast die gesamte Unterseite bedecken, einen ersten äußerlich erkennbaren Hinweis auf das Geschlecht des Vogels geben. Die schwarze Kopfplatte, die erwachsene Gimpel hingegen in beiden Geschlechtern kennzeichnet, beginnt sich gerade von der Stirn zum Hinterkopf auszubreiten.

Bis heute werden für Vergleichsstudien Präparate unterschiedlicher Mauserstadien benötigt. Dass dafür die gut datierten Brehm'schen Vögel immer noch herangezogen werden können, belegt deren anhaltend hohen wissenschaftlichen Wert und unterstreicht die bedeutende Archivfunktion wissenschaftlicher Sammlungen.

Till Töpfer

Gimpel *Pyrrhula pyrrhula*, aus der Sammlung Brehm

Mit handschriftlichem Originaletikett Brehms, mit Etikett des Rothschild Zoological Museum in Tring (GB) sowie mit Inventarstempeln des American Museum of Natural History in New York (USA) und des Zoologischen Forschungsmuseums Alexander Koenig in Bonn, Inv.-Nr. 1964.2313

Trockenpräparat (Balg), 15 x 4 x 4 cm, 29. September 1825, Renthendorf/Thüringen

Flakon aus Uranglas

Der Flakon aus Uranglas wurde im Herbst 2014 auf einem Flohmarkt in Bad Honnef für die Ausstellung »Heavy Metal. Minen – Minerale – Metalle« des Mineralogischen Museums erworben. Die Ausstellung behandelte Erze, also metallhaltige Mineral-Gestein-Gemenge, ihre Fundstellen, die geologische Entstehung sowie ihre Verwendung. Hierzu zählen auch die Erze des Metalls Uran. Das Element steht wie kein anderes für Radioaktivität. Bekannt ist seine Nutzung in Atomreaktoren oder für Atomwaffen. Beispiel für eine harmlosere, allerdings inzwischen historische Verwendung des Metalls ist der leuchtende gelbgrüne Flakon aus Uranglas. Die hellen Gelbtöne, das Gelbgrün oder auch die tiefen Grüntöne des gefärbten Glases werden durch die Beimengung von Uranoxiden erreicht. Uranoxid ist als Pigment seit 2000 Jahren bekannt. Das belegen gelblich-grüne opake Mosaiksteine, die Teil eines Glasmosaiks in einer römischen Villa in der Bucht von Neapel sind. Sie wurden auf das erste Jahrhundert n. Chr. datiert. Auch chinesische Glasmacher experimentierten im 17. und 18. Jahrhundert mit Uranoxid, um Glas-Juwelen die gewünschte »kaiserliche« Gelbfärbung zu verleihen.

Im Biedermeier wurde farbiges Glas auch in Europa wieder modern. Führend in der Produktion waren böhmische Glashütten, die sich in der Kreation neuer Farbtöne überboten. Die Ursprünge des ersten Rezeptes zur Herstellung von Uranglas verlieren sich in den 1820er Jahren. Die ältesten Hinweise führen zu Franz Xaver Riedel sowie seinem Neffen, Josef Riedel, beide in 5. bzw. 6. Generation Hüttenmeister in den böhmischen Glashütten des Riedel-Glasimperiums. Die beiden entwickelten um 1826 neue Glasfarben: das leuchtende gelbgrüne »Annagelb« und das tiefgrüne »Annagrün«, auch »Eleonorengrün« genannt. Die Namen leiten sich von den Namen der Töchter Franz Josef Riedels ab: Anna und Eleonore.

Anne Zacke

Glasflakon,
gelb-grünes Uranglas,
Höhe 15 cm,
ohne Inhalt

Athena Velletri

Zu den frühesten Ankäufen des Akademischen Kunstmuseums gehören Abgüsse antiker Statuen und Köpfe aus der Gipsformerei der Königlichen Museen Frankreichs, die seit 1820 in großer Anzahl aus Paris geliefert wurden. Mit der dritten Lieferung kam im Jahr 1826 der Abguss einer – mit einer Höhe von 3,05 Metern weit überlebensgroßen – Statue der mit Peplos, Mantel, kragenförmiger Ägis und korinthischem Helm ausgestatteten Göttin Athena, deren in den Jahren um 430 v. Chr. entstandenes Original eine hochklassische Figur aus der Zeit des Parthenon bzw. des im früheren 19. Jahrhundert hochverehrten Pheidias und seiner Zeitgenossen war. Nach dem Fundort dieser im Louvre befindlichen, sehr gut erhaltenen römischen Kopie in der Nähe des etwa 40 Kilometer südöstlich von Rom in der Region Latium gelegenen Städtchens Velletri wird der Statuentypus Athena Velletri genannt.

Der Abguss der Athena Velletri gehörte von Anfang an zu den Prunkstücken des Akademischen Kunstmuseums. Noch imposanter muss die Figur im ersten Museumssaal gewirkt haben, der im Universitätshauptgebäude im Galerieflügel zwischen Stockentor und Koblenzer Tor eingerichtet war. Nach dem von Friedrich Gottlieb Welcker verfassten, im Jahr 1827 erschienenen ersten Museumsführer bildete die Athena Velletri als Figur der klassischen Epoche das inhaltliche und kompositorische Zentrum einer aus sieben, sonst durchweg hellenistischen Skulpturen bestehenden Mittelreihe und damit des gesamten Raumes. Gerahmt wurde sie vom berühmten Torso im Belvedere, der sitzenden Figur eines Helden des Trojanischen Krieges sowie von einem Skythen, der sein Messer schleift, um dem im Zweikampf gegen Apollon unterlegenen Satyrn Marsyas die Haut abzuziehen. Durch diese deutlich kleineren sitzenden oder hockenden Figuren trat das monumentale Format der Athena noch deutlicher hervor. Weiter außen schlossen sich vier weitere *opera nobilia* an, zu denen der weit ausschreitende ›Fechter Borghese‹, die Aphrodite aus Melos (›Venus von Milo‹), ein gelagerter Hermaphrodit sowie die Laokoongruppe gehörten.

Ralf Krumeich

Gipsabguss im Akademischen Kunstmuseum
nach der Marmorstatue
in Paris, Musée du Louvre
MA 464

1825 in Paris erworben

Satzung der Universität Bonn

Lang und verwickelt ist die Geschichte dieser kostbaren Handschrift, in der die ersten Statuten der Bonner Universität aufgezeichnet sind. Schon bald nach der Gründung der preußischen Universität am Rhein hatte 1823 eine Kommission aus Bonner Professoren verschiedener Fakultäten mit der Ausarbeitung einer eigenen Universitätsverfassung begonnen, weil bis dahin alle Regelungen anstehender Fragen durch das Kultusministerium in Berlin entschieden wurden, was angesichts der damaligen Postwege ein mühsames Verfahren war. Zudem sah man in der Verkündung eigener Universitätsstatuten ein Zeichen akademischer Autonomie. Den Bonner Professoren wurden Satzungen unterschiedlichster Universitäten, etwa Halle, Jena, Dorpat oder Breslau, zu ihrer Orientierung zur Verfügung gestellt, aber die Kommission einigte sich sehr schnell darauf, lediglich die Statuten der 1810 gegründeten Universität Berlin zur Grundlage zu machen.

Wortwörtlich wurden die Berliner Statuten übernommen und nur da, wo die Bonner Verhältnisse von denjenigen in Berlin abwichen, Änderungen vorgenommen. Das war vor allem im Bereich der sogenannten »Parität« der Fall, also der Gleichberechtigung der beiden großen christlichen Konfessionen. In Bonn gab es dafür zwei theologische Fakultäten statt nur einer wie in Berlin. Und auch außerhalb der Katholisch-Theologischen Fakultät gab es katholische Professuren, und zwar in den Fächern Jura (für Kirchenrecht), Philosophie (für mittelalterliche Philosophie) und Geschichte. Erst 1992 wurde die Bindung dieser nicht-theologischen, katholischen Lehrstühle an die römisch-katholische Konfession abgeschafft. Die Universitätsverfassung wurde im preußischen Kultusministerium noch bis 1827 zurückgehalten, dann endlich unterschrieben, aber erst 1828 überreicht.

Thomas Becker

Ausfertigung auf Pergament, Format 27 x 38,5 cm

In rotes Schweinsleder mit Goldprägung eingebunden, anhängendes Siegel in silberner Kartusche

Im Bild: Christiane Ludewig

Sammlung Klein

Im Jahr 1829 übergab König Friedrich Wilhelm III. der Bonner Universität eine umfangreiche Sammlung von Musikalien aus dem Nachlass des schlesischen Kantors Christian Benjamin Klein (1754-1825). Die Schenkung hatte Carl Heinrich Breidenstein (1796-1876) angeregt, der seit 1826 die ersten musikwissenschaftlichen Vorlesungen an der Universität Bonn hielt. Die Sammlung Klein umfasst etwa 550 Handschriften und 150 Drucke – darunter einige Raritäten – mit Partituren und Klavierauszügen, Liederbüchern, Klavier- und Orgelmusik, Noten für Instrumentalmusik, Choralbüchern und Anweisungen zum Gesang. Aus der Fülle der vertretenen Komponisten ragt der Name des Dresdner Organisten und Kantors Gottfried August Homilius (1714-1785) mit 131 Signaturen besonders hervor.

Wie dem Eintrag aus dem *Catalogus realis* zu entnehmen ist, wurden die Musikalien Kleins nach dem Eintreffen in der Bonner Universitätsbibliothek nicht sofort inventarisiert. Vielmehr ist zu lesen, dass der Bestand zunächst »in großer Unordnung ungebunden in einem Schrank im Musiklesesaal gelegen hatte« und erst 1855 von der Universitätsbibliothek »geordnet, broschirt und etikettirt« wurde. Damit einzelne Quellen in Lehrveranstaltungen genutzt werden können, wurde 1922 ein Teilbestand als Depositum der Bibliothek des musikwissenschaftlichen Seminars zugeführt.

1971 wurde die Sammlung Klein von Magda Marx-Weber in einem Katalog erschlossen; 2015 erfolgte die Detailaufnahme der Handschriften in das online zugängliche internationale Quellenlexikon *RISM*. Im selben Jahr wurde der gesamte Bestand zusammengeführt, der sich seither geschlossen im Archiv der Bonner Universitäts- und Landesbibliothek (ULB) befindet.

Ulrike Nemson

»Geordnet, broschiert, etikettiert«

Musikalien der Sammlung des Kantors Christian Benjamin Klein (1754-1825)

son, e lei-son elei-son e lei-son e lei

Skulptur Gerhard vom Rath

Gerhard vom Rath wurde am 20. August 1830 als ältester Sohn einer Kaufmanns- und Fabrikantenfamilie in Duisburg geboren. Als Zeichen der Wertschätzung dieses außergewöhnlichen Mannes und seiner Verdienste um das Mineralogische Museum ist sie im Foyer des Museums zu sehen. Der Künstler sowie der Entstehungszeitraum der Skulptur sind unbekannt.

Vom Rath studierte zunächst in Bonn und Genf Mathematik und Astronomie und setzte seine naturwissenschaftlichen Studien mit den Fächern Chemie, Physik, Mineralogie und Geologie in Berlin fort. Er promovierte dort und kehrte für seine Habilitation nach Bonn zurück. Hier wurde er 1872 zum ordentlichen Professor für Mineralogie und Geologie sowie zum Direktor des Mineralogischen Museums ernannt. Vom Rath stand für eine moderne Mineralogie, die sich zu seiner Zeit auf dem Weg von einer beschreibenden, ordnenden zu einer messenden, experimentellen Wissenschaft befand. Neben seinen herausragenden, international anerkannten Leistungen auf dem Gebiet der Mineralogie erwarb sich vom Rath auch um das Mineralogische Museum große Verdienste. Er begründete den Weltruf der Bonner Mineralogischen Sammlung. Seine klugen Neuanschaffungen und Aufkäufe, reiche persönliche Spenden und Schenkungen eigener Sammlungen bescherten dem Museum einen essenziellen Zuwachs an bedeutenden Sammlungsstücken.

Privat erlebte vom Rath viele Tragödien. Sein erstgeborener Sohn Hans starb mit 14 Jahren an Diphtherie, die nachgeborenen Zwillinge verstarben im ersten Lebensjahr. Seine Frau, Marie Rose, starb nach langer Krankheit im Jahr 1880. Vom Rath ließ sich am 25. Januar 1888 von seinen Ämtern entbinden und verstarb überraschend am 23. April 1888 in Koblenz. Seine letzte Ruhestätte befindet sich auf dem Alten Friedhof in Bonn.

Anne Zacke

Marmor, Skulptur auf Kalkstein-Postament platziert, Höhe 27 cm

Die Skulptur steht im Eingangsbereich zum Mineralogischen Museum im Poppelsdorfer Schloss

Kleiner Flugsaurier

Das bedeutendste Fossil in der Sammlung des Goldfuß-Museums ist das Skelett eines kleinen Flugsauriers aus der späten Jurazeit, das der Gründer unseres Museums und Professor für Zoologie und Paläontologie, Georg August Goldfuß (1782-1848), im Jahr 1831 wissenschaftlich beschrieb. Der Fund wurde von ihm selbst meisterlich aus dem Gestein herausgearbeitet und mit dem wissenschaflichen Namen *Pterodactylus crassirostris* belegt, der später zu *Scaphognathus crassirostris* geändert wurde. Die Publikation von 1831 war ein Meilenstein der Paläontologie, weil sie das erste Mal die Rekonstruktion eines Sauriers als lebendes Tier zeigte. Das Tier ist nicht allein in seinem Lebensraum abgebildet. Goldfuß beschrieb auch seine Lebensweise im Detail. Eine besondere Leistung des Bonner Forschers bestand darin, dass er die Erhaltung von Haaren und einer Flughaut am Fossil erkannte und daraus folgerte, dass der kleine Saurier einen Pelz hatte und aktiv fliegen konnte, ähnlich den heutigen Fledermäusen. Die Zeitgenossen akzeptierten diese Schlussfolgerungen schnell, aber schon 20 Jahre später wurde sie von den Autoritäten nicht mehr ernst genommen. Erst neue Funde und moderne Techniken im 21. Jahrhundert rehabilitierten Goldfuß und zeigten, dass seine Erkenntnisse richtig waren.

Die auf Goldfuß' Geheiß von dem Bonner »Universitätszeichenlehrer« Nicolaus Christian Hohe (1798-1868) angefertige Illustration des lebenden Flugsauriers als erstes wissenschaftlich publiziertes paläontologisches Lebensbild ist der Beginn einer geistesgeschichtlichen Tradition. Es sollten nicht nur zahlreiche wissenschaftliche Illustrationen folgen; auch zahllose Plastikdinosaurier im Kinderzimmer, Dino-Bücher und -Filme wie »Jurassic Park« gehen auf sie zurück. Es bleibt die Frage, warum das spätere 19. Jahrhundert die Rekonstruktion des Flugsauriers mit Behaarung ablehnte. Vermutlich war Goldfuß durch sein enges Verhältnis zur Romantik befähigt, sich ausgestorbene Lebewesen und vergangene Welten vorzustellen, was die Nachromantiker für unwissenschaftlich hielten. So hat in Bonn die Forschungsrichtung der Paläobiologie ihren Ursprung und ein kleines Fossil schrieb Kulturgeschichte.

Martin Sander

Scaphognathus crassirostris,
Fossil eines Flugsauriers aus den Solnhofener Plattenkalken, Jura, erhalten auf Platte und Gegenplatte, 27 cm x 19 cm

STIPB-Goldfuß-1304

Rituallampe mit Gaja-Lakṣmī

Seit Gründung der Universität Bonn besteht der Lehrstuhl für Indologie, welcher als Erstes mit August Wilhelm Schlegel besetzt wurde. Der Norweger Christian Lassen war Schüler Schlegels und später selbst Professor für altindische Sprache und Literatur an der Bonner Universität. Eines seiner bedeutendsten Werke aus dem Jahre 1832 ist die Übersetzung des wichtigen Textes der *sāṃkhya*-Philosophie, das *Sāṁkhyakārikā* von Īśvarakṛṣṇa (3.-5. Jh. u. Z.). Die Abteilung für Asiatische und Islamische Kunstgeschichte sieht sich in dieser Tradition der Bonner Indologie. Um Objekte aus Indien zu verstehen, sind Kenntnisse der indischen Geschichte, Religion und Philosophie erforderlich.

Die Rituallampe zeigt die Göttin Lakṣmī, die von Elefanten flankiert wird, welche die Göttin mit Wasser überschütten. Elefanten sind Zeichen der Fruchtbarkeit und der königlichen Autorität, da den Königen die Verantwortung für Regen und Fruchtbarkeit des Landes zukam. Lakṣmī wird als Frau des Gottes Viṣṇu gesehen, kann aber auch die Frau von Gaṇeśa sein. Lakṣmī sitzt im Lotussitz. Der Lotus wird wie das Wasser mit Fruchtbarkeit verbunden und ist zugleich Symbol für Reinheit und spirituelle Kraft, ein Wesenszug der Göttin. Schon vor der Zeit der Entstehung des *Sāṁkhyakārikā* gab es diese Ikonografie auf Münzen in Gandhāra und Südindien.

Für den Gebrauch füllt man das kleine Becken vor der Lakṣmī mit Öl und legt einen Docht hinein. Diese Lampe ist wahrscheinlich für den häuslichen Gebrauch hergestellt worden. Bei einer *pūjā* (einer Verehrungszeremonie einer Gottheit) schwenkt ein Zelebrant eine Lampe vor der Statue (der Vorgang wird ārtī genannt). Im Hinduismus werden Lampen mit dem Feuergott Agni und dem Sonnengott Sūrya verbunden.

Die Gaja-Lakṣmī-Lampe gehört zu den gebräuchlichsten Lampen in Indien. Dieses Objekt zählt zur Sammlung Prof. Dr. Gritli von Mitterwallner, deren Schwester Inge Seifert im Jahre 2012 ein Großteil ihrer Bibliothek sowie ausgewählte Objekte der Abteilung schenkte.

Rebekka Welker

Material: Metall,
Höhe: 14 cm,
Datierung: 20. Jahrhundert

Schenkung aus der Sammlung
Prof. Dr. Gritli von Mitterwallner

Fragment eines Gandhāra-Reliefs

In den 1830er Jahren gelangten Erkundungseinheiten der britischen Armee auf den Spuren Alexanders des Großen in die historische Gandhāra-Region; sie ist heute das Grenzgebiet zwischen Pakistan und Afghanistan. Bei der Suche nach antiken Münzen entdeckte General J.B. Ventura 1830 die buddhistischen Monumente der historischen Stadt Taxila. Das Interesse westlicher Sammler an der Gandhāra-Kunst rührte vor allem aus den griechisch-römischen Einflüssen, die durch den kulturellen Austausch zwischen der Region Gandhāra und dem Westen entstanden waren. Zu diesen Monumenten und Kunstwerken zählen auch Relieftafeln, die ursprünglich Teil religiöser Anlagen waren, wie beispielsweise Stūpas. Die Reliefs stellen Szenen aus dem Leben des historischen Buddhas, Śākyamuni, dar.

Dieses Fragment stammt von der linken Seite einer solchen Relieftafel, deren äußere, durch Ranken verzierte Begrenzung gut zu erkennen ist. Im Vordergrund stehen zwei Figuren, leicht nach vorne geneigt, die in ihren Händen Schalen halten. Im Hintergrund, halb verdeckt, befinden sich zwei weitere Personen mit zur Verehrung zusammengelegten Händen. Der Faltenwurf ihrer Gewänder ist typisch für den hellenistischen Einfluss der Gandhāra-Kunst. Der Nimbus (Heiligenschein) um den Kopf der Figur vorne rechts legt nahe, dass es sich hier um eine Gottheit handelt. Vermutlich zeigt die dargestellte Szene die Hüter der vier Himmelsrichtungen, die dem Buddha in goldenen Schalen Nahrung reichen; auf der fehlenden rechten Seite des Reliefs würden sich am äußeren Rand ähnliche Figuren befinden; in der Mitte wäre Buddha dargestellt, der unter dem Bodhi-Baum sitzt. Den Budhha in menschlicher Gestalt darzustellen war eine wichtige Neuentwicklung in der Gandhāra-Kunst ab dem 1. Jh. n. Chr. Davor wurde er in buddhistischen Kunstwerken nur durch Symbole angedeutet.

Sandra J. Schlage

Relieffragment, Schiefer,
20,5 cm hoch,
10,5 cm breit,
3 cm tief

Gandhāra-Region,
möglicherweise Kāfirkoā, 1. bis 3. Jh. n. Chr.

»Vor-Läufer« der Dinosaurier

Es ist 247 Millionen Jahre her, doch zwei große handförmige Abdrücke mit vorangestellten kleineren dreizehigen Spuren zeugen von der Anwesenheit des Täters, als hätte die Sonne dessen Spuren gerade erst ausgetrocknet. Die Steinplatte ist ein Teilstück einer ursprünglich 120 m² großen Gesteinsfläche, die das erste wissenschaftlich beschriebene Spurenfossil aller Zeiten enthält. Seine Erforschung legte den »Grundstein« der Ichnologie, der Lehre der Lebensspuren wie Tierfährten und Grabgänge.

Wer war der Täter? Kurz nach dem Fund begann die Diskussion über den Fährtenverursacher, doch der Fall sollte 130 Jahre ungelöst bleiben. Die anfänglichen Verdächtigungen von Affen, Beuteltieren und Riesenlurchen folgten einer falschen Fährte. Erst Dr. D. Watson kam der Wahrheit 1914 auf die Spur, als er mit kriminalistischem Spürsinn Chirotherium (»Handtier«) den Dinosauriervorfahren zuordnete. 1961 kam im Tessin jedoch eine Krokodil-Stammform zutage, deren Füße auch verdächtig genau zu den Trittsiegeln passen.

Heutzutage sind sich die Wissenschaftler deshalb nur darüber einig, dass das gesuchte Phantom ein Archosaurier war, der dem letzten gemeinsamen Vorfahren von Krokodilen und Dinosauriern und damit auch Vögeln nahestand. Die einzelnen Trittsiegel sind in einer Reihe angeordnet. Der Täter trug die Beine bereits unter dem Körper; die Vorderbeine waren schon wesentlich kleiner und leichter. Seine Dinosaurier-Nachfahren entwickelten sich zu flinken zweibeinigen Läufern, die wenig später ihren Aufstieg zur herrschenden Gruppe des Erdmittelalters begannen.

Der Gymnasiallehrer Friedrich Sickler entdeckte die versteinerte Fährte 1834 in einem Steinbruch bei Heßberg nahe Hildburghausen in Thüringen. Sickler erkannte die Qualität der Spurenfossilien und bewahrte sie vor der Zerstörung, indem er einzelne Stücke an wichtige Fossiliensammlungen verkaufte. Die Platte im Goldfuß-Museum zeigt den Blick von unten auf die Ausfüllungen der Trittsiegel. Der wissenschaftliche Name der Fährte »fußt« auf der Form der Hinterbein-Abdrücke. Was wie ein Daumen erscheint, entspricht aber unserem kleinen Zeh.

Philipp Knaus,
Ivette Weitz

Chirotherienplatte,
Sandsteinplatte mit Spurenfossilien der Ichnogattung Chirotherium barthii

Mittlerer Buntsandstein,
Heßberg nahe Hildburghausen,
139 x 45 x 7 cm

Untere Trias-Zeit
(247 Millionen Jahre),
Inv.-Nr. STIPB-R-471

Bild: Georg Oleschinski

1835

Malachit aus dem Ural

Malachit [$Cu_2CO_3(OH)_2$] ist ein grünes Mineral, das vermutlich als eines der ersten Kupfererze vom Menschen abgebaut und zur Metallherstellung genutzt wurde. Die ältesten Abbaugebiete liegen auf dem Sinai sowie in den östlichen Wüstengebieten des Alten Ägypten und datieren auf etwa 3000 v. Chr. Malachit ist weniger als Kupfererz von Bedeutung, sondern wird aufgrund seiner schönen Färbung und häufig vorkommenden Bänderung oft als Schmuck- und Dekorationsstein verwendet. Zu Pulver verrieben, ist er als grünes Pigment in ägyptischen Wandmalereien und auf mittelalterlichen Gemälden zu finden. Malachit verleiht dem Vorhang auf dem berühmten Gemälde »Die Sixtinischen Madonna« von Raffael seine tiefgrüne Färbung. Als Schmuckstein ist er in der Totenmaske des Pharaos Tutanchamun ebenso zu finden wie in den Handgriffen aztekischer Dolche. Die berühmte Terrakotta-Armee aus dem Mausoleum des ersten chinesischen Kaisers Qín Shǐhuángdì war unter anderem mit Malachit-Pulver bemalt.

Im 19. Jahrhundert wurde Malachit vor allem aus den zwei damals weltgrößten Fundstellen im Ural nach Europa exportiert. Die beiden Lagerstätten bei Jekaterinburg und Nishni Tagil gelten heute als erschöpft. Der Malachitabbau erreichte dort seinen Höhepunkt in den 1830er Jahren. 1835 wurde in einem Hohlraum ein 40 Tonnen Malachit-Monolith geborgen. Malachit aus dem Ural genießt aufgrund seiner Qualität nach wie vor Weltruhm und ist in vielen bedeutenden Gebäuden verbaut: Die Pfeiler der Isaak-Kathedrale in Sankt Petersburg sind aus Malachit. Im Winterpalast in Sankt Petersburg ist der Malachitsaal zu besichtigen. Berühmte Kunstgegenstände in der Eremitage in Sankt Petersburg sowie Arbeiten von Carl Fabergé wurden ebenfalls aus diesem besonderen Mineral geschaffen.

Das schöne radialstrahlige Stück kam mit der sehr umfangreichen Duisberg-Sammlung im Oktober 1954 als Dauerleihgabe der Farbenfabriken Bayer A.-G. (heute Bayer AG) an das Mineralogische Museum.

Anne Zacke

Malachit, radialstrahlig,
Gumeschewsk,
Ural/Russland

Gewicht 254 g,
Größe 8 cm x 5 cm x 4 cm,
Montage

Diomedes und Heroes

Die dramatisch bewegte Männerbüste mit verwirbelter Frisur, kurzem Bart und erregten Gesichtszügen ist für die Klassische Archäologie ein Lehrstück für die Erzeugung vermeintlicher wissenschaftlicher Klärung durch Beweislastumkehr Der Abguss gelangte als »Diomedes« in die Bonner Sammlung, geriet aber bald in Vergessenheit, da das Berliner Urbild bereits 1891 als »antikisierend-modern« ausgesondert worden war. Erst 1974, im Zusammenhang mit den spektakulären Skulpturenfunden in Sperlonga, erlangte der Kopf als Teil einer homerischen Gruppe erneut Beachtung. Die Argumentation lässt aufhorchen: Von einem der Gefährten der Blendungsgruppe in Sperlonga existiert eine Kopfreplik in London. Diese stammt laut brieflicher Notiz Gavin Hamiltons von 1769 aus dem Pantanello der Villa Hadriana. Hamiltons Erwähnung eines ähnlichen »Heroes« im Vatikan wurde als Hinweis auf denselben Fundort beider Köpfe umgedeutet. In der Folge wurde auch der im Abguss überlieferte Berliner Kopf allein aufgrund motivischer Ähnlichkeit diesem Fundkontext zugewiesen. Eine dazu passende Sammlungsgeschichte wurde rekonstruiert, die trotz gravierender Unstimmigkeiten in den Details durch mehrfache Wiederholung allgemeine Anerkennung fand. Aus der Annahme eines gemeinsamen Fundortes der Köpfe, die sich nun in London, im Vatikan und in Berlin befanden, folgte dann in perfektem Zirkelschluss die Rekonstruktion einer Blendungsgruppe à la Sperlonga in der Villa Hadriana.

Der Bonner Gipsabguss bietet Gelegenheit zu einer nüchternen Überprüfung des Befundes: Der Kopf hebt sich mit seiner kurzen Sichellockenfrisur und dem formelhaften Pathos der Gesichtszüge deutlich von dem Londoner Kopf mit seiner voluminösen Frisur aus virtuos durcheinandergeworfenen Locken ab. Diese Unterschiede schließen Gleichzeitigkeit oder gar einen Gruppenzusammenhang der Köpfe aus. Die Frage nach der Authentizität des Kopfes ist am Gips weder zu erweisen noch zu widerlegen. Hier könnte nur eine umfassende Untersuchung Klarheit schaffen, zumal von dem vatikanischen Kopf eine Replik im Louvre existiert. Aber vielleicht ist Klarheit gar nicht mehr erwünscht: Die Annahme der Marmor-Odyssee in der Villa Hadriana, von der sich die Köpfe der Gefährten erhalten hätten, gehört heute zur communis opinio.

Christiane Vorster

Links: Abguss einer im Krieg zerstörten Männerbüste, Akademisches Kunstmuseum Inv. 243, Gips, Höhe 52 cm, Abguss nach der Marmorbüste eh. Berlin, SMB Antikensammlung Inv. Sk 1329

Oben: Versammlung der Köpfe im Magazin der Antikensammlung, Ankauf von Friedrich Gottlieb Welcker für die Universität Bonn im Jahr 1836

Männlicher Stelophor

Durch den Begründer der Bonner Ägyptologie, Prof. Dr. Alfred Wiedemann, gelangten viele Leihgaben aus dem Ägyptischen Museum Berlin nach Bonn. Die Sammlung umfasste um 1940 ungefähr 1600 Objekte. Durch Bombentreffer im Oktober 1944 ging etwa die Hälfte des Bestandes verloren. Krieg, Umzüge, wechselnde Institutsvorsteher und Sammlungsverantwortliche beeinflussten die Sammlungs- und Objektgeschichte nachhaltig.

In jüngster Zeit kommt der Objektforschung in Museen immer größere Bedeutung zu, bedingt durch Rückforderungen aus den Ursprungsländern, durch zweifelhafte Objekte im Kunsthandel und natürlich aus historischem Interesse. Das vorliegende Statuenfragment, wegen der Armhaltung wahrscheinlich ein Stelophor, also eine Figur, die eine Stele vor sich hält, war eine Leihgabe des Ägyptischen Museums Berlin. Durch die Digitalisierung der Berliner Bestände kam es aufgrund von Vermerken auf Karteikarten »Aktueller Standort: Bonn, Rheinische Friedrich-Wilhelms-Universität (ÄMP / Leihgabe) / Akt.-Nr. 279/96 (1896)« zu Rückfragen in Bonn, ob es dieses Objekt und viele weitere Leihgaben noch gebe. Der Stelophor existiert in Bonn nicht mehr. Wahrscheinlich handelt es sich um einen Kriegsverlust. Vom Stück bleiben das Foto mit den Angaben: »Berlin Aeg. Mus 12940 (in Bonn. Kunstmuseum 1836 Obertheil einer sitzenden, an einen Pfeiler gelehnten Kalksteinstatue, Koerper weiss, Haar schwarz bemalt. Höhe 13,6 cm«. Ebenso erhalten ist die Skizze und der Vermerk auf der Berliner Inventarkarte »Titel: Oberteil eines männlichen Stelophor; Objektbeschreibung: lt. Inv.: »Oberteil einer Statue. Mann mit grosser Perücke. Er kniete wohl und hielt eine Stele vor sich. Rückenpfeiler. Perücke schwarz und glatt. [Skizze].«

Offen sind noch Herkunft, Erwerbungszeitpunkt, Erwerber, Fotograf, auch der Urheber der Karteikarte und der Notizen auf dem Foto, schließlich der Skizzenverantwortliche in Berlin und die Angabe 1836 auf dem Foto, die sich bisher nicht als Bonner Inventarnummer identifizieren ließ. Inventarnummern sind oft große Herausforderungen bei der Objektforschung. So wird der Stelophor hier zum Jahr 1837 präsentiert.

Andreas Dorn

Material: Kalkstein,
Fotoabzug auf dickem Karton,
schwarz und weiß

Höhe 13,6 cm,
Herkunft unbekannt,
1550-1070 v. Chr. (Neues Reich)

Ägyptisches Museum Berlin,
Inv.-N.r. ÄM 12940

№ 894

Meigens zweiflügelige Insekten

Fliegen und Mücken sind auch für den Zoologen eine große Herausforderung. Die zahlreichen, meist winzigen zweiflügeligen Insekten sind extrem schwer zu unterscheiden Zu Beginn des 19. Jahrhunderts benötigte der Wissenschaftler neben einer ausgezeichneten Beobachtungsgabe zudem künstlerisches Geschick, um seine Beobachtung angemessen präsentieren zu können.

Die erste Blüte der systematischen Erforschung der sogenannten Dipteren ist für immer mit dem 1764 in Solingen geborenen Johann Wilhelm Meigen verknüpft. In umfangreichen Publikationen revolutionierte er durch seine damals unkonventionellen Betrachtungen des Flügelgeäders die Dipterensystematik. Anlässlich seines 82. Geburtstags wurde ihm das Diplom eines Doktors der Philosophie der Universität Bonn verliehen.

Meigen hatte Hunderte Farbtafeln zur Abbildung aller bekannten europäischen Dipteren angefertigt. Leider wurden nur 10 davon bis 1838 veröffentlicht. 1839 verkaufte er 305 dieser Tafeln an das Pariser Naturkundemuseum, wo sie bis 1975/76 weiter im Verborgenen blieben. Gänzlich unbekannt hingegen ist, dass die Zoologie der Universität Bonn den hier erstmals gezeigten unveröffentlichten Satz Tafeln aus Meigens Hand besitzt.

Die Tafel zeigt eine Zusammenstellung von Pilz- (Keroplatidae), Trauer- (Sciaridae) und Zuckmücken (Chironomidae) sowie Schweb- (Syrphidae) und Waffenfliegen (Stratiomyidae). In der Detailaufnahme ist eine Raupenfliege (Tachinidae) zu sehen. Eine wissenschaftliche Auswertung dieses einmaligen zoologischen

Schatzes bleibt eine große Herausforderung, denn es fehlt ein Verzeichnis der dargestellten Arten. Auf der Titelseite wurde handschriftlich vermerkt: »Original-Handzeichnungen von J.W. Meigen. Von demselben erworben im September 1843 durch Joh.[annes] Winnertz in Crefeld«. Auf derselben Seite wurde mit Datum vom 20. Juli 1891 ergänzt, dass es sich bei diesem Objekt um ein Geschenk der Familie Winnertz an die zoologische Sammlung handelt.

Markus Lambertz

»Meigen's natürliche Abbildungen zweiflüglichter Insekten«, 214 Tafeln mit ca. 6300 handgezeichneten, meist kolorierten Einzeldarstellungen, Goldschnitt und Goldprägung auf schwarzem Einband, Buchformat ca. 23 x 18 cm, Tafeln ca. 19,5 x 15,5 cm

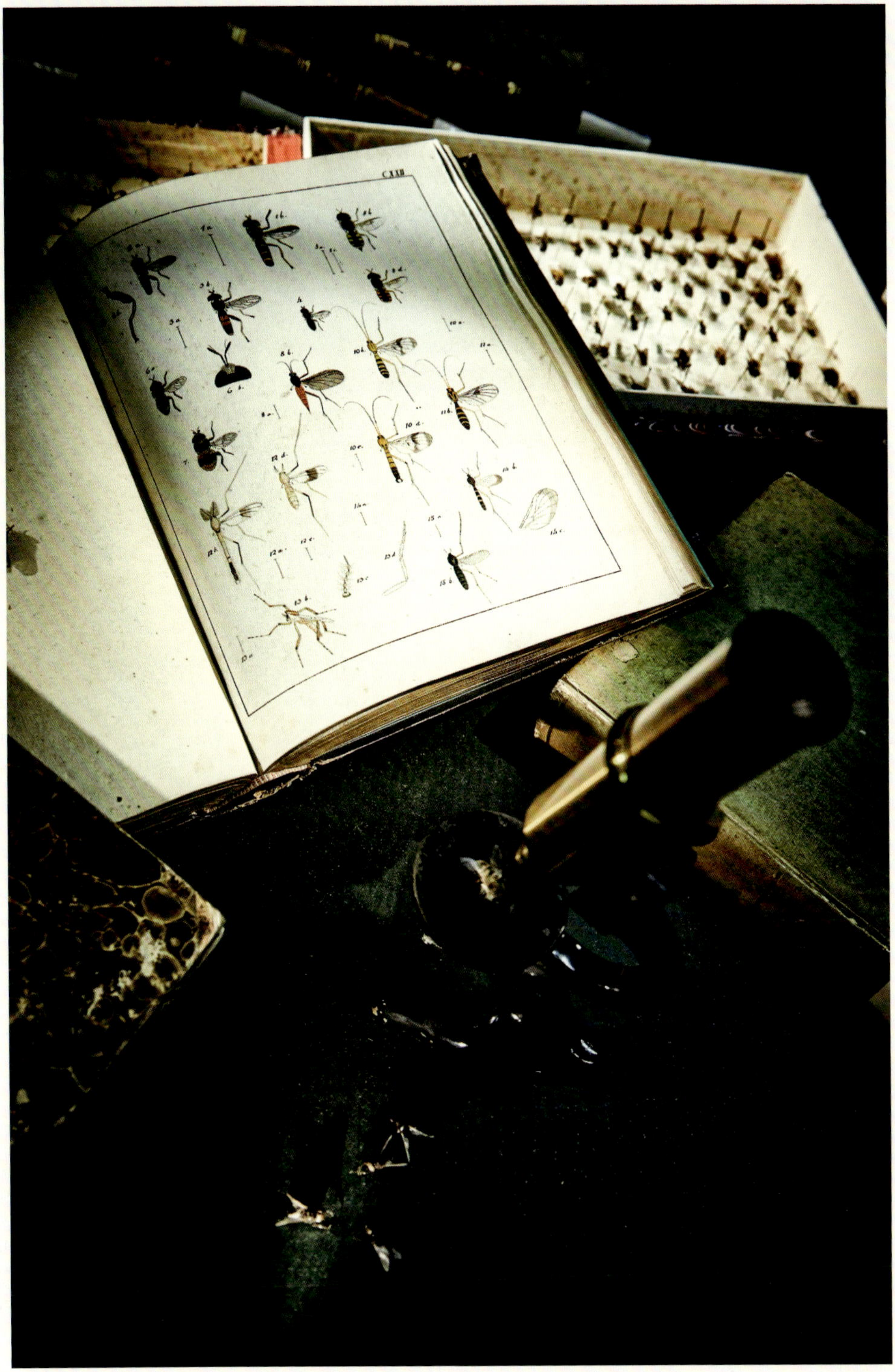

1839

Der kleinste Kometensucher

Ursprünglich hatte der Bonner Astronom Friedrich Wilhelm August Argelander (1799-1875) das Gerät zum Beobachten von Kometen erworben. Das kleine Gerät erlangte nach 1852 als Fernrohr, mit dem Argelander und seine Mitarbeiter die »Bonner Durchmusterung« geschaffen hatten, Weltruhm. Mit einem ausgesprochen einfachen, aber effektiven Verfahren erfassten die Bonner Wissenschaftler von 1852 bis 1859 mit dem Kometensucher und einer präzisen Pendeluhr die Daten von 324.198 Sternen. In dieser Zeit war das Teleskop im Südturm der Bonner Sternwarte in der Poppelsdorfer Allee 47 untergebracht. 1863 erschienen ein dreibändiger Katalog und 48 Sternkarten der Nördlichen Durchmusterung. Die Karten wurden mithilfe der Lithografie vervielfältigt und neben den Katalogbänden an etliche Sternwarten in aller Welt verschickt.

Die »Bonner Durchmusterung« war das erste große Sternverzeichnis der Neuzeit. Viele Sterne erhielten in der Bonner Durchmusterung ihre erste Bezeichnung. Daneben wurden auch die genauen Positionen am Himmel und ihre Sternhelligkeiten bestimmt. So konnte mithilfe der Bonner Sternkarten der Düsseldorfer Astronom Robert Luther etliche Asteroiden entdecken. Für die Astronomen war Argelanders »Durchmusterung« auch der Ausgangspunkt zur Erforschung der Natur der Sterne. Mit ihr entdeckte man Kandidaten für nahe Sterne, deren Entfernung man durch Präzisionsmessungen mit dem Bonner Heliometer und anderen Geräten ähnlichen Typs ermittelte. Außerdem konnte man durch die Untersuchung einiger in der Durchmusterung entdeckten, veränderlichen Sterne auch Aussagen über die Größe von Sternen machen.

Der berühmte US-amerikanische Astronom Charles Pickering soll 1913 bei der Besichtigung des Fernrohrs der Bonner Durchmusterung mal gesagt haben: »Das ist das kleinste Fernrohr der Welt, mit dem das größte astronomische Werk geschaffen wurde.«

Michael Geffert

Optisches Fernrohr der Firma Merz, auf der Kartierung der Bonner Durchmusterung

Öffnung von 7,7 cm, Brennweite von 65 cm

Carya-Arten

Die Grundstruktur des schon angelegten, barocken Parks der Kurfürsten wurde bei der mit der Universitätsgründung im Jahr 1818 notwendigen Umwandlung in einen wissenschaftlichen Botanischen Garten beibehalten. Die klassische Dreigliederung der barocken Gartenanlage und die Hauptwegeführung lassen sich auch heute noch erkennen. Das Parterre wird von der Systematischen Anlage eingenommen, in der die Beete spiegelbildlich um eine zentrale Mittelachse angeordnet sind. Die Bosketten und der Wald des vormaligen barocken Gartens entsprechen dem heutigen Arboretum im wissenschaftlichen Garten.

Im Arboretum wurden um 1840 mehrere nordamerikanische Nussbäume gepflanzt, die heute eine bemerkenswerte Gruppe bilden. Besonders im Herbst, wenn sich das Laub verfärbt, sind diese Bäume sehenswert, wie hier im Bild.

Dazu gehören die Schwarznuss *(Juglans nigra)* sowie verschiedene Nussbäume aus der Gattung Carya (deutsch: Nuss), beispielsweise der Schuppenrinden-Hickory *(Carya ovata)* sowie die Spottnuss *(Carya tomentosa)*. Die letzten beiden sind Rekordbäume für Nordrhein-Westfalen, also die größten ihrer Art in diesem Bundesland. Insgesamt stehen in den Botanischen Gärten der Universität Bonn 15 Rekordbäume für Deutschland oder Nordrhein-Westfalen.

Wolfram Lobin

Lebende Pflanzen aus der Gründungsphase des modernen Botanischen Gartens der Universität

Im Hintergrund das Poppelsdorfer Schloss mit alter Remise, heute die »gute Stube« der Universitätsgesellschaft Bonn, UGB

1841

Flora Bonnensis

Im Jahre 1841 veröffentlichten Schmitz & Regel eine erste große Flora von Bonn (Flora Bonnensis) und es erschien zum letzten Mal ein Jahresbericht des Botanischen Vereins am Mittel- und Niederrhein, den der Gymnasiallehrer Philipp Wirtgen und der Professor für pharmazeutische Botanik Theodor Friedrich Ludwig Nees von Esenbeck 1835 in Koblenz gegründet hatten. Ziel des Unternehmens war eine Zusammenstellung aller in der preußischen Rheinprovinz vorkommenden Pflanzen. Wissenschaftler aus den Fachbereichen von Zoologie und Geologie sowie Paläontologie hatten das Projekt mit Interesse verfolgt und wollten nun teilhaben an der neuen Entwicklung. So war man zu einer Neuorientierung gezwungen.

Deshalb beantragte der Apotheker Ludwig Clamor Marquart bei der Jahresversammlung 1841 in Poppelsdorf die Umbildung in einen allgemeinen naturforschenden Verein. Am 5. Juni 1843 konnte in Aachen die Gründung des Naturhistorischen Vereins der preußischen Rheinlande (NHV) verkündet werden. Ernst Heinrich von Dechen, seit 1841 Leiter des Oberbergamts in Bonn, prägte als Vorsitzender des NHV (1848-1889) maßgeblich dessen Entwicklung. Ihm zu Ehren tragen die »Verhandlungen« seit Band 91 (1935) den Namen »Decheniana«. Was man als Aufgabe des neuen Vereins ansah, hat Marquart im Geleitwort zum ersten Band (1844) zusammengefasst: »Den Verhältnissen nach behandeln unsere Verhandlungen Stoff aus allen drei Reichen der Natur, und selbst die Hülfswissenschaften der Naturgeschichte sind theilweise vertreten …, denn eben durch diese umfassende Tendenz unseres Vereines … werden [wir] auch in Zukunft alle Einseitigkeit der Auffassung zu vermeiden suchen …« Dieser Leitlinie ist der Naturhistorische Verein in Bonn bis heute treu geblieben. In Forschung und Lehre begegnen sich in ihm Universität und »Bürgerwissenschaft« (Citizen Science).

Heinrich Roth

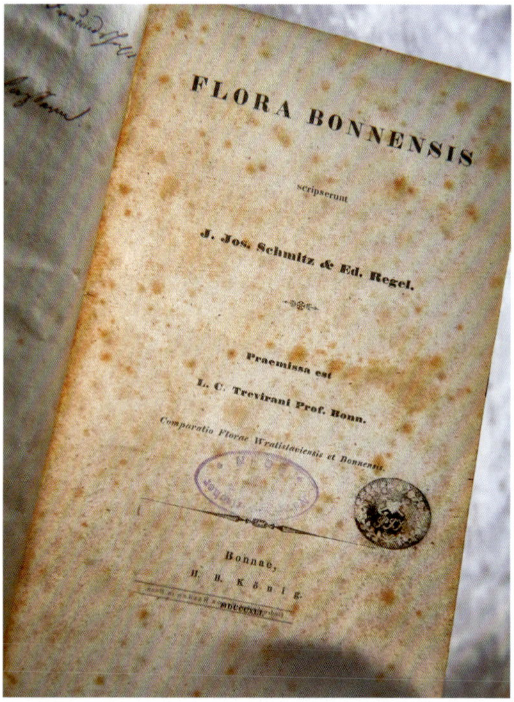

Verlag Schmitz & Regel,
Herbarbeleg, Neubeschreibung
Ranunculus reticulatus

Rheinisches Herbar
024966

Heliometer

Es ist das »Paradeobjekt« des Bonner Universitätsmuseums. Schon von außen durch die Fenster gut erkennbar. Eine Balkenkonstruktion aus Eichenbalken, die mit Mahagonifurnier ummantelt sind, trägt ein großes Messingfernrohr, dem noch ein kleineres Fernrohr zur Ausrichtung des Teleskops beigegeben ist. Eine Ausrichtung nach oben und unten ist möglich, nicht aber nach der Seite. Gebaut wurde das Heliometer 1842 in der Münchener Werkstatt von Mertz und Mahler, in der bis zu seinem Tod 1826 der geniale Optiker und Physiker Joseph Fraunhofer gewirkt hatte. Er entwickelte bereits im 18. Jahrhundert Fernrohre zur Vermessung des Sonnendurchmessers; ein Heliometer ist ein Sonnenmessgerät, das sich auch zur Entfernungsbestimmung bis zu 100 Lichtjahre entfernter Sterne eignet. Ein solches Heliometer orderte der Astronom Friedrich Wilhelm Bessel für die Königsberger Sternwarte. Bessel gelang es damit 1838, die erste Fixsternparallaxe zu bestimmen und die Entfernung des Sterns 61 Cygni zu berechnen.

Unter einer Parallaxe versteht man eine Winkelberechnung. Bei der Sternenparallaxe macht man sich zunutze, dass die Entfernung der Erde zur Sonne bekannt ist. Wenn mit dem Heliometer ein Stern angepeilt wird, werden zwei Messungen benötigt, die jeweils im Abstand von einem halben Jahr erfolgen, damit zwei einander gegenüberliegende Punkte im Radius des Umlaufs der Erde um die Sonne erreicht werden. Die Objektivlinse ist längsgeteilt. Die beiden Teilbilder werden bei der Fixierung des Sterns durch Verschiebung zur Deckung gebracht, dann wird auf einer Längenskala der Umfang dieser Verschiebung gemessen. Das ist die Gradzahl, die zur Konstruktion eines Winkels an die gedachte Verbindung der beiden Messpunkte (doppelte Entfernung Erde – Sonne) angelegt wird. Die Gerade geht durch den Stern, dessen Entfernung gemessen werden soll. Wenn dies bei der zweiten Messung ebenfalls passiert, kann mit den Daten ein Dreieck konstruiert werden, das die Entfernung der Sonne zu diesem Stern angibt.

In Bonn wurde ein Heliometer nach Königsberger Vorbild von Friedrich Wilhelm Argelander in der neugebauten Sternwarte aufgestellt; Bessel war Argelanders Lehrer. Das Bonner Heliometer ist weltweit das einzige noch existierende Gerät dieser Baureihe.

Thomas Becker

Gebaut 1842 von der Firma Merz & Mahler, ehemalige Fraunhofersche Werkstatt, München

Höhe 200 cm, Breite 220,5 cm, Tiefe 220,5cm, Lafette: Eichenholz mit Mahagonifurnier, Objektivaufhängung: Kiefer, Fernrohr: Messing

Fotomontage: Heliometer am Originalstandort in der alten Sternwarte

Schlitzbandschnecke

Das kleine Fossil dieser Schlitzbandschnecke hat bereits Großes erlebt, denn mit einer 175-jährigen Forschungsgeschichte und einem modernen Doppelgänger kann nicht jedes Weichtier glänzen. Sein prächtiges Schillern kommt durch die seltene Erhaltung von Perlmutt in der Schale. Als eine der ältesten Schneckenfamilien gibt es Schlitzbandschnecken seit 500 Millionen Jahren. Lange hielt man sie für ausgestorben, bis 1875 Forscher die lebenden Fossilien in der Tiefsee entdeckten.

Bereits 1840 verewigte Georg August Goldfuß, einer der Gründungsprofessoren der Universität, dieses Fossil, indem er an ihm die Art *Pleurotomaria sismondai* in seinem Monumentalwerk, der »Petrefacta Germaniae«, beschrieb. Mit dem Werk wollte Goldfuß eine komplette Übersicht der deutschen Fossilien geben; auch seine Arbeiten aus dem Jahr 1843 fanden Eingang in dieses Werk; es blieb aber leider mit zwei Textbänden und 200 Tafeln unvollendet; Goldfuß starb im Jahr 1848.

Pleurotomaria sismondai stammt aus einer bedeutenden norddeutschen Fossilfundstelle, den heute aufgelassenen Mergelgruben am Doberg im westfälischen Bünde. Die beschriebene Meeresschnecke hat ein Alter von ca. 30 Millionen Jahren und lebte damit im Oligozän. Der Doberg zeichnet sich durch eine ununterbrochene Abfolge von Ablagerungen eines flachen Meeres über einen Zeitraum von 13,4 Millionen Jahren aus. Eine große Vielfalt an Pflanzen, wirbellosen Tieren und Mikroorganismen, aber auch Funde von Wirbeltieren wie das Skelett einer Seekuh kamen bereits zutage. So belegt der Fund, dass Schlitzbandschnecken damals nicht auf die Tiefsee beschränkt waren und ihr heutiger Lebensraum ein Rückzuggebiet ist. 2013 konnte die Schnecke wieder für die Wissenschaft glänzen. 173 Jahre nach seiner Beschreibung errechneten Wissenschaftler aus digitalen Fotos ein 3-D-Modell des Fossils mittels Fotogrammetrie-Software. Die Digitalisierung ermöglicht Forschern die dreidimensionale Untersuchung ohne das Stück der Gefahr einer Reise auszusetzen, sodass dieses Fossil auch in Zukunft mit Sicherheit Teil von lebendiger Forschung sein wird.

Ivette Weitz,
Philipp Knaus

Pleurotomaria sismondai, Gehäuse der Schlitzbandschnecke, etwa 10 cm groß, ca. 30 Millionen Jahre alt, Fundort Mergel-Steinbruch am Doberg in Westfalen, STIPB-Goldfuß-1191

Bild: Georg Oleschinski

Pleurotomaria
Sismondai Gf.
1.a.
1.c.
2.b.

Riesenalk *Alca impennis*

Der Riesenalk gehört zu jenen ausgestorbenen Vogelarten der Neuzeit, deren Verschwinden geradezu symbolhaft für die ungezügelte Ausrottung von Tierarten durch den Menschen steht. Dieser flugunfähige Meeresvogel ist der größte neuzeitliche Vertreter der Familie der Alkenvögel. Er wurde aufgrund seiner Größe und seiner Harmlosigkeit über Jahrzehnte hinweg zur leichten Beute von Seeleuten, die im nördlichen Atlantik auf der Suche nach Proviant waren. Als im Jahr 1844 die letzten Riesenalken erschlagen worden waren, hatte es bis dahin keine Versuche gegeben, diese Entwicklung aufzuhalten. In einer Zeit ohne den heutzutage so populären Vogelschutz-Gedanken wurden stattdessen enorme Summen für die Erlegung der letzten Exemplare geboten. Heute sind weltweit etwa 80 Riesenalk-Präparate erhalten, dazu etliche Skelette und einige Eier.

Bei dem im Museum Koenig bewahrten Vogel handelt es sich um das Floors-Castle-Exemplar, so genannt nach seinem langjährigen Aufstellungsort in Schottland. Es wurde im Jahre 1905 durch den Museumsgründer Alexander Koenig erworben. Über die Herkunft des Vogels ist sonst nicht viel bekannt, wahrscheinlich wurde er um die 1830er Jahre vor Island erlegt.

Wie der Habitus des schönen Präparats anschaulich zeigt, waren Riesenalken mit ihren unproportional kurzen Flügeln und den kräftigen, mit Schwimmhäuten versehenen Füßen das ökologische Nordhalbkugel-Pendant zu den Pinguinen der südlichen Hemisphäre und ebenso gewandte Taucher und Schwimmer. Es gibt zudem fossile Knochenfunde, die belegen, dass es in früherer Zeit sogar mehrere flugunfähige große Alkenarten gegeben hat. Diese Funde bezeugen eindrucksvoll, wie sehr gleiche Lebensweisen selbst in extremer geografischer Entfernung bei den überhaupt nicht miteinander verwandten Alken und Pinguinen verblüffend ähnliche Körperbaukonstruktionen erzeugen. Mit dem Riesenalk ist uns damit eine Vogelart verloren gegangen, für die es heute auf der Nordhalbkugel keinerlei körperbauliche Entsprechung mehr gibt.

Till Töpfer

Aufgestelltes Trockenpräparat (Habituspräparat in Vogeldiorama)

Ca. 35 x 55 x 55 cm, ca. 1830, vermutlich Island, Inv.-Nr. Q.I.4.a.a

1845

Schädel eines Mosasauriers

Wie mehrere andere Fossilien im Goldfuß-Museum ist dieses Skelett einer Maasechse (Mosasaurier) von besonderem wissenschaftshistorischem Interesse. Mosasaurier lebten in der späten Kreidezeit und waren riesige, an das Meeresleben angepasste Eidechsen. Sie hatten eine lange Schnauze mit scharfen Zähnen, die eine räuberische Lebensweise anzeigen. Unser Fossil ist einer der frühesten Saurierfunde aus dem »Wilden Westen«. Das Mosasaurierskelett wurde um 1830 am Oberlauf des Missouri gefunden. Prinz Maximilian zu Wied (1782-1862) erwarb es bald darauf für Prof. Georg August Goldfuß (1782-1848). Der Prinz, der in der Tradition der adeligen Forschungsreisenden des 19. Jahrhunderts die Gebiete im Westen der USA besuchte, hatte sich einen Namen als Völkerkundler durch seine Beschreibungen der Prärie-Indianer erworben. Bei der Bearbeitung des Fossils erkannte Goldfuß, dass es sich bei dem Skelett um eine neue Art der bereits aus Maastricht in Holland bekannten Mosasaurier handelt. Er nannte die neue Art im Jahr 1845 nach dem Prinzen: Mosasaurus maximiliani.

Allerdings fiel einem anderen Experten schon bald auf, dass die dem Bonner Schädel fehlende Schnauzenspitze ein Fossil sein könnte, das der Arzt und Naturforscher Richard Harlan (1796-1843) aus Philadelphia im Jahr 1834 als Ichthyosaurus missouriensis beschrieben hatte. Falls es sich wirklich um Teile desselben Schädels handeln würde, hätte der Name von Harlan Vorrang gegenüber dem von Goldfuß. Allerdings konnte niemand die Zusammengehörigkeit der beiden Funde beweisen, bis 2004 die Schnauzenspitze im Naturhistorischen Museum in Paris wiedergefunden wurde. So ist der richtige Name des Bonner Fossils heute Mosasaurus missouriensis, weil Goldfuß – im Gegensatz zu Harlan – zwar das Fossil korrekt der Gattung Mosasaurus zugeordnet hatte, aber der Artname »missouriensis« gegenüber dem Artnamen »maximiliani« Vorrang hat. Vielleicht hat Goldfuß die Veröffentlichung von Harlan nicht gekannt. Oder er hat sich absichtlich nicht an die Regeln der Namensgebung halten wollen, um seinen Wohltäter ehren zu können.

Martin Sander

Mosasaurus missouriensis,
USA, Oberkreide

Teil eines ca. 5 Meter
langen Skelettes,
STIPB-Goldfuß-1327

Der »Landesvater«

Wohl kaum ein studentisches Brauchtum verliert sich so sehr im Dunkel der Geschichte wie der »Landesvater«, der noch heute in manchen Studentenverbindungen üblich ist. Es handelt sich ursprünglich um ein Verbrüderungsritual zweier Studenten. Der gemeinschaftliche Freundschaftsschwur mit dem Bruderschaftstrunk wurde begleitet durch gegenseitiges Durchstoßen der Mützen. Im Lauf der Zeit war der Brauch in den damals nach Herkunft zusammengesetzten Studentenverbindungen zu einer gemeinschaftlichen Veranstaltung geworden, die den Treueschwur zweier Studenten mit dem Treueschwur aller auf den fernen Landesfürsten in der Heimat verband. Seither bilden die am Ritual beteiligten Freundespaare zwei Reihen, durch die jeweils vom Anfang bis zum Ende der Reihe und zurück ein Degen gereicht wird. Das dazu ursprünglich gesungene Lied begann mit den Worten »Landesvater, Schutz und Rater …« und gab damit dem Ritual seinen Namen. Es ist seit 1650 bezeugt. Seit 1782 setzte sich der Text von August Niemann durch, der bis heute gesungen wird und mit den Worten beginnt »Alles schweige, jeder neige ernsten Worten nun sein Ohr«. Nacheinander werden nun die Mützen paarweise auf die Degen gespießt und diese dann nach einem gleichzeitigen Trunk aus dem Bierglas an das nächste Paar weitergereicht. Sind alle Mützen aufgespießt, werden die Degen wieder paarweise zurückgereicht und die durchstoßenen Mützen abgenommen. Später werden die Löcher gestopft und möglichst kunstvoll umstickt. In Bonn ist das Ritual des »Landesvaters« seit 1819 bezeugt, nachdem Heinrich Heine in einer Vernehmung nach einer studentischen Veranstaltung am 18. Oktober vor dem Universitätsgericht angegeben hat, man habe keine burschenschaftliche Feier abgehalten, sondern nur mit einem »Landesvater« dem König von Preußen gehuldigt.

Thomas Becker

Foto einer Lithografie von Paul Deckers, Bonn 1846, ursprünglich aus einer Reihe von sechs Lithografien mit dem Titel »Bonner Studentenleben«, 13 x 10 cm

Theodosius-Missorium

Unglücklicher Zufall oder Barbarei? Entstand der dramatische Riss, der diese ungewöhnlich große spätantike Silberplatte in zwei Hälften teilt, als ein Bauer sie im Jahr 1847 beim Umpflügen seines Feldes zutage förderte, etwa 35 Kilometer südlich des spanischen Mérida? Oder hatten viele Jahrhunderte zuvor, noch bevor die Platte unter die Erde kam, Banausen die Platte zerstört? Die sorgfältige Konservierung konnte den Riss recht gut, wenn auch nicht vollständig verringern. Der Bonner Gipsabguss aber gibt, forschungsgeschichtlich sehr wertvoll, noch den Zustand bald nach der Auffindung wieder.

Trotz dieses Schadens ist der Fund ein ungeheurer Glücksfall und bereichert unsere Kenntnis von den politischen und künstlerischen Vorgängen und Gepflogenheiten der Spätantike: Dank der Umschrift entlang des Plattenrandes oben erfahren wir, dass der Thronende in der Mitte Kaiser Theodosius I. (379 bis 395 Kaiser) ist, der 388 n. Chr. sein 10-jähriges Dienstjubiläum feierte. Mitregenten und Leibwache umgeben ihn, von links nähert sich ehrfürchtig ein Magistrat. Damit sind zwei wesentliche Momente der spätantiken kaiserlichen Repräsentation angesprochen: An eigenen Festtagen verlieh der Kaiser hohe Ämter; und er übergab kostbarste Geschenke, wie auch diese Silberplatte, Missorium genannt.

Die christliche Geschichtsschreibung verlieh Theodosius den Beinamen »der Große«, auch weil er im Jahr 380 das Christentum zur Staatsreligion erhob und damit gleichzeitig die paganen Kulte verbot. Die Kunst allerdings bediente sich weiterhin – und noch lange – der traditionsreichen paganen Ikonografie: Im unteren Bildteil lagert mit Füllhorn die fast nackte Personifikation des Wohlergehens und der »glücklichen Zeiten«. Sie blickt sinnend zum Kaiser hoch und schickt kleine Eroten aus, ihm mit Blüten zu huldigen. Die einzigartige Größe des Missoriums kann keine Fotografie wiedergeben. Wir begreifen sie aber beim Besuch des Originals in Madrid – oder dank der wenigen Abgüsse, die es gibt, wie hier im Paul-Clemen-Museum der Universität, wo das Missorium seit seinem Ankauf bei der Gipsformerei der staatlichen Museen Berlin zu bewundern ist.

Sabine Schrenk

Gipsabguss, »Real Academia de la Historia«, Madrid, Durchmesser 74 cm

Paul-Clemen-Museum des Kunsthistorischen Instituts, Inv. Nr. 293

PERPET·AVG
OB DIEM FELICISSIMVM X

Wahlmann wähle Dahlmann

Ein eng bedrucktes, einzelnes Blatt in einer Vitrine des Bonner Universitätsmuseums markiert den Anfang des modernen Wahlkampfes in einem parlamentarischen System. Erdacht wurde es für die Wahlen zur deutschen Nationalversammlung in der Paulskirche im Frühjahr 1848. Den eingängigen Slogan »Wahlmann wähle Dahlmann« hatte der greise Publizist und Geschichtsprofessor Ernst Moritz Arndt für seinen Bonner Kollegen Friedrich Christoph Dahlmann erfunden. Gut zehn Jahre zuvor hatte der König bei einem Verfassungskonflikt im Königreich Hannover 1837 kurzerhand die ganze Verfassung außer Kraft gesetzt, wogegen sich sieben Professoren öffentlich auflehnten. Anführer der »Göttinger Sieben« war Dahlmann; er musste das Königreich Hannover verlassen. Von der preußischen Regierung erhielt er einen Ruf an die Universität Bonn.

Als im März 1848 eine Welle der Begeisterung durch Deutschland ging, nachdem erste Nachrichten vom Ausbruch der Revolution bekannt geworden waren, stand Dahlmann neben Ernst Moritz Arndt und Gottfried Kinkel auf der Treppe des Bonner Rathauses und erschien der jubelnden Menge als Sprecher der revolutionär gesinnten Kräfte in Bonn. Doch als es darum ging, Kandidaten für die einzelnen Wahlkreise aufzustellen, in denen vorher bestimmte Wahlmänner abstimmen sollten, konnte Dahlmann als evangelischer Norddeutscher nicht die Herzen der Bonner erreichen. Die Bonner Wahlmänner waren von seinem Flugblatt wenig beeindruckt und wählten den Juraprofessor Franz Josef Deiters. Auch er war wie Dahlmann liberal eingestellt, aber er war katholisch. Das hatte in Bonn den Ausschlag gegeben. Der inzwischen berühmte Dahlmann erhielt aber sogleich Wahlangebote aus ganz Deutschland, auch aus Segeberg, wo er von 5568 abgegebenen Stimmen 5501 erhielt.

Thomas Becker

Papier, 22 x 27,5 cm,
zweispaltig beidseitig bedruckt
bei Carl Georgi in Bonn

Dauerleihgabe von
Prof. Dr. Wilhelm Bleek, Toronto

Wahlmann

wähle

Dahlmann

für Frankfurt,

wo er nicht zu entbehren ist aus zweien Gründen:

Erstens, weil es in Deutschland jetzt keinen größern Staatsmann, keinen bewährtern, erfahrnern, tiefsinnigern Kenner aller Staatsgrundgesetze, alles Verfassungswesens giebt als ihn, den berühmten Verfasser der „Politik". Und dürfte Der bei der Errichtung des neuen deutschen Reichsgebäudes fehlen, der für den besten Staatsbaumeister gilt?

Zweitens, weil Er es ist, der bei dem Entwurfe des neuen Reichsgrundgesetzes, welches in Frankfurt von den Abgeordneten aller deutschen Lande berathen werden soll, die entscheidendste Stimme gehabt hat, und nebst seinem Freunde Albrecht als dessen eigentlicher Verfasser zu betrachten ist, wie es die Zeitungen gemeldet haben. Wer aber könnte diesem Entwurfe besser das Wort reden, wer die Gründe, worauf er beruht, nachdrücklicher entwickeln, wer die Angriffe gegen denselben siegreicher abwehren, als eben Er, dessen Verfasser?

Es ist gesagt worden, Dahlmann brauche am Rheine nicht gewählt zu werden, weil er vielleicht in seiner Heimat, oder in Schleswig-Holstein, für dessen gutes Recht er zuerst gegen Dänemark in die Schranken getreten ist, oder in Hannover gewählt werde, wo er als der erste jener Sieben von Göttingen für die Unantastbarkeit der von Volk und König beschworenen Verfassung Amt und Stellung in die Schanze geschlagen hat.

Allein in jenen Ländern wird Dahlmann eben darum schwerlich gewählt, weil man dort voraussetzen, oder falls die Wahl schon vorüber ist, vorausgesetzt haben wird, er müsse in seiner neuen Rheinischen Heimat gewählt werden. Und welche Gefahr wäre denn die größere, wenn Dahlmann an mehreren Orten zugleich gewählt würde, oder wenn man ihn, den Unentbehrlichen, Unersetzlichen, gar nicht wählte? Und könnte es das Rheinland, könnten es die Kreise Bonn und Rheinbach, deren jetziger Mitbürger Dahlmann ist, vor dem übrigen Deutschland verantworten, wenn sie den Mann in die deutsche Reichsversammlung zu schicken verabsäumten, dessen Wort da Alle zu vernehmen erwarten, den man in andern, vielleicht in allen deutschen Landschaften gerne gewählt hätte, wenn sie uns Rheinländern hätten vorgreifen mögen? Das aber können wir verbürgen, daß Dahlmann nirgends anders gewählt zu werden wünscht und erwartet, als in seiner jetzigen Heimath am Rhein, und daß er eine auf ihn fallende Wahl seiner neuen Mitbürger anzunehmen erklärt hat. Wer aber möchte, so viel hervorragende Männer das Rheinland auch zählt, mit Dahlmann, dem anerkannt ersten deutschen Staatskundigen, den Vergleich aushalten?

Schauen wir in kurzer Erzählung den Grundriß seines schönen, nicht durch seine Schuld wechselvollen und schicksalreichen Lebens.

Friedrich Christoph Dahlmann ist im Jahr 1785 in der alten ehrwürdigen Hansestadt Wismar in Mecklenburg geboren, welche damals unter schwedischer Hoheit stand und wo sein Vater die Stelle des ersten Bürgermeisters bekleidete.

Nachdem der Knabe und Jüngling lange und tüchtige allgemeine Vorstudien der Wissenschaft gemacht hatte, ward er 1813 in seinem 28sten Jahre zum außerordentlichen Professor der Geschichte an der Schleswigholsteinischen Universität Kiel ernannt, und zwei Jahre später, nämlich 1815, von den Schleswigholsteinischen Ständen zu ihrem Syndikus oder Rechtsanwalt gewählt. Es waren das die Jahre, wo allen Deutschen durch feierlichste Verbürgung, Wiederherstellung, Verjüngung und Verbesserung ihrer alten Verfassungen versprochen waren. In dieser wichtigsten Doppelstellung, beide als Lehrer und Ständeanwalt hat Dahlmann ein halbes Menschenalter für das gekämpft, was er als das gute alte Recht der Schleswigholsteiner erkannt hatte. Er konnte in diesem treuen Kampfe weder bei Dänemark, welches sich ungebührliche Macht über die Herzogthümer anmaßte, noch bei dem deutschen Bundestage, welcher die wichtigsten und schwersten deutschen Sachen gleichsam wie fremde von sich zu schieben pflegte, nicht durchdringen; doch sein Wort und seine Lehre ist durchgedrungen und hat den Muth und die Gesinnung der wackern Holsteiner und Schleswiger belebt und begeistert, wie es heut am Tage liegt. Viele der würdigsten Männer, welche wir heut mit Freuden dort handeln sehen, sind die Schüler seines Worts und seiner That.

Ermüdet durch den langen Kampf, der wenigstens äußerlich erfolglos schien, und zurückgesetzt von der dänischen Regierung, die den edlen Mann nach fünfzehnjährigen erprobten Leistungen immer nur noch als außerordentlichen Professor sitzen ließ, nahm Dahlmann im Jahre 1829 einen Ruf nach dem berühmten Göttingen an als Lehrer der Staatswissenschaften, d. h. derjenigen Wissenschaften, welche die Grundlehren von Gesetzgebung, Regierung und Verwaltung der Staaten umfassen. Auch hier blieb seine Stellung bald nicht allein die eines Lehrers der Wissenschaft, sondern ward die eines thätigsten Ausübers und Anwenders derselben. Bei der Entwerfung und Berathung des Grundgesetzes für das Königreich Hannover im Jahr 1833 ist er bald als Landstand und als Mitberather der allerwirksamste gewesen. — Und der Dank, den er dafür geärndtet? O ein viel schlimmerer als der von den Dänen.

Der alte König Wilhelm der Vierte von Großbritannien und Hannover, der die Verfassung anerkannt, besiegelt und beschworen hatte, war im Jahr 1837 gestorben. Ihm folgte sein Bruder Ernst August in Hannover, und fast seine erste Regierungsthat war die Vernichtung der beschwornen Verfassung. Dahlmann und Sechs seiner Amtsgenossen an der Universität nannten diese Vernichtung einer Verfassung, worauf sie vereidet waren, eine ungesetzliche Gewalt. Sie wurden ihrer Stellen entsetzt und Dahlmann des Landes verwiesen.

Da hat denn unser Dahlmann in dem deutschen Vaterlande, wo sein Name ringsum einen so löblichen Klang hatte, über fünf Jahre beinahe wie ein Heimathloser leben gemußt, aber mit der dem Manne ziemenden Standhaftigkeit und Ehrenfestigkeit sein Geschick ertragen.

Endlich ist er auf viele gemeinsame Bitten der Lehrer der Bonner Universität von dem Könige im Jahr 1842 hieher, als Lehrer der Staatswissenschaften und Geschichte berufen, und hat bis diesen Tag mit dem seltensten Erfolge und Segen gewirkt. Gegenwärtig aber weilt er in Frankfurt, für die Begründung und Befestigung unserer größten deutschen Angelegenheiten zum Mitglied im Bundesrathe ernannt, eine Stellung, die ihn zum Eintritt in die neue Reichsversammlung noch nicht berechtigt, worin ihm doch seinen Entwurf des Reichsgrundgesetzes zu vertreten Gelegenheit geboten werden muß.

Dies war, dies ist Dahlmann, so steht sein schlichtes und tapferes Leben jetzt über ein Menschenalter vor allem deutschen Volk und uns. Er ist, als er sein Amt bei uns antrat, in Bonn und in Köln als muthiger Lehrer und Bekenner ächter gesetzlicher Freiheit wie im Triumphe empfangen worden. Jetzt aber ist es an der Zeit, jetzt, wo wir die Treuesten und Weisesten zum ersten

Troschels Gebiss der Schnecken

Im »Eingangsverzeichnis für die Zoologische Abteilung seit Ostern 1849« werden historische Objekte der zoologischen Sammlung der Universität Bonn vorgestellt, interessante Objekte, die trotz der geringen Anzahl bereits einen bedeutenden Teil des noch erhaltenen historischen Bestands repräsentieren. Das Eingangsverzeichnis erlaubt einen etwas umfangreicheren Einblick in die ehemaligen Sammlungsbestände, auch wenn die Objekte selbst durch Krieg und Zerstörung verloren sind. Es beginnt mit dem Zeitraum als Franz Hermann Troschel die Zoologie in Bonn vertrat und deckt somit glücklicherweise die Hauptphase des musealen Schaffens ab. Darin dokumentiert sind zahlreiche Schenkungen, Ankäufe, auch Tauschaktivitäten mit anderen Museen. Neben Troschels ausgezeichneten Verbindungen nach Berlin ist auf europäischer Ebene reger Tausch von Material mit Georg Jan in Mailand (Italien) oder Japetus Smith Steenstrup in Kopenhagen (Dänemark) verzeichnet. Es bestand auch aktiver Kontakt zu Forschern wie Alexander Agassiz in Harvard (USA) oder Julius von Haast in Christchurch (Neuseeland). Hinzu kommen zahlreiche Aufsammlungen von wissenschaftlichen Expeditionen, die Troschel im Gegenzug für die Bearbeitung überlassen wurden. Auf diese Weise wuchs die Sammlung sehr schnell beträchtlich an und deckte weite Teile des Globus ab. Sämtliche Tiergruppen waren vertreten. Zu annähernd allen hat Troschel Beiträge geleistet.

Doch es zeigt sich klar die Dominanz einer Gruppe: Die »Conchylien«, also die Weichtiere oder Mollusken. Seit seiner Promotion in Berlin waren dies seine Favoriten. Seine Bonner Studien zum Gebiss der Schnecken sollten wegbereitend für die gesamte Molluskensystematik werden. Nur kleine Teile dieses bedeutenden historischen Dokuments sind bislang wissenschaftlich ausgewertet worden.

Markus Lambertz

Handschriftlicher Katalog, ca. 36,5 x 22,5 cm, 154 Blatt mit zahlreichen Einlagen, Halblederеinband mit marmorierten Deckeln und repariertem Rücken

Eingangs-Verzeichnis für die zoologische Abtheilung seit Ostern 1849, letzter Eintrag im Februar 1883

Das Rheinische Herbar

Der Koblenzer Gymnasiallehrer Phillipp Wirtgen (1806-1870) gilt als einer der Väter der Rheinischen Botanik, wie auch der Bonner Pharmazieprofessor Theodor Friedrich Ludwig Nees von Esenbeck (1787-1837), der Fabrikant Ludwig Clamor Marquart (1804-1881) oder der Kölner Apotheker Johann Friedrich Sehlmeyer (1788-1856). Gemeinsam gründeten sie 1835 den »Botanischen Verein am Mittel- und Niederrhein«, aus dem 1843 der »Naturhistorische Verein der Rheinlande und Westfalens« erwuchs. Wirtgen war ein Mann von Weitblick und Tatendrang. Er beschrieb viele neue Pflanzensippen, darunter 1850 eine Königskerze, die er in Hatzenport an der Mosel entdeckte und die er entsprechend der Herkunft *Verbascum mosellanum* bezeichnete. Die von Wirtgen gesammelten Originalpflanzen, die Typuspflanzen, befinden sich noch heute im Rheinischen Herbar. Es umfasst etwa 100.000 Herbarbelege. Die ältesten unter ihnen wurden von Theodor Friedrich Ludwig Nees von Esenbeck im Bonner Raum gesammelt.

Zwar ließe der Begriff Herbar etymologisch allein auf Kräuter schließen, doch ist ein Herbar eine wissenschaftliche Sammlung aus gepressten und getrockneten Pflanzen aller Art, welche mit Klebestreifen auf Kartons (ähnlich DIN-A3) befestigt und mit einem Fundortetikett versehen werden. Ein solches Objekt ist ein Herbarbeleg. Ein sorgfältig gesammelter und präparierter Herbarbeleg zeigt auch nach Jahrhunderten noch fast alle Merkmale der Pflanze. Nur ein solcher Beleg ist ein sicherer Beweis für das Vorkommen einer Pflanze zu einer bestimmten Zeit an einem bestimmten Ort.

Das Rheinische Herbar war als Vergleichssammlung für die botanische Erforschung der Rheinlande angelegt und zunächst in Koblenz aufbewahrt worden. 1853 kam es nach Bonn, wo es ab 1861 im neu gegründeten NHV-Museum in der Maarflach 4 aufgestellt wurde. Dieses Museum wurde 1944 bei einem Bombenangriff vollständig zerstört. Das Rheinische Herbar war jedoch rechtzeitig in den Keller des Chemischen Instituts ausgelagert worden und blieb unbeschadet.

Rolf Wisskirchen

Herbarbeleg aus dem Rheinischen Herbar, Naturhistorischer Verein, Nussallee, Bonn

1. Beilage der Westfälischen Volkszeitung
Hermes über die deutsche Finanzlage
Freitag, 28. September

1851

Der Knochenfund des Carl Fuhlrott

Im Jahr 1851 trat der Oberlehrer Dr. Johann Carl Fuhlrott (1803-1877), seit 1862 Professor, wohl zum ersten Mal vor die breite Öffentlichkeit, als er den Jahresbericht des Naturwissenschaftlichen Vereins von Barmen und Elberfeld bei dessen Stiftungsfest vortrug. Neben seiner Berufstätigkeit widmete sich Fuhlrott nämlich der naturkundlichen Erforschung des Bergischen Landes. Dabei kam ihm als Mitbegründer auch des Naturhistorischen Vereins in Bonn die damit verbundene Bekanntschaft mit dem Leiter des Oberbergamtes und späteren Vorsitzenden des Naturhistorischen Vereins, Heinrich von Dechen, zustatten.

Fuhlrott fesselten besonders die Karstphänomene des Bergischen und Sauerlandes. Er untersuchte dabei nicht nur die Gesteinsbildungen, sondern auch die in den Höhlen geborgenen Knochen. Geldspenden auch von Mitgliedern des Naturhistorischen Vereins erlaubten ihm ausgedehnte Exkursionen und die aufwendige Bergung auch größerer Funde. Zu seinen Fundstätten gehörten außer den Höhlen bei Haspe und Limburg, im Hönne- und oberen Lennetal, auch jene bei Letmathe und Iserlohn mit der heute so genannten Dechenhöhle sowie im Neandertal. Dieser Talabschnitt der Düssel zwischen Gruiten und Erkrath war damals wild zerklüftet. In Kalkgrotten und -höhlen vermutete 1852 Johann Jacob Noeggerath ähnlich wichtige Funde, wie sie seit 1771 bei Iserlohn geborgen worden waren. Als dann im August 1856 Arbeiter beim Freischaufeln einer Höhle auffällige Knochenreste entdeckten, ließ man sofort Fuhlrott benachrichtigen, der sie zutreffend dem Menschen zuordnete. Auch nach der Erstveröffentlichung des Fundes in den Verhandlungen des Naturhistorischen Vereins, schreckten noch manche vor der Erkenntnis zurück, dass der Mensch von »primitiven Vorfahren« abstammen solle.

Hermann Josef Roth

Menschliche Ueberreste aus einer Felsengrotte des Düsselthals. Ein Beitrag zur Frage über die Existenz fossiler Menschen, In: Verhandlungen des naturhistorischen Vereins der preußischen Rheinlande und Westphalens, Heft 16, 1859, S. 131-153

Montage (Volker Lannert) der Bilder der Knochenfunde vor Einband der Veröffentlichung

Jahrg. XVI.
Fig. 1.
Fig. 2.
Fig. 4.
Fig. 5.

Fossiler Zweig aus dem Siebengebirge

Der Kohlen-Bergbau im 19. Jahrhundert im Siebengebirge und in der Umgebung von Bonn förderte auch eine ganze Anzahl Fossilien zutage, darunter aus 23 Millionen Jahre alten Seeablagerungen beim heutigen Dorf Rott bei Hennef. Die wissenschaftliche Bearbeitung der fossilen Pflanzenreste erfolgte Mitte des 19. Jahrhunderts durch den Arzt Dr. med. Carl Otto Weber, der sich neben seinen medizinischen Studien auch der Geologie und Botanik widmete. Seine erste wissenschaftliche Veröffentlichung zu dem Thema kam im Jahr 1852 heraus.

Unter den 144 Pflanzenarten aus Rott beschrieb Weber 1852 auch die Eiche *Quercus tenerrima*. Die Fossilien, auf denen diese Beschreibung beruht, sogenannte Originale, gelangten in die Sammlung des Naturhistorischen Vereins in Bonn und werden heute im Goldfuß-Museum aufbewahrt. Der Forscher beschreibt das Blatt mit den folgenden, fast liebevollen Worten: »Die Zartheit der Substanz und die sehr schön sichtbaren feinen Nerven zeichnen, neben dem kerbzähnigen Rande, dieses Blatt besonders aus.« Über 110 Jahre nach Weber zeigten mikroskopische Untersuchungen an Blättern der gleichen Art aus Süddeutschland Übereinstimmungen mit dem heute in Süd- und Ostasien sowie Afrika beheimateten und als Heilpflanze wichtigen Ulmengewächs *Trema orientalis*. Daraufhin wurde die Gattung *Tremophyllum* für diesen Belaubungstyp aufgestellt und die fossile Art aus Rott in *Tremophyllum tenerrimum* umbenannt.

Im Jahr 1989 kam dann ein weiteres Teil des Puzzles in 35 Millionen Jahre alten Schichten in Nordamerika zum Vorschein: Zweige mit *Tremophyllum*-Belaubung, an denen auch Früchte und Blüten erhalten waren. Diese Früchte, die einzeln auch schon in Rott gefunden worden waren, sind geflügelt und zeigen einen für die Ulmengewächse typischen Bau. Die *Tremophyllum*-Pflanze gehört mit ihrer wechselvollen Fundgeschichte zu den am Besten bekannten, ausgestorbenen Pflanzen aus der Familie der Ulmengewächse. Der hier abgebildete Zweig wurde 80 Jahre nach der Erstbeschreibung der Art auf den Halden des ehemaligen Bergbaus bei Rott durch Georg Statz gesammelt und gehört zu den schönsten Funden dieser Art.

Heinrich Winterscheid

Tremophyllum tenerrimum, Ast mit mehreren Zweigen und ansitzenden länglichen Blättern mit gezacktem Rand auf einer hellen Schieferplatte

11 cm Länge, 10 cm Breite, STIBB-RO-11627

Montage vor Blatt in den Botanischen Gärten der Universität Bonn

Exmatrikel eines Erzbischofs

Die Exmatrikel war das Abgangszeugnis, das Studierende beim Wechsel an eine andere Universität vorlegten. Üblicherweise wurde vor dem Hochschulabschluss an zwei oder mehr Universitäten studiert. Die Universität der Neuzeit verlangte nicht allein ein Zeugnis über die erbrachten Studienleistungen, sondern auch ein Zeugnis über das Betragen des neu aufzunehmenden Studierenden »in sittlicher und ökonomischer Rücksicht«. Beim Studenten Hubert Theophil Simar waren bei seinem Weggang nach Münster offenbar die Kolleggelder genannten Studiengebühren nicht vollständig bezahlt. Auf Simars Exmatrikel wurde deshalb notiert, dass diejenige Behörde, die Hubert Theophil Simar einst anstellen werde, »gefälligst« mitteilen möge, dass sie die Schulden übernehme, wie es die ministerielle Verfügung verlange.

Hubert Theophil Simar, geb. 14.12.1835 in Eupen, wurde am 17. Oktober 1853 an der Rheinischen Friedrich-Wilhelms-Universität Bonn für katholische Theologie immatrikuliert. Er wechselte nach sieben Semestern nach Münster und wurde dort 1857 zum Dr. theol. h.c. promoviert. Am 2. Mai 1859 empfing er die Priesterweihe. Simar schrieb eine Habilitationsschrift über die Seligpreisungen der Bergpredigt und wurde im Jahr 1880 Professor für Dogmatik an der Universität Bonn. Nach der Bischofsweihe 1892 in Paderborn wurde Simar im Jahr 1899 unter deutlicher Einflussnahme Preußens vom Kölner Domkapitel zum Erzbischof von Köln gewählt. Im Gegenzug zur Annahme der Wahl verlangte er vom preußischen Staat, die beiden immer noch amtierenden altkatholischen Lehrstuhlinhaber aus der katholisch-theologischen Fakultät der Bonner Universität zu entfernen. So geschah es dann.

Simar gründete für die damals steigende Zahl der Priesteramtskandidaten das Collegium Leoninum am Alten Friedhof, führte die Gesangsschulung im Priesterseminar ein und initiierte kirchenmusikalische Übungskurse in den Lehrerseminaren. Von 1871 bis 1883 war er Vorsitzender des Borromäusvereins. 1876 zählte Simar zu den Gründern der Görres-Gesellschaft. Mit 66 Jahren starb er am 24. Mai 1902. Dass die Schulden vom Kölner Generalvikariat beglichen wurden, darf angenommen werden.

Klaus Herkenrath

Universitätsarchiv Bonn, Sammlung »Rara«, Exmatrikel von Hubert Theophil Simar

Folio-Format 33 x 21 cm (geschlosssen)

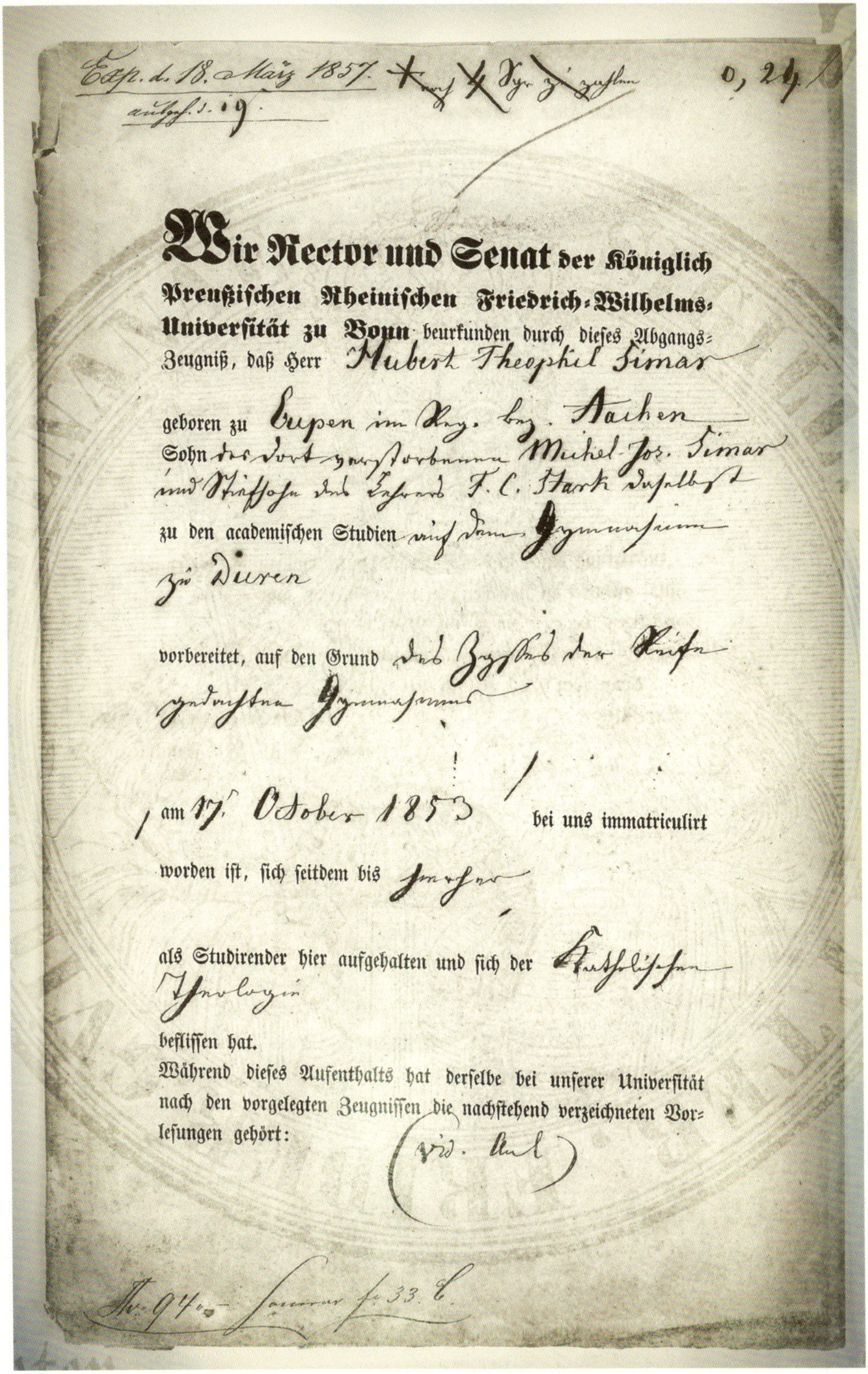
Exp. d. 18. März 1857. ~~[illegible]~~ 0, 24
aufgeh. 1. 19

Wir Rector und Senat der Königlich **Preußischen Rheinischen Friedrich-Wilhelms-Universität zu Bonn** beurkunden durch dieses Abgangs-Zeugniß, daß Herr Hubert Theophil Simar

geboren zu Eupen im Reg. bez. Aachen
Sohn des dort verstorbenen Michel Jos. Simar
und Stiefsohn des Lehrers F. C. Stark daselbst
zu den academischen Studien auf dem Gymnasium
zu Düren

vorbereitet, auf den Grund des Zeugnisses der Reife
genannten Gymnasiums

am 17. October 1853 bei uns immatriculirt

worden ist, sich seitdem bis hierher

als Studirender hier aufgehalten und sich der katholischen
Theologie

beflissen hat.
Während dieses Aufenthalts hat derselbe bei unserer Universität nach den vorgelegten Zeugnissen die nachstehend verzeichneten Vorlesungen gehört: (vid. Anl.)

Nr. 940 — Simar [illegible]

Goldnugget aus Kalifornien

Der kalifornische Goldrausch neigte sich im Jahr 1854 seinem Ende entgegen. Es lohnte sich kaum noch, mit der Hand nach dem wertvollen Metall zu schürfen. Bergwerksgesellschaften bauten es jetzt industriell in großem Maßstab ab. Bei den kalifornischen Goldvorkommen handelt es sich um Seifenlagerstätten: Goldpartikel wittern aus dem Gestein im Oberlauf von Flüssen heraus und werden durch fließendes Wasser abtransportiert. Durch die Abnahme der Fließenergie, z.B. im Unterlauf eines Flusses, wird das Gold abgelagert und angereichert. Es kann mit einfachen Mitteln aus dem Sediment gewaschen werden.

Die Geschichte des kalifornischen Goldrauschs begann mit dem Fund eines Nuggets durch James W. Marshall im Januar des Jahres 1848. Die Nachricht von dem Fund verbreitete sich schnell, und so strömten Ende der 1840er Jahre mehrere Hunderttausend Goldsucher – die sogenannten Fourty-Niners – in das Gebiet. Kalifornien war zu diesem Zeitpunkt kaum von Einwanderern besiedelt. Das änderte sich nun schlagartig. Leidtragende dieser Entwicklung waren die amerikanischen Ureinwohner: Lebten vor dem Goldrausch ca. 150.000 Indianer in Kalifornien, war ihre Zahl 1870 auf 31.000 gesunken. Sie wurden vertrieben, starben an eingeschleppten Krankheiten oder wurden bei Konflikten getötet.

Einen entgegengesetzten Trend zeigt die Bevölkerungsentwicklung der Einwanderer: Ihre Zahl stieg von 92.000 im Jahr 1850 auf 560.000 im Jahr 1870. Reich wurden nur wenige. In den wild wuchernden Goldgräber-Siedlungen zogen hohe Lebenskosten durch überhöhte Preise, Alkohol und Glücksspiel den Goldsuchern das Geld aus den Taschen. So waren Geschäftsleute die eigentlichen Profiteure des Goldrausches oder erfindungsreiche Leute wie der Schneider Levi Strauss, der die robuste Bluejeans für die Goldgräber entwickelte. Dem Staat Kalifornien bescherte der Goldrausch den Beinamen »Golden State« und 1850 die Anerkennung als 31. Bundesstaat der Vereinigten Staaten. Das Stück war nur eines in der umfangreichen und wertvollen Duisberg-Sammlung; es gelangte 1954 an das Mineralogische Museum.

Anne Zacke

Gediegenes Gold aus Kalifornien/USA

Gewicht 7,25 g, Größe 2 cm x 1 cm x 1 cm

1855

Wiedehopf

Zoologische Forschungssammlungen werden zu Recht oft als »biologische Archive« bezeichnet, denn die darin aufbewahrten Präparate dokumentieren das Vorkommen von Tieren zu einer bestimmten Zeit an einem bestimmten Ort. Nicht selten stellen diese Präparate die einzigen verfügbaren physischen Belege dar, anhand derer sich frühere Dokumentationen nachprüfen lassen. Dies gilt insbesondere für Vorkommen von Tieren an den Grenzen ihrer Verbreitung, die aufgrund von Klima- und Lebensraumveränderungen wiederholt schwanken.

Ein Beispiel für ein solches oszillierendes Verbreitungsmuster ist das Vorkommen des Wiedehopfes in Deutschland. Wiedehopfe sind ausgesprochen wärmeliebende Vögel, die auf eine reiche Insektenvielfalt als Hauptnahrung angewiesen sind und als Zugvögel ihre mitteleuropäischen Brutgebiete im Winter verlassen. In Deutschland gilt der Wiedehopf heute aufgrund rückläufiger Brutbestände als stark gefährdet, auch wenn in den letzten Jahren mancherorts wieder zunehmende Bestandszahlen registriert werden. Solcherart regionale Schwankungen gab es schon zu Beginn des 19. Jahrhunderts, noch bevor das großräumige Verschwinden des Wiedehopfes besonders im Nordwesten Deutschlands im 20. Jahrhundert eintrat.

In Thüringen war der Wiedehopf im 19. Jahrhundert relativ weit verbreitet, gab aber viele Brutgebiete im Osten des Landes bereits zu Zeiten Christian Ludwig Brehms (1787-1864) auf. Dieser kannte den Wiedehopf in der Umgebung seines Wohnortes Renthendorf trotz vorhandener geeigneter Bruthabitate fast nur noch als Durchzügler. Tatsächlich befinden sich in Brehms Sammlung überwiegend Präparate von Zugvögeln, wie auch der hier vorgestellte Vogel, der zu Beginn der Zugzeit Mitte Juli erlegt wurde. Bis heute ist der Wiedehopf in Thüringen ein extrem seltener Brutvogel geblieben. Ob es demnächst zu einer erneuten Ausbreitung des Brutgebietes dieses schönen Vogels kommt, hängt nicht nur vom Klimawandel, sondern entscheidend auch von der Qualität der verfügbaren Lebensräume ab.

Till Töpfer

Upupa epops

Sammlung Christian Ludwig Brehm (1787-1864), Trockenpräparat (Balg), 25 x 5 x 6,5 cm, 18. August 1855, Renthendorf in Thüringen

Mit handschriftlichem Originaletikett Brehms, sowie Etikett des Rothschild Zoological Museum in Tring (GB), mit Inventarstempeln des American Museum of Natural History in New York (USA) und des Zoologischen Forschungsmuseums Alexander Koenig, Inv.-Nr. Museum König 1964.2596

Mediterrane Stechwinde im Rheinland

Die Stechwinde – auf lateinisch *Smilax* – ist eine immergrüne Kletterpflanze, die sich über Sträucher und Gesteine, aber auch über den Boden windet. Typisch sind ihre herzförmigen Blätter und die großen Dornen auf den Stängeln, die vor hungrigen Pflanzenfressern schützen. Etwa 300 Arten der Gattung *Smilax* gedeihen heute in tropischen, subtropischen und warm-gemäßigten Gebieten der Erde, besonders in Asien, aber auch im Mittelmeerraum. Fossile Blätter der Stechwinde wurden von Philipp Wessel und Otto Weber 1855 in einer Arbeit über die 23 Millionen Jahre alte Flora von Rott beschrieben. 1856 wurde die Publikation ausgeliefert.

Achtzig Jahre nach dieser Arbeit, in den 1930er und 1940er Jahren, entwickelte sich eine lebhafte Sammlerszene um die Rotter Halden im Siebengebirge. Zu den Stammgästen unter den Hobbypaläontologen zählte die Familie Statz, die Tausende von Fossilien von Pflanzen und Insekten barg. Von 1931-1938 zog die Familie jeden Sommer nach Rott und wohnte im Zentrum des Dorfes. Am Ende der Sammelsaison wurden Kartoffelsäcke voll mit Fossilien zu ihrem Haus in Köln-Zollstock befördert, wo die Funde von Georg Statz präpariert, beschriftet und geordnet wurden. Im September 1939 waren jedoch die idyllischen Sommeraufenthalte der Familie Statz in Rott zu Ende, als der Zweite Weltkrieg ausbrach. Vorsichtshalber wurden die Fossilien im Keller des Kölner Geologischen Instituts gelagert.

Die Sammlung Statz wurde in den frühen 1950er Jahren von den Erben nach Los Angeles verkauft. Die Pflanzenfunde kehrten aber 2004 als Schenkung ins Rheinland zurück – an das Goldfuß-Museum, wo eine neue Bearbeitung begonnen hat. Die originalen Veröffentlichungen der von Weber und Wessel beschriebenen Arten der Stechwinde sind leider nicht mehr aufzufinden. Zum Glück hatte die Familie Statz genügend fossile Blätter von Stechwinden gesammelt und so für viele Belege dieser wärmeliebenden Pflanze vor 23 Millionen Jahren gesorgt.

Carole Gee

Braunes fossiles Blatt mit ausgezogener Spitze und herzförmiger Blattbasis auf heller Schieferplatte, 8 cm Länge, STIPB (Slg. G. Statz)

Fotos aus dem Nachlass der Familie Georg Statz

Die Hertz'schen Funken

Heinrich Hertz, geb. 1857, wechselte 1889 als Professor von der technischen Hochschule in Karlsruhe nach Bonn. Hier setzte er seine Forschungen zum experimentellen Nachweis elektromagnetischer Wellen fort.

Die Parabolspiegel mit Polarisator hatte Hertz in Bonn mit seinen in Karlsruhe hergestellten Geräten nachgebaut. Diese original erhaltenen Nachbauten befinden sich bis heute im Physikalischen Institut der Universität Bonn und werden in den Physikvorlesungen zur Demonstration der Existenz und des Verhaltens elektromagnetischer Wellen eingesetzt.

Mit seinen Experimenten konnte Hertz beweisen, dass es die in der Theorie des schottischen Physikers J.C. Maxwell vermuteten elektromagnetischen Wellen tatsächlich gibt, die sich frei im Raum ausbreiten und dabei die gleichen Eigenschaften wie Licht zeigen, mithin das Licht also auch eine solche Welle ist. Diese bahnbrechende Erkenntnis hatte bald alle Bereiche der drahtlosen Informationsübertragung erobert: Telegrafie über große Distanzen und Radioübertragungen, Telefon- oder TV-Signale von Satelliten oder terrestrisch, GPS, Radar, Mikrowellenherde, Mobiltelefon- oder auch Bluetooth-Übertragungen über kurze Entfernungen.

Die Grundidee in den experimentellen Anordnungen von Heinrich Hertz besteht darin, einen sogenannten Schwingkreis in rascher Folge für jeweils kurze Zeit auf eine hohe elektrische Spannung aufzuladen, bis es zu elektrisch leitenden Funken kommt; das Wort wurde dann bald auch als Verb für die Tätigkeit bei der Informationsübertragung benutzt: funken. Über die Spannung fließt die gespeicherte Ladung als hochfrequenter Wechselstrom hin und her, die resultierenden elektrischen und magnetischen Wechselfelder lösen sich gemeinsam von der Antenne, dem »Hertz'schen Dipol«, ab und breiten sich wellenförmig im Raum aus.

Friedrich Klein

Links: Sender im Inneren des Parabolspiegels. Die Einheit für die Zahl der Schwingungen einer Welle pro Sekunde ist seither das Hertz, beispielsweise 50 Hz im Stromnetz, 77 kHz für Funkuhren, 100 MHz für UKW-Rundfunk, 10 GHz für Satellitenfernsehen und andere mehr

Oben: Experimentalgeräte im Wolfgang-Paul-Hörsaal der Universität Bonn, im Hintergrund die Hörsaalbestuhlung

Otto Deiters' Nervenfortsätze

Unter den mehr als zwei Millionen Bänden im Bestand der Bonner Universitätsbibliothek findet sich ein zunächst unscheinbares, 315 Seiten und sechs Tafeln umfassendes Buch aus dem Jahre 1865. Herausgegeben und auf 17 Seiten »bevorwortet« vom damaligen Ordinarius für Anatomie, Max Johann Sigismund Schultze, sind in den »Untersuchungen über Gehirn und Rückenmark des Menschen und der Säugethiere« die neuroanatomischen Arbeiten des 1863 im Alter von 29 Jahren verstorbenen Bonner Privatdozenten Otto Deiters zusammengefasst. Deiters hatte sich 1858 für Medizin habilitiert. Als Deiters seine Untersuchungen aufgenommen hatte, war der feingewebliche Aufbau des Gehirns weitestgehend unbekannt und heftig umstritten: Wie sollte die Funktion der dort beobachteten Zellen eingeordnet werden? Wie standen diese mit den so auffälligen Nervenfasern in Verbindung? Gibt es für das Nervensystem typische Zellen? Und wenn ja, waren diese dann wirklich zelluläre Individuen? In dem vorliegenden Werk beschreibt Otto Deiters die Ergebnisse sorgfältiger und jahrelanger mühevoller Arbeiten und dokumentiert diese in Zeichnungen, die er mit scharfem Auge und geschickter Hand gefertigt hat. Zu den bleibenden und richtungsweisenden Befunden Otto Deiters' gehört die klare Zuordnung von Nervenzellfortsätzen zu Nervenzellen. Vor allem zählt dazu die als revolutionär zu bezeichnende Beobachtung, dass sich ihrem Aussehen nach zwei Arten von Fortsätzen unterscheiden lassen, die Deiters als »Protoplasmafortsätze« und als »Nervenfaser- oder Axencylinderfortsatz« beschreibt. Dies sind nach heutiger Nomenklatur Dendriten und Axone. Als konzeptueller Durchbruch ist der Entwurf eines »schematischen Bilde[s]« von Nervenzellen zu nennen, der Camillo Golgi und Ramón y Cajal kurz nach der Veröffentlichung des vorliegenden Bandes zu Arbeiten veranlasste, die direkt zum Nobelpreis für Physiologie im Jahre 1906 führten. Otto Deiters' Konzept vom Aufbau von Nervenzellen gehört bis heute zu den ungebrochenen und inspirierenden Fundamenten der Neurowissenschaften.

Max Schultze gebührt das Verdienst, die Bedeutung der Arbeiten seines jungen Kollegen erkannt und der Wissenschaft in dem vorliegenden Buch erhalten zu haben. Die hier abgebildete Tafel I zeigt durch Präparation isolierte Nervenzellen aus dem Rückenmark »mit möglichst vollständig erhaltenen Fortsätzen«. Das Axon (»der Hauptaxencylinderfortsatz«, ist deutlich von den Dendriten (den »Protoplasmafortsätzen«) zu unterscheiden.

Karl Schilling

Bildtafeln, in: Otto Deiters mit Max Schultze (Hg.), Untersuchungen über Gehirn und Rückenmark des Menschen und der Säugetiere, Braunschweig 1865

Einband Halbleder, 18 x 26 x 2.5 cm

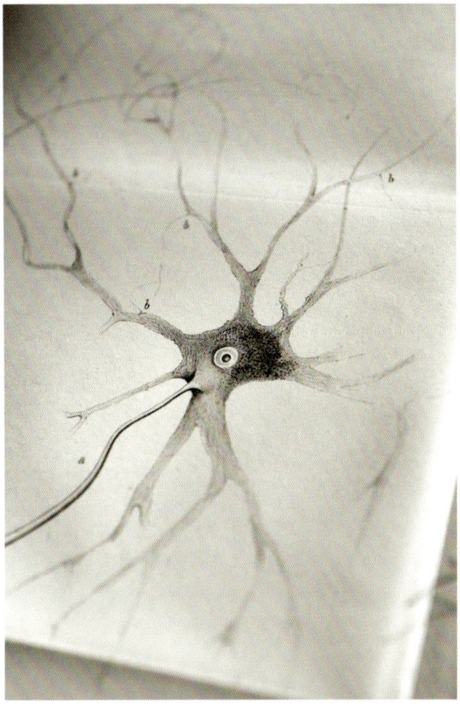

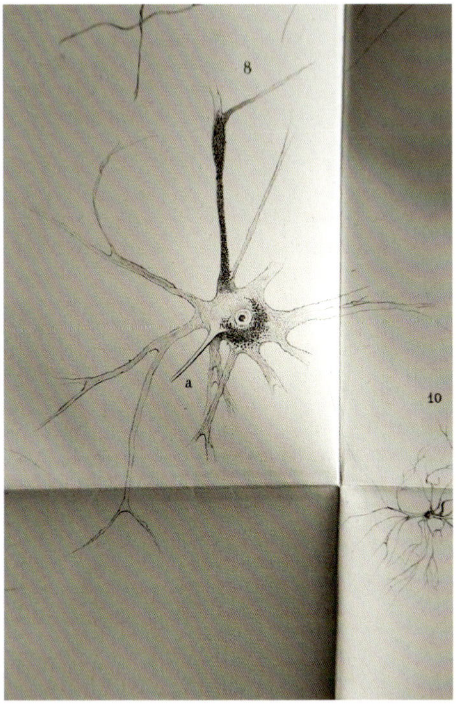
8
a
10

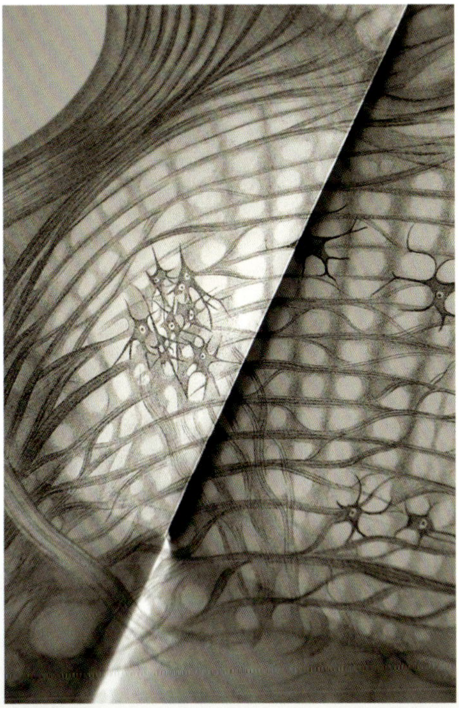

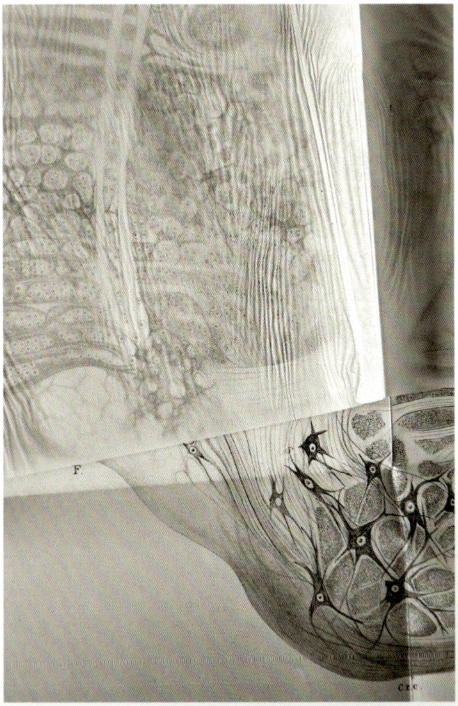
F.

Fischfossilien auf Glarner Schiefer

Dunkle Schieferdächer tauchen im Rheinland häufiger auf. Traditionell wurde der etwa 400 Millionen Jahre alte Hunsrückschiefer verwendet, der weltberühmte Fossilien geliefert hat. Aber auch im kleinen schweizerischen Kanton Glarus gibt es von alters her einen Bergbau auf Schiefer, im passend benannten Landesplattenberg. Der Glarner Schiefer enthält ebenfalls Fossilien, vor allem solche von Fischen. Der Zoologe und Paläontologe Louis Agassiz beschrieb diese Fische als Erster wissenschaftlich (1835 bis 1845) und erkannte, dass sie mit heutigen Fischen verwandt sind. Daher musste der Schiefer viel jünger sein als der Hunsrückschiefer. Heute wissen wir, dass die Glarner Fische »nur« etwa 35 Millionen Jahre alt sind. Allerdings unterlief Agassiz eine massive Fehlinterpretation, die erst viel später aufgeklärt werden sollte. Er beschrieb nämlich eine Vielzahl von Fischarten, die sich ähnelten, aber unterschiedliche Proportionen besaßen. Erst 1886 erkannte der Basler Paläontologe Alexander Wettstein, dass die vielen Arten nichts anderes als durch die Alpenauffaltung verursachte unterschiedliche Verformungsstadien ein und derselben Art waren. Dieser Fehler ist Agassiz nicht wirklich vorzuwerfen, da die Prozesse der Gebirgsbildung im frühen 19. Jahrhundert noch kaum bekannt waren.

Wie aber nun gelangt eine Sammlung von 119 Platten mit Glarner Fischen nach Bonn, die man sonst fast nur in schweizerischen Museen findet? Wie den Jahresberichten des Naturhistorischen Vereins Bonn für das Jahr 1859 zu entnehmen ist, wurde eine große Sammlung Glarner Fische durch den Mineralogen Gerhard vom Rath dem Verein übergeben. Vom Rath hatte die Mineralien der Schweiz erforscht und die mineralogische Sammlung der Universität maßgeblich erweitert. Die Sammlung fiel nahezu vollständig im II. Weltkrieg den Bomben auf das Poppelsdorfer Schloss zum Opfer. Die paläontologischen Sammlungen, einschließlich der Glarner Fische, entkamen diesem Schicksal, da sie 1911 in das heutige Gebäude in der Nussallee umgezogen waren.

Martin Sander

Fossile Glarus-Fische, Hunsrück-Schiefer, STIPB

Bild: Georg Oleschinski, bearb. von Volker Lannert

Palaeorhynchum latum Ag.
Glarus.

Subfossile Moas

Die wohl am weitesten gereisten Fossilien im Goldfuß-Museum sind zwei Moa-Skelette, das Bein eines Riesenmoas und weitere Moa-Knochen aus Neuseeland. Moas waren flugunfähige Straußenvögel, die ganz Neuseeland in verschiedenen Größen und Formen besiedelten, aber im 17. Jahrhundert ausstarben, nachdem mit polynesischen Seefahrern die ersten Menschen auf der neuseeländischen Insel angekommen waren. Vermutlich waren dafür die von den Polynesiern mit importieren Ratten und Schweine verantwortlich. Funde von Moaskeletten und Eigelegen, die europäische Siedler im 19. Jahrhundert gemacht haben, sind höchstens einige Tausend Jahre alt. Die Knochen sind noch nicht versteinert und werden deshalb als subfossil bezeichnet. Im Vergleich mit Straußen hatten Moas vollständig reduzierte Flügel; die Beine waren bei den meisten Arten deutlich stämmiger als bei Straußen. Naturgemäß sind Skelette von Moas in europäischen Museen selten zu sehen, doch das vergleichsweise kleine Goldfuß-Museum kann gleich zwei vollständige Skelette und die Reste von mindestens drei weiteren sein Eigen nennen. Die Erklärung ist im Namen des größten Raubtieres angedeutet, das die Moas bedrohte, bevor die Polynesier kamen: der Haast'sche Adler (Harpagornis moorei), der mit den Moas ausstarb. Dieser größte bekannte Adler, dessen Lebendgewicht 18 Kilogramm erreichte, wurde nach dem Bonner Auswanderer Julius von Haast (1822-1887) benannt, der 1858 verarmt nach Neuseeland übersiedelte. Von Haast war in der britischen Kolonie Neuseeland als Geologe erfolgreicher als in Europa und konnte dort seinen naturgeschichtlichen Interessen folgen. Schließlich gründete er das Naturkundemuseum in der neuseeländischen Stadt Christchurch.

Seine alte Heimat vergaß er aber nicht und beglückte das »Poppelsdorfer naturhistorische Museum«, das Georg August Goldfuß als naturwissenschaftliche Schau- und Studiensammlung der Universität Bonn im Poppelsdorfer Schloss eingerichtet hatte, mit schönen Moaskeletten. Diese barg Haast in den späten 1860er Jahren im Glenmark-Sumpf und montierte sie für Ausstellungszwecke. Die beiden Bonner Moaskelette gehören der mittelgroßen Art Dinornis an. Die größte Moa-Art, die bis zu 240 Kilogramm schwer werden kann, ist mit einem Bein im Goldfuß-Museum vertreten, das 180 Zentimeter hoch ist. Zur Zeit sind leider keine dieser Funde ausgestellt, da die Knochen infolge der fehlenden Versteinerung recht unansehnlich sind und die Skelette einer Restaurierung bedürfen.

Martin Sander

Dinornis,
Montierte Skelette,
ca. 180 cm hoch,
Neuseeland,
STIPB

Bild: Georg Oleschinski

Der Schädel des Quäck

Einen menschlichen Schädel unter den Objekten zu nennen, welche die Geschichte unserer Universität spiegeln, bedarf der besonderen Begründung. Ohne Zweifel ist der menschliche Körper für die medizinische Wissenschaft und den Arzt auch Objekt. Bestimmend bleibt aber das souveräne Subjekt, in dessen Dienst das Bemühen um Objektivität steht. Und noch etwas unterscheidet den Schädel Quäcks von den anderen in diesem Buch beschriebenen Objekten: Er ist nicht mehr Teil der Anatomischen Sammlung und dies aus gutem Grund.

Aber wie kam dieser Schädel eines brasilianischen Indianers überhaupt in die Bonner Anatomie? Auf seiner wissenschaftlichen Reise nach Brasilien (1815-1817) lernte der Privatgelehrte Maximilian zu Wied 1816 einen etwa 12 Jahre alten Indianer namens Quäck kennen, der ihn auf seiner weiteren Reise begleitete und »im Winter 1817/1818 ... in stürmischer kalter Zeit« – also ein knappes Jahr vor der Gründung unserer Alma Mater – an seinen Hof in Neuwied kam. Einiges spricht dafür, dass Maximilian in Quäck einen Mitarbeiter suchte, der ihm den Zugang zur Natur Brasiliens und zur Kultur der eingeborenen Bevölkerung erleichtern sollte. Anders als in populären Darstellungen suggeriert, war der Indianer kein Kuriosum am Hofe; vielmehr belegen wiederholte schriftliche Aussagen von Maximilian, dass er in Quäck die gesuchte Unterstützung tatsächlich fand und sehr schätzte. Dennoch verfiel Quäck in Neuwied der Trunksucht und verstarb dort 1834 an einem Leberleiden. Ein Brief Maximilians vom 15. Oktober 1861 an den Bonner Professor Franz Hermann Troschel ist der erste Beleg dafür, dass der Schädel Quäcks unserer Universität übergeben worden war.

Im Jahre 2010 erreichte das Anatomische Institut die Anfrage der im brasilianischen Bundesstaat Minas Gerais liegenden Stadt Jequitinhonha, ob unsere Universität bereit sei, die sterblichen Überreste Quäcks zurückzugeben. Man wolle den Schädel an die Nachfahren des Stammes übergeben, aus dessen Mitte Quäck stammte, und so eine Geste der Aussöhnung zwischen der europäisch-stämmigen Bevölkerung und den ursprünglichen amerindischen Einwohnern der Region Minas Gerais setzen. Dieses Anliegen hat die Universität Bonn gern unterstützt. Ein hochauflösendes Computertomogramm, welches das Anatomische Institut besitzt, erlaubt die wissenschaftliche Analyse des Schädels, auch nach seiner Rückgabe an Quäcks Nachfahren am 15. Mai 2011.

Karl Schilling

Computertomographische Aufnahme des Quäck'schen Schädels im Hörsaal des Anatomischen Instituts der Universität Bonn

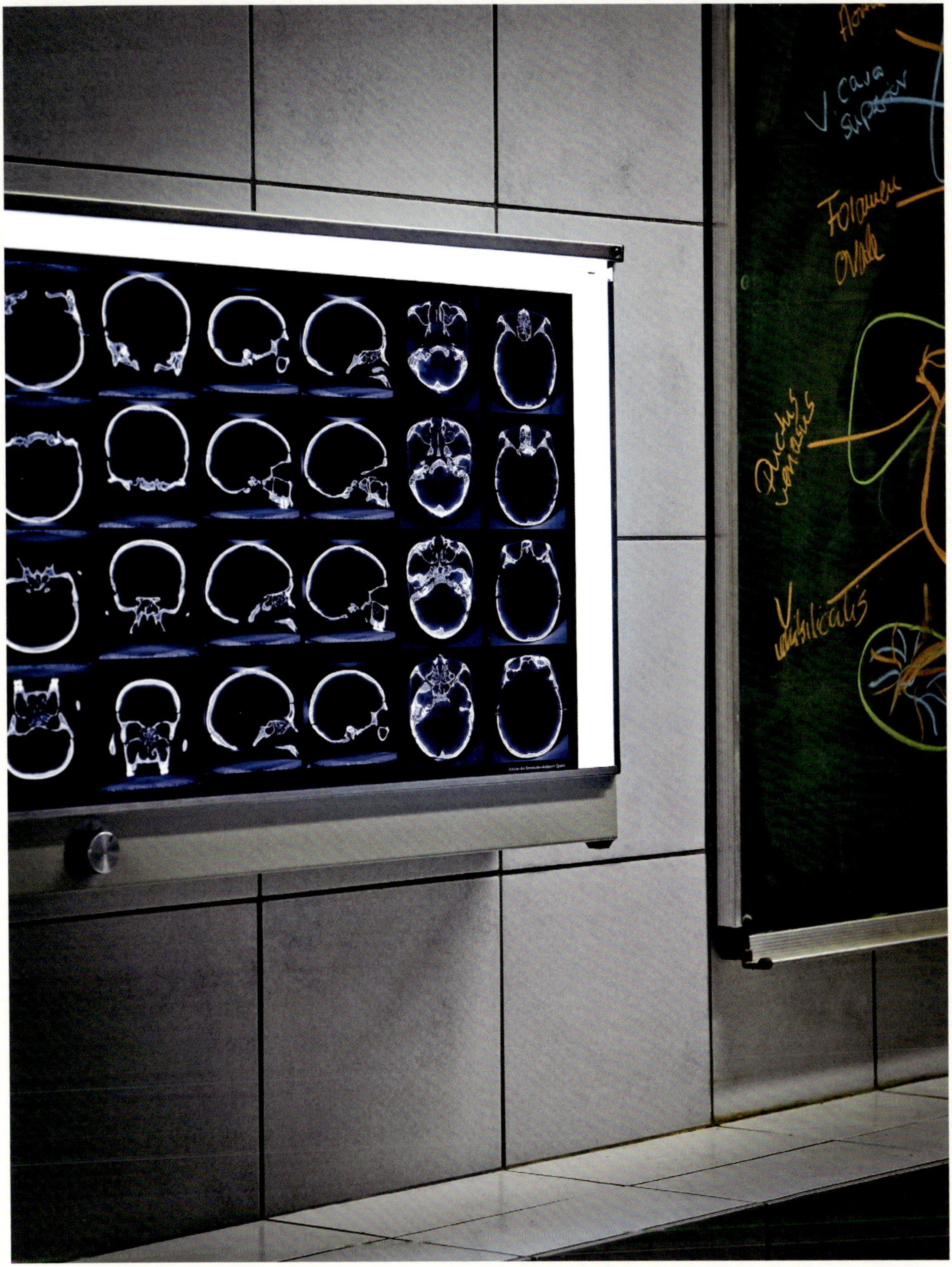
V. cava superior
Foramen ovale
Ductus venosus
V. umbilicalis

Rindenmalerei

Als der gebürtige Schotte William Landsborough im Oktober 1862 Melbourne erreichte, hatte er geschafft, was vor ihm keinem Europäer gelungen war. Als Leiter der *Queensland Relief Expedition* hatte er gemeinsam mit den anderen Expeditionsteilnehmern als erster Weißer den australischen Kontinent von Norden nach Süden durchquert. Dabei verfolgte die Unternehmung, die vom Golf von Carpentaria aus nach Süden vordrang, ursprünglich nur das Ziel, den Verbleib einer verschollenen Expedition aufzuklären.

Diese Rindenmalerei wurde der Bonner Altamerika-Sammlung 1956 von den Ethnographical Collections der University of Melbourne im Rahmen einer Tauschaktion geschenkt. Die aufgebogene Rinde des Eucalyptus tetradonta wurde mit rotem Hämatit, weißem Kaolin, gelbem Limonit und schwarzer Holzkohle bemalt. Diese Pigmente wurden mit Wasser angerührt, bevor sie aufgetragen wurden. Neben geometrischen Mustern sind Eidechsen, Insekten und Flughunde dargestellt. Ursprünglich stammt diese Rindenmalerei nicht aus dem Süden, sondern aus dem Norden Australiens. Es wird angenommen, dass sie von den Yolngu hergestellt wurde. Diese Aborigines-Gruppe lebt am Golf von Carpentaria.

Bevor die Rindenmalerei, neben anderen archäologischen und ethnologischen Objekten, die lange Reise von Melbourne nach Bonn antrat, hat sie somit bereits die Expedition Landsboroughs nachgezeichnet. Neben der Eigenbedeutung, die ihr aus Sicht ihrer Erschaffer zukommt, kann sie folglich sowohl die koloniale Erschließung Australiens als auch den Austausch von Universitäten weit über nationale Grenzen hinweg vergegenwärtigen.

Heinrich Natho

Länge 64 cm,
Breite 26 cm

Arnhem Land,
Australien

Montage vor Aufnahme im Gewölbekeller des Universitätshauptgebäudes, vormals Kurfürstliches Schloss

1863

Das Amerika des Prinzen zu Wied

»Se. Durchlaucht der Prinz Maximilian zu Wied hielt darauf einen sehr anziehenden und lebendigen Vortrag über die amerikanischen Ur-Nationen. ... Eingedenk des Ausspruches seines Lehrers Blumenbach, dass es für den denkenden Menschen kein anziehenderes Studium als das der Urvölker geben könne, hatte der Prinz gerade dieses sich bei seinen Reisen zur Hauptaufgabe gemacht. ... Hier ist es nun freilich viel schwerer, die Völkerschaften ... kennen zu lernen, als in Südamerica, ja man kann 800 Meilen in das Land hineinreisen, ehe man einen einzigen Indianer zu Gesichte bekommt. Viele Stämme sind ganz untergegangen; ... Andere Stämme sind weit ins Innere vertrieben oder von den Staaten ausgekauft und weiter westwärts angesiedelt; ... erst bei St. Louis gelang es dem Prinzen, einzelne Ur-Einwohner des Landes zu sehen, ... und alle weiteren Untersuchungen bestätigten dem Prinzen die Ueberzeugung von der Einheit der amerikanischen Race.«

Dieser Bericht gilt der Festrede des Prinzen zu Wied zur 20. Generalversammlung des Naturhistorischen Vereins. Nach aktivem Kriegsdienst (1806, 1814) und dem Sturz Napoleons unternahm Maximilian Forschungsreisen durch Brasilien (1815-1817) und Nordamerika (1832-1834) mit beachtlichem Ertrag. Als Schüler des Göttinger Anatomen und Anthropologen Johann Friedrich Blumenbach richtete der Prinz sein besonderes Augenmerk auf die Ureinwohner beider Amerikas. Manche seiner Beobachtungen gelten noch heute als Standards der Völkerkunde.

Vieles spricht dafür, dass die von den Wied'schen Reiseberichten ausgehenden Impulse das Bild der Deutschen vom »Indianer« nachhaltig beeinflusst haben bis hin zu Karl May. Als lebendiges Andenken gedeiht im Botanischen Garten in Poppelsdorf noch heute das Malvengewächs Goethea cauliflora, das aus Sämereien stammt, die Maximilian aus Brasilien mitgebracht hat.

Hermann Josef Roth

Maximilian Prinz zu Wied: »Über die amerikanische Urnation«. In: Verhandlungen des naturhistorischen Vereins der preußischen Rheinlande und Westphalens 20, Bonn 1863, S. 54-56

Verschiedene Hefte der Verhandlungen des Naturhistorischen Vereins, Montage

Verhandlungen
des
naturhistorischen Vereines
der
preussischen Rheinlande und Westphalens.
Herausgegeben
von
Prof. Dr. C. O. Weber,
Secretär des Vereins.
Zwanzigster Jahrgang.
Bogen 1—10 nebst Tafel I. Sitzungsberichte S. 1—64.
Correspondenzblatt Nro. 1.
Erste Hälfte.
Bonn.
In Commission bei Max Cohen & Sohn.
1863.
Verhandlungen
des
historischen Vereines
der
Rheinlande und Westphalens.
Herausgegeben
von
Prof. Dr. C. O. Weber,
Secretär des Vereins.
Zwanzigster Jahrgang.
Bogen 1—10 nebst Tafel I. Sitzungsberichte S. 1—64.
Correspondenzblatt Nro. 1.

Knotenversion des Thonet-Stuhls Nr. 14

Wer Holz biegen kann, der kann doch auch einen Knoten in ein Holzbein biegen. So sagte sich der gleichnamige Ur-Ur-Enkel Michael Thonets – und entwarf aus dem Stuhl Klassiker Nr. 14 die Knoten Version 214K. Rot lackiert und mit Knoten im Bein unterstreicht er die zeitlose Modernität der Erfindung seines Vorfahren. Michael Thonet jun. war sich bewusst, dass er ein Erfolgsmodell veränderte. Seine Idee des Knotens im Stuhlbein sollte aus dem Alltagsobjekt »Stuhl« etwas Neues machen: Kunst.

Um das Jahr 1864 baute der Kunsttischler Michael Thonet (1796-1871) aus Boppard am Rhein erstmals einen sehr filigranen Stuhl aus Bugholz – das Modell Nr. 14. Seit 1820 hatte der Gerbersohn experimentiert und herausgefunden, dass Holz unter Einwirkung von Glycerin und Wasserdampf unter Druck äußerst biegsam wird. Diese neue Technik setzt er für die Stuhlherstellung ein. Fürst von Metternich war von diesen neuen Stühlen so begeistert, dass er Thonet 1841 zu einem Umzug nach Österreich bewegte. So kam der Thonetstuhl nach Wien, wo seinem Schöpfer 1842 von der k.u.k.-Hofkammer das Privileg verliehen wurde, »jede, auch selbst die sprödeste Gattung Holz auf chemischmechanischem Wege in beliebige Formen und Schweifungen zu biegen«.

Als Erste ersetzte die Wiener Kaffeehausinhaberin Anna Daum ihre schweren Biedermeiermöbel durch das zierliche Mobiliar aus dem Hause Thonet, dessen Sitzbezug aus Bast den Eindruck der Leichtigkeit noch verstärkt. Viele folgten ihr und kürten somit den Stuhl Nr. 14 zum Wiener Kaffeehausstuhl.

Mit ihm wurde die industrielle Möbelproduktion begründet. In einer Kiste von einem Kubikmeter fanden 36 zerlegte Bugholzstühle Platz, die dann vor Ort montiert wurden. Für zunächst nur 8,50 DM als Bau-Set versandt, wurden bis heute über 50 Millionen dieser Stühle verkauft. So ist 214 K eine moderne und humorvolle Hommage an seinen Erfinder Michael Thonet. Dieser leuchtend rote Stuhl mit Knoten im Bein zieht als Solitär im Souterrain des Arithmeums die Blicke der Besucher auf sich und lädt zum Probesitzen ein.

Ina Prinz

Inv.-Nr. Arithd 4,
Stuhl Nr. 214K, Michael Thonet

Lackiertes Holz, Wiener Geflecht,
Höhe 84,5 cm, Breite 40 cm,
Tiefe 40 cm

Chalkopyrit

Weithin sichtbar erhebt sich das Fördergerüst der Grube Georg bei Willroth/Rheinland-Pfalz über die Autobahn 3. Es steht als Industriedenkmal für eine lange Bergbautradition im Siegerland und Westerwald, die 1965 mit der Schließung dieser letzten verbliebenen Grube ihr Ende fand.

100 Jahre zuvor, im Jahr 1865, wurde das Gebiet, auf dem die Grube lag, für 500.000 Reichstaler von dem deutschen Stahlmagnaten Alfred Krupp aufgekauft. Damit begann eine beschleunigte Technisierung des Erzbergbaus im Siegerland. Krupp veranlasste Modernisierungsmaßnahmen, so wurde ein Maschinenschacht abgeteuft und eine Dampfmaschine zur Förderung eingesetzt.

Die Anfänge des Erzbergbaus in der Region reichen sehr viel weiter zurück. Bereits vor über 2000 Jahren verhütteten eingewanderte Kelten Eisenerze, die sie entweder von der Oberfläche auflasen oder durch das Anlegen kleiner Schürfe förderten. Nachweislich wird seit dem 14. Jh. in der Region Bergbau betrieben. Gefördert wurden das Eisenerz Siderit sowie Kupfer-, Blei-, Zink-, Kobalt- und Nickelerze. Die Fördermengen der Grube Georg blieben zunächst gering. Zwischenzeitliche Stilllegungen aufgrund von Absatzmangel prägten das frühe 19. Jahrhundert. Noch 1820 wurde in Tagebauen und kleinen Schächten abgebaut. Dies änderte sich mit der fortschreitenden Industrialisierung und dem steigenden Bedarf an Eisen zur Stahlherstellung. In den 50er Jahren des 20. Jahrhunderts förderten 500 Bergleute 17.000 Tonnen Erz im Monat. Dem wachsenden Druck des Marktes in den 1960er Jahren hatte die Grube nichts entgegenzusetzen und stellte am 31. März 1965 ihren Betrieb ein. Der Förderturm konnte erhalten werden. Er wurde 1988 zum Industriedenkmal erklärt.

Unter Mineralhändlern und -sammlern sind Minerale aus der Grube Georg aufgrund ihrer außerordentlichen Qualität, beispielsweise der Größe und der Ausbildung der Kristalle, sehr begehrt, darunter Bournonit, Chalkopyrit oder Tetraedit. Der Chalkopyrit aus der Sammlung A. Kipping (1919-2005) wurde dem Sammler 1965 zusammen mit einigen weiteren Stücken aus dem Siegerländer Erzrevier abgekauft.

Anne Zacke

Chalkopyrit vor der Grube Georg bei Willroth (Rheinland-Pfalz)

Gewicht 148 g, Größe 7 cm x 6 cm x 5 cm, Montage

Das demotische Papyrusfragment

»Werde ein Schreiber ! ... Nützlicher ist ein Papyrus als ein ausgearbeiteter Gedenkstein, als eine feste Grabwand ... Es ist etwas Geschriebenes, das gewährleistet, dass man sich seiner erinnert ...« – oder: ›Wer schreibt, der bleibt‹. Die Altertumswissenschaft verdankt nicht zuletzt dieser, im über viertausend Jahre alten Papyrus Chester Beatty IV (vso. Kol. II, 13- III Z. 3) belegten Maxime ihren großen Fundus an Schriftzeugnissen auf Papyrus und Tonscherben, den sogenannten Ostraka, aus dem altpharaonischen bis hin zum griechisch-römischen Ägypten.

Neben der Einstellung sind es natürlich gerade auch die so günstigen klimatischen, also vor allem trocken-warmen Verhältnisse im Land am Nil, die zum Erhalt so vergänglichen Materials wie des aus dünnen Pflanzenstreifen gearbeiteten Schriftträgers Papyrus geführt haben. Die kleine, aber feine Papyrussammlung der Universität, die zu Beginn des 20. Jahrhunderts zusammengestellt wurde, fand durch den großen Papyrologen und Ordinarius für Alte Geschichte Ulrich Wilcken um 1912 in Bonn ihre Heimat. In Sprachen und Schriften reicht das Spektrum auf insgesamt 277 Papyrusfragmenten, 13 Ostraka und 10 frühmittelalterlichen Papierseiten von der ägyptischen Schreibschrift der griechisch-römischen Zeit, dem Demotischen, über das Griechische bis hin zum spätantiken Ägyptisch, dem sogenannten Koptisch, und zum Arabischen.

Zu den Papyri zählt das hier abgebildete Textstück. Das einseitig mit schwarzer Rußtinte beschriftete Fragment zeigt die feine, elegante Schrift, wie sie in der römischen Kaiserzeit durch das spitz zugeschnittene Schreibrohr, den Kalamos, von geübter Hand zu Papyrus gebracht wurde. Der Schriftduktus deutet dabei auf eine Entstehung im 2. bis frühen 3. Jh. u.Z. hin. Parallel zum Griechischen wurde die Sprach- und Schriftstufe der von den Griechen als Demotisch, also ›Volksschrift‹, und von den Ägyptern selbst als ›Dokumentenschrift‹ bezeichneten Form des Ägyptischen für literarische Werke, medizinische und naturwissenschaftliche Texte wie für Briefe, Akten und Urkunden verwendet.

So begegnet sie auch als gleichsam ägyptische Lesefassung neben den hieroglyphischen und griechischen Schriften auf der 1866 in Tanis entdeckten Kanopus-Stele. Nach dem Fund des Rosetta-Steins bot diese durch die Vergleichsmöglichkeit in Wort und Grammatik wertvolle Hilfe bei der weiteren Entzifferung der Hieroglyphenschrift. Nur wenige Monate zuvor hatte es auch in der Bonner Altertumswissenschaft mit dem Amtsantritt des ersten eigenen Lehrstuhlinhabers für Alte Geschichte Arnold Dietrich Schäfer und dessen bedeutender historisch-kritischer Quellenkunde wegweisende Impulse gegeben.

Andreas Blasius

P. Bonn Inv. 318,
2.-3. Jahrhundert u.Z.

Montage: Volker Lannert

Rüschkamps Käfer

Nach der Umwandlung des Botanischen Vereins zum Naturhistorischen Verein hatten dessen Sammlungen einen solchen Umfang angenommen, dass 1861 in der Nähe des Hofgartens das Anwesen Im Maarflach 4 erworben und zum Museum ausgebaut wurde. Eine Zeichnung aus dem Jahr 1867 zeigt das Gebäude noch vor Errichtung eines Seitenflügels im Jahr 1872. Der Erweiterungsbau war der Sammlungen wegen erforderlich geworden und sollte Raum für die wachsende Bibliothek schaffen. Sie blieb bis heute fast unversehrt. Das Gebäude Maarflach 4 fiel aber vollständig dem Bombenhagel im Jahr 1944 zum Opfer. Neben dem Rheinischen Herbar blieb allein die Käfersammlung intakt, da sie zuvor ausgelagert worden war.

Die Käferforschung (Koleopterologie) hatte sich früh schon zu einem Schwerpunkt im Rheinland entwickelt. Der Boppparder Michael Bach veröffentlichte von 1851 bis 1860 eine vierbändige »Käferfauna für Nord- und Mitteldeutschland mit besonderer Rücksicht auf die preußischen Rheinlande«. Darin beschrieb er auch einige Arten, die noch heute valide sind. Zwar ist seine Sammlung verschollen, aber nach ihm begannen Koleopterologen Sammlungsbelege zu sichern.

Die 1927 auf Betreiben des Jesuitenpaters Felix Rüschkamp in Köln gegründete »Arbeitsgemeinschaft Rheinischer Koleopterologen« setzte sich damals das Ziel, alle im Rheinland nachweisbaren Käferarten zu erfassen und eine möglichst vollständige »Landessammlung« rheinischer Käfer zusammenzutragen. Die Gruppe trat 1937 als Arbeitsgemeinschaft dem NHV bei. Rüschkamps »Vision« einer Sammlung von etwa einer viertel Million Käfer ist mit derzeit 320.000 Belegen im Museum Koenig übertroffen worden. An der Sammlung wird bis heute intensiv vor allem ehrenamtlich gearbeitet; Neueingänge werden gesichtet, nachbestimmt, einsortiert. Objekte aus alten Kästen werden in ein modernes Steckschachtelsystem überführt und die Daten elektronisch erfasst.

Hermann Josef Roth

Oben: Zeichnung des 1944 zerstörten früheren Naturhistorischen Museums

Rechts: Steckschachteln mit Käfern im Naturhistorischen Verein

Montage: Volker Lannert

Schwerd'sches Photometer

Nach Entdeckung der Helligkeitsänderungen einiger Sterne wurde für die Astronomie das Messen der Variationen des Lichtes eines Sterns immer wichtiger. In der Mitte des 19. Jahrhunderts, als Haushalte noch nicht über elektrischen Strom verfügten, erforderte die Messung der Sternhelligkeiten besondere Methoden. Auch die Bonner Astronomen unter Führung von Friedrich Wilhelm August Argelander befassten sich mit der Messung von Sternhelligkeiten und ihren Änderungen. Eines der Geräte, das speziell einem solchen Zweck diente, war das Photometer, das Friedrich Magnus Schwerd (1792-1871) in Speyer im Jahr 1868 hergestellt hatte. Das Gerät besteht aus einem Hauptrohr aus Messing, in dem der zu untersuchende Stern zu sehen war. Mittels eines kleineren zweiten Rohres konnte ein Vergleichsstern im selben Feld abgebildet werden. Vor diesem kleineren Rohr befindet sich ein Rad mit verschiedenen Blenden, mit denen das Licht des Vergleichssterns definiert abgeschwächt werden konnte. Durch Verändern der Blenden des Vergleichsfernrohrs war es möglich, die Helligkeit des Vergleichssterns so anzupassen, dass beide Sterne gleich hell erschienen. Das menschliche Auge vermag mit hoher Präzision zwei annähernd gleichermaßen helle Sterne zu vergleichen.

Argelander und seine Nachfahren haben in Bonn ein eigenes einfaches Verfahren angewandt, die Stufenschätzmethode: Die Helligkeiten werden hier durch Vergleich mit Sternen im selben Feld geschätzt. Da diese Methode keine weiteren Hilfsmittel benötigt, wird sie bis heute vor allem von Amateurastronomen eingesetzt. 1844 wies Argelander als Erster darauf hin, dass »die Beobachtung veränderlicher Sterne ein Arbeitsgebiet der Freunde und Förderer der Astronomie« sein könne.

Michael Geffert

Fernrohr zur Bestimmung von Sternhelligkeiten

Länge 135 cm, Öffnung 6,5 cm, Montage

Bemalte Schale mit Jagdszene

In ökonomischer und geopolitischer Hinsicht war das Jahr 1869 von großer Bedeutung für das moderne Ägypten: Nach zehnjähriger Bauzeit wurde am 17. November der Suezkanal eingeweiht, der eine immense Zeit- und Kostenersparnis für den Schiffsverkehr zwischen Europa und Asien erbrachte, der zuvor den afrikanischen Kontinent umfahren musste. Großbritannien hatte sich einen Großteil der Kanal-Aktien gesichert und zum Schutz seiner Interessen eine Militäraktion im Sudan unternommen. Infolge eines längeren Aufenthaltes der ägyptisch-britischen Streitkräfte in Assuan wurde 1885 am Westufer des Nil eine Felsgräbernekropole entdeckt, die sich als Begräbnisstätte pharaonischer Handelsreisender aus dem späten 3. Jt. v. Chr. herausstellte.

Die hier präsentierte Schale stammt aus einem Grab dieser Nekropole und wurde 1969 während der von E. Edel geleiteten Bonner Ausgrabungen auf der Qubbet el-Hawa entdeckt. Sie ist heute dank der damals praktizierten Fundteilung als eines der Prunkstücke im Ägyptischen Museum zu sehen. Ihre Dekoration, die einen dunkelhäutigen Jäger (Nubier) mit zwei Hunden sowie diverses Jagdwild zeigt, spiegelt den ethnischen Schmelztiegel in dieser Grenzregion zur damaligen Zeit (eine andere Schale aus demselben Fundkontext zeigt einen hellhäutigen ägyptischen Jäger). Als 1999/2000 überraschend eine pharaonische Karawanenroute durch die Libysche Wüste entdeckt wurde, die offenbar genutzt worden war, als die traditionelle Niltalroute durch feindliche nubische Fürstentümer blockiert war, trug die »Bonner Jagdschale« nicht unwesentlich zur chronologischen Bestimmung der Aktivitäten entlang dieser alternativen Handelsroute bei: Die stilistisch-ikonografische Nähe zwischen dem Motiv auf der Schale und einem Felsbild an einer Station des Karawanenweges ist frappierend. Der Verlauf der Route sowie andere Indizien lassen nun entgegen früherer Einschätzungen vermuten, dass das Land Jam als Handelspartner der alten Ägypter im heutigen Darfur zu lokalisieren ist.

Frank Förster

Weiß grundierte Keramik mit schwarzer, gelber und roter Bemalung

Durchmesser 16,7 cm, Höhe 4,6 cm

Herkunft: Qubbet el-Hawa, Gräberberg bei Assuan, vor Grab QH 206, ca. 2100 v. Chr.

Inv.-Nr. QH 0/1257

Stromschnellen des Kibali

Am 19. April 1870 machte Georg August Schweinfurth (1836-1925) Rast am Ufer des Kibali, einem Zufluss des Uelle im Nordosten der heutigen Demokratischen Republik Kongo. Wie üblich fertigte er eine Bleistiftskizze an, hier also eine der Stromschnellen, des gegenüberliegenden Dorfes und des Waldes, der den Fluss begleitete. Er würde die Skizze später als sorgfältig ausgeführte Zeichnung in einer seiner vielen wissenschaftlichen und populären Veröffentlichungen verwenden, die seinen Ruf als Afrikaforscher begründeten.

Nach dem Studium der Botanik, Geografie, Mineralogie und Chemie an den Hochschulen in Heidelberg, München und Berlin promovierte er 1862 in Heidelberg und entschied sich für die Erforschung des »Schwarzen Kontinents«. Ausgestattet mit Geldmitteln der Humboldt-Stiftung trat er 1868 von Suakin am Roten Meer aus eine mehr als dreijährige Expedition an, die ihn über 3000 km weit ins Innere von Zentralafrika führte. Sein Reisebericht »Im Herzen Afrikas« erschien 1873 in englischer, 1874 in deutscher Sprache und wurde noch in fünf weitere Sprachen übersetzt; der Reisebericht machte ihn weltberühmt. Andere Reisen führten ihn nach Ägypten und Sudan, wo er auch Pflanzen sammelte und neue Arten beschrieb. In Kairo machte er die Bekanntschaft von Alexander Koenig (1858-1940); beide verband danach eine lebenslange Freundschaft. 1925 bot Schweinfurth Koenig zwei Konvolute mit Originalzeichnungen von Tieren und Landschaften zum Kauf an. Er hatte dafür bereits ein Angebot aus Chicago erhalten, zog aber das Bonner Museum vor.

Am 19. September 1925 starb Schweinfurth im Alter von 82 Jahren. Sein Grab befindet sich heute noch im Botanischen Garten von Berlin-Dahlem. In der Nähe des Kibali befindet sich heute eine große Goldmine, die das idyllische Landschaftsbild von 1870 nachhaltig zerstört hat.

Rainer Hutterer

Bleistift auf Karton,
41 x 28,7 cm

Aufgeklebt und in Album eingebunden, Anmerkung mit Tinte: »Stromschnellen des Kibali, bei Kubbi 19. Apr. 1870«

Stromschnellen des Kībali bei Kubbi
19 April 1870

Ehrentafel für gefallene Studenten

Die Nachricht über die Kriegserklärung Frankreichs an Preußen am 16. Juli 1870 wurde von den Studenten und Professoren in Bonn mit freudiger Erregung aufgenommen. Das ist deswegen bemerkenswert, weil der Kriegsausbruch des Krieges gegen Österreich im Jahr 1866 keineswegs auf Begeisterung unter den Bonner Studenten gestoßen war. Doch durch den Sieg Preußens bei Königgrätz und durch die Politik Bismarcks in den Jahren danach hatte sich die Haltung der Studenten ihm gegenüber gründlich geändert. Nun sah man in ihm den Hoffnungsträger für die Verwirklichung der deutschen Einheit. 124 Bonner Studenten wurden als Wehrpflichtige eingezogen und noch einmal so viele meldeten sich freiwillig zum Kriegsdienst, überwiegend als Krankenträger und Sanitäter. Knapp ein Drittel der Bonner Studenten stand damit in der einen oder anderen Weise an der Front.

Die Euphorie der zurückbleibenden Studenten wurde auch durch die Nachrichten über die blutigen Schlachten von Metz, Vionville oder Sedan nicht getrübt. Einer der Gründe dafür dürfte sein, dass die deutschen Truppen wesentlich weniger Gefallene und Verwundete zu beklagen hatten als die Franzosen. Der Blutzoll der Universität Bonn war erstaunlich gering. Neun Studenten fanden den Tod. So bedauerlich ihr Tod ist, aber dies war gerade ein Prozent der Bonner Studentenschaft. Die Namen der neun gefallenen Bonner Studenten wurden in goldenen Lettern in eine Marmortafel eingeritzt und diese in der damaligen Aula der Universität zum Gedenken an die gefallenen Angehörigen der Universität Bonn im Deutsch-Französischen Krieg 1870/71 aufgehängt. Dort, wo sich heute der Festsaal befindet, blieb die Ehrentafel bis zum schweren Bombenangriff vom 18. Oktober 1944. Sie konnte zwar unversehrt geborgen werden, doch verschwand nach den furchtbaren Verlusten an Menschenleben, die zwei Weltkriege mit sich gebracht hatten, das Bedürfnis, mit dieser Ehrentafel eine Erinnerung an die Gefallenen von 1870/71 aufrechtzuerhalten. Die Tafel gelangte ins Universitätsarchiv und von dort ins Depot des Universitätsmuseums, wo sie bis heute ist.

Thomas Becker

Marmor, 147 x 86 x 2 cm, ursprünglich aufgehängt in der früheren Aula im Hauptgebäude der Universität, Montage

VNIVERS. FRIDER. GVILELM. RHENAN. COMMILITONES
PRO PATRIA MORTVI
IN BELLO ANNI MDCCCLXX-MDCCCLXXI.
OSC. BECKER STVD. IVR. LIPSIENSIS.
GOTTH. BEPLER STVD. MED. WEZLARIENSIS.
GVIL. BONNENBERG STVD. MED. WERDENSIS.
RIC. KLEIN STVD. PHIL. COLONIENSIS.
OSC. STEINFVRT STVD. OECON. REGIOMONTANVS.
GVIL. WORTMANN STVD. THEOL. EV. TREMONIENSIS.

Gelege des Rotkopfwürgers

Die heutige Zusammensetzung naturkundlicher Sammlungen wird durch vielfältige Quellen bestimmt, aus denen sich der Zustrom von Präparaten speist. Neben eigenen Forschungs- und Sammeltätigkeiten werden Sammlungsteile durch Ankauf, Tausch oder Erwerb von Nachlässen gezielt erweitert. Dabei spielten besonders in historischen Zeiten umfangreiche Netzwerke von Sammlern und gewerblichen Naturalienhändlern eine große Rolle, wodurch nicht selten ganze Sammlungsteile mehrfach den Besitzer wechselten.

Die Vogeleier-Sammlung des Zoologischen Forschungsmuseums Alexander Koenig ist die größte ihrer Art in Deutschland. Sie geht zurück auf früheste persönliche Sammelaktivitäten des Museumsgründers und bildet buchstäblich die Keimzelle des heutigen Museums. Die Erweiterung der zoologischen Sammlungen war ein erklärtes Ziel Koenigs und betraf zeitlebens die Eiersammlung in besonderem Maße. Auch er bediente sich eines weitgespannten Netzes von Kollegen, Sammlern, Jägern und Präparatoren, die er direkt beauftragte oder denen er Präparate abkaufte. Einer dieser von Koenig hochgeschätzten Sammler- und Forscherkollegen war der deutschstämmige Theobald Krüper, der jahrzehntelang als Konservator des Universitätsmuseums in Athen wirkte und als Naturalienhändler zahlreiche Präparate verkaufte, darunter auch Vogeleier.

Die beiden hier abgebildeten Eier des Rotkopfwürgers, die bereits 1872 im Gebiet der heutigen Türkei gesammelt wurden, kamen allerdings nicht direkt von Krüper an das Museum Koenig, sondern wurden erst mit dem Erwerb von Teilen der Privatsammlung des Oberförsters Wendlandt aus Brandenburg im Jahre 1916 übernommen. Beide Eier tragen handschriftliche Anmerkungen Krüpers, die dessen von seinen Zeitgenossen so geschätzte wissenschaftliche Sorgfalt belegen. Zahlreiche weitere ursprünglich von Krüper gesammelte Vogeleier am Museum Koenig, die ebenfalls indirekt über andere Händler bezogen wurden, unterstreichen die Sammlungs-Verflechtungen dieser Zeit.

Till Töpfer

Lanius senator,
entleerte Schalen von 2 Eiern,
auf schwarz gefärbter Watte,
in Pappschachtel 7 x 5 x 2,5 cm

Aus der Sammlung Theobald Krüper (1829-1921) am Zoologischen Forschungsmuseum Alexander Koenig,
Inv.-Nr. Museum König G.I.2.g:k

Smyrna (heute Izmir, Türkei),
24. Mai 1872

Körnickes Getreidezylinder

Friedrich August Körnicke (*29. Januar 1828 in Pratau bei Wittenberg, † 16. Januar 1908 in Bonn) war von 1867 bis 1898 Professor für Botanik an der Königlichen Landwirtschaftlichen Akademie in Bonn-Poppelsdorf, dem Vorläufer der Landwirtschaftlichen Fakultät der Universität Bonn. Er war ein klassischer Botaniker, der Arbeiten zur gärtnerischen Botanik, zur Lokalfloristik und zur Getreidekunde, seinem späteren Lebenswerk, veröffentlichte. Er beschrieb mit Eduard von Regel, dessen Laufbahn als Gehilfe im Botanischen Garten der Universität Bonn begann und als Direktor des Sankt Petersburger Gartens endete, die Gewächshauspflanze Strelitzia nicolai.

1867 wurde Körnicke als Professor für Botanik an der Königlichen Landwirtschaftlichen Akademie Poppelsdorf der Nachfolger des Pflanzenphysiologen Julius Sachs (1832-1897). Die landwirtschaftliche Botanik wurde Körnickes Hauptarbeitsrichtung. Er baute ständig wachsende Sortimente wichtiger landwirtschaftlicher Fruchtarten im Versuchsgarten an, selektierte neu auftauchende Formen und beschrieb die infraspezifische Variabilität besonders bei den Getreiden. Körnicke legte wesentliche Grundlagen für die traditionelle Genbankarbeit. Er gilt als »Altmeister der Cerealienkunde«. Nach intensiven Studien seines Materials aus dem Poppelsdorfer Versuchsgarten verfasste er mit seinem Bonner Kollegen Hugo Werner das »Handbuch des Getreidebaues«. Den ersten Band über »Die Arten und Varietäten des Getreides« verfasste Körnicke allein. Ein Teil der Früchte aus dem Anbau seiner Versuchspflanzen wurde sorgfältig gesammelt und in Glaszylindern konserviert. Diese Sammlung »Getreidearten und Varietäten« wurde auf der Weltausstellung 1873 in Wien gezeigt und erhielt eine Auszeichnung.

Die Sammlung ist bis heute in den originalen Glaszylindern erhalten und stellt damit eine bedeutende historische Quelle auch zur Sammlungstechnik dar.

Wolfram Lobin

Sammlung von Getreidearten und -sorten in Glaszylindern, Höhe 10-30 cm

Vitrine (hier offen) im Hörsaal der ehem. Landwirtschaftlichen Hochschule

vulgaris L.
Akfeldii Kcke.
Bohne.
Phaseolus vulgaris L.
jodomelas Al.
und schwarzgefleckte
Bohne.

Schröder-Refraktor

Über 140 Jahre haben Astronomen der Bonner Universität dieses Fernrohr für unterschiedlichste Aufgaben eingesetzt. Es stellt ein typisches Fernrohr für die visuelle Beobachtung dar. Der Astronom stand bei der Beobachtung hinter dem Fernrohr, blickte durch das Okular und notierte die Beobachtungen oder zeichnete die Objekte.

1874 hatte Friedrich Wilhelm August Argelander dieses Gerät von der Firma Hugo Schröder in Hamburg erworben. Aber erst unter seinem Nachfolger Eduard Schönfeld konnte das Fernrohr eingesetzt werden. Schönfeld widmete sich zunächst der Erweiterung der Bonner Durchmusterung; 1886 veröffentlichte er ihren südlichen Teil. Dieses Werk beruhte auf Messungen von 133.659 Sternen mit dem Schröder-Refraktor, der hier abgebildet ist. Im Gegensatz zu Argelander hatte Schönfeld die Messungen zu seinem Teil der Durchmusterung ganz alleine durchgeführt. Im Jahr 1956 kam das Teleskop zum damals neu gegründeten Observatorium Hoher List in Schalkenmehren bei Daun in der Vulkaneifel. Hier waren die Wetterbedingungen deutlich besser als in der inzwischen stark angewachsenen Stadt Bonn. In dieser Zeit wurde das Teleskop mit zwei kleineren Kameras bestückt. 1956 fotografierte der Bonner Astronom Karl Wilhelm Schrick mit einer der Kameras den berühmten Kometen Arend-Roland. Am Observatorium Hoher List nutzten die Bonner Astronomen das Teleskop vielfach zum Testen von kleineren Zusatzgeräten.

Als am Observatorium Hoher List 1989 die Studentenpraktika begannen, erhielt das Teleskop eine neue Bedeutung. Als typisches Gerät für visuelles Beobachten diente es Generationen von Studenten dazu, einmal selbst direkt einen ersten Blick auf Mond, Planeten und Sterne zu werfen. Seit der Schließung des Observatoriums Hoher List im Jahre 2012 steht der Schröder-Refraktor als Ausstellungsstück in der Sammlung Historischer Himmelsaufnahmen der Universität in Bonn.

Michael Geffert

Optisches Teleskop,
Fa. Hugo Schröder

Öffnung: 16 cm,
Brennweite: 193 cm,
Montage

Das Mammut von Wellen

An den sonnenverwöhnten Hängen der Mosel gedeiht heute der bekannte Wein. Während der harschen Klimabedingungen der letzten Eiszeit hingegen lag hier der Lebensraum des Wollhaarmammuts. Das bezeugt der Mammutschädel, den die Schotterablagerungen des Flusses nahe dem Ort Wellen bei Trier im Jahr 1875 freigaben.

Beim Bau der Moselbahnstrecke stießen Arbeiter auf »Skelettheile vorsüntfluthlicher mächtiger Vierfüßler«, wie ein zeitgenössischer Bericht schildert. Dabei handelte es sich um eiszeitliche fossile Überreste von Höhlenlöwen, Auerochsen, Riesenhirschen und Nashörnern. Den außergewöhnlichsten Fund aber stellte dieser fast komplette Schädel samt Unterkiefer von *Mammuthus primigenius* dar.

Die Flussströmung kann die Schädelknochen vor ihrer Einbettung nur eine sehr kurze Strecke mitgeschleppt haben, weil das Stück sonst mehr als nur seine Stoßzähne eingebüßt hätte. Es bedeutet auch, dass das seinem Zahnwechsel nach jugendliche Mammut in der Weichsel-Eiszeit vor etwa 110.000 bis 10.000 Jahren in der direkten Umgebung gelebt hat. Hier gedieh eine reiche, aber baumlose Flora, da die tieferen Bodenschichten ganzjährig gefroren blieben. Sie ernährte neben dem Mammut eine Reihe von kälteangepassten Großsäugern, welche *Homo sapiens* möglicherweise jagte.

Nach der Bergung erhielt der »Naturhistorische Verein der preußischen Rheinlande und Westphalens« die Fossilien. Der heutige NHV stellte sie ab 1877 in seinem Museum hinter der Hofgartenwiese in Bonn als Teil einer beträchtlichen Fossiliensammlung aus. Damals wie heute lag sein Ziel in der Förderung von Zoologie, Botanik und den Geowissenschaften durch die regionale Vernetzung von Laienforschern und professionellen Wissenschaftlern. Leider zerstörte ein Bombenangriff 1944 das Museum. Die gerettete Sammlung übergab der Verein in den 1950er Jahren an die Universität. Der Mammutschädel wird heute im Goldfuß-Museum aufbewahrt und erinnert an die wilde Vergangenheit der Weinanbauregion.

Philipp Knaus,
Ivette Weitz

Schädel eines jugendlichen Wollhaarmammuts mit Unterkiefer, *Mammuthus primigenius*

86 x 81 x 59 cm, Weichsel-Eiszeit (110.000 bis 10.000 Jahre), Obere Moselschotter, Wellen bei Trier, STIPB-Kalthoff-1

Bild: Georg Oleschinski, bearb. von Volker Lannert

Korallenreichtum

Mit dem ehemaligen kurfürstlichen Lustschloss in Poppelsdorf hat die Bonner Zoologie seit Universitätsgründung ein prunkvolles Heim. Mehr als heute galt dies zu Zeiten des Naturhistorischen Museums. Der zunehmende Verfall und schließlich der Krieg brachten neben der großflächigen Vernichtung der Sammlungsbestände auch unwiederbringlichen Schaden am Schloss, wo detailreiche Stuckapplikationen beschädigt oder gar der mit aufwendigen Muschelbekleidungen verzierte Sommerspeisesaal des Schlosses vollständig zerstört wurde. Neben solch unmittelbar baulich eingearbeiteten Tieren waren für die Besucher des einstigen Museums sicher die bizarr anmutenden Korallen aus fernen und damals schier unerreichbaren tropischen Regionen ein wahrer Blickfang. Aber auch die ehemalige Korallensammlung blieb leider nicht erhalten.

Die hier gezeigten, im Jahr 1876 gesammelten Korallen stammen aus dem Indischen und dem Pazifischen Ozean. Neben Tausch und Schenkung gab es einen weiteren Weg, wie derartig exotische Exponate in die Bonner Sammlung gelangten: Das war der Handel mit konservierten Tieren und anderen naturkundlichen Objekten (»Naturalien«). Während des 19. Jahrhunderts nutzten nahezu alle Museen diese Möglichkeit, ihre Sammlungsbestände zu erweitern. Die Korallen lassen sich anhand ihrer Angaben im alten Eingangsverzeichnis identifizieren:

Sie wurden im Jahr 1877 in Basel vom »Zoologischen Comptoir« Gustav Schneider angekauft, also von einem regelmäßigen Lieferanten exotischer Tiere. Zu weiteren bedeutenden und regelmäßig liefernden Naturalienhändlern des Bonner Museums gehörte beispielsweise auch das von C.L. Salmin in Hamburg betriebene Unternehmen.

Markus Lambertz

Korallen im Stucksaal, Poppelsdorfer Schloss

Nesseltiere (Cnidaria), Blumentiere (Anthozoa)

Herkunft: Mauritius und Singapur

Knochenlehre

Neben der wissenschaftlichen Forschung war selbstverständlich auch die zoologische Ausbildung von Anfang an ein zentrales Element an der Bonner Universität. Zusätzlich zu einer breit aufgestellten systematischen Sammlung wurde und wird dazu immer noch auch eine umfangreiche Lehrsammlung unterhalten.

Teil des noch erhaltenen historischen Sammlungsbestands ist der hier gezeigte Schädel eines Flusspferds *(Hippopotamus amphibius)*. Außer dem Schädel ist von dem 1877 angekauften Skelett nichts mehr erhalten.

Im frühen 19. Jahrhundert waren die Grenzen zwischen der wissenschaftlichen und der Lehrsammlung sehr fließend. Unter Berücksichtigung der damals üblichen, relativ geringen Studentenzahlen war anderes weder nötig noch sinnvoll. Doch die Studentenzahlen stiegen. 1927 nahmen 16 Studenten an den physiologischen Übungen teil, 1930 waren es 57 und 2016 waren es schließlich 233.

Für die zoologische Handsammlung wurde schon Ende des 19. Jahrhunderts ein Raum direkt neben dem damals neuen Hörsaal geschaffen. Der Hörsaal ist geblieben; die zoologische Lehrsammlung ist heute platzbedingt dezentral organisiert. Neben einer Reihe anatomischer Nass- und Trockenpräparate, die gezielt zur Veranschaulichung eingesetzt werden können, gibt es eine größere Anzahl Exemplare aus diversen Tiergruppen für die Bestimmungsübungen. Der Fokus liegt dabei klar auf der heimischen Fauna. Aber auch die eher exotischen Objekte oder die aus der historischen Sammlung stammenden Objekte wie Schnabeltiere, Schnabeligel und auch das

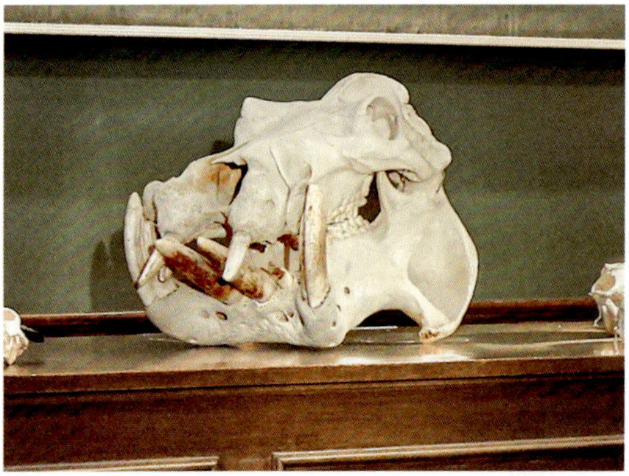

Flusspferd werden von den Dozenten der Zoologie nach wie vor mit in die Lehre eingebunden.

Markus Lambertz

Hippopotamus amphibius Linnaeus,
Säugetiere (Mammalia),
Paarhufer (Artiodactyla),
Hippopotamidae

Afrika, einzelner Schädel,
Länge: ca. 80 cm, 1758

VERTEBRATA · PISCES · Gadus morrhua
REPTILIA · CROCODYLIA

Replik des Tiffany-Diamanten

Im Jahr 1878 erstand Charles Lewis Tiffany, Juwelier und Firmengründer des gleichnamigen Schmuckherstellers, für 18.000 US$ ein besonderes Stück: einen der größten bisher gefundenen gelben Diamanten von 287,42 Karat; er ist als der Tiffany-Diamant unter dem Namen seines Besitzers berühmt geworden – aufgrund seiner Größe und der Tiefe seines Gelbtons (canary diamond). Ein Jahr zuvor war das wertvolle Stück in der berühmten Kimberley Mine in Südafrika geborgen worden, aufgrund ihrer Größe »The Big Hole« genannt. 1871 war dort erstmals eine Handvoll Diamanten gefunden worden. 1914 wurde die Förderung eingestellt.

Diamanten entstehen meist in Tiefen von mindestens 150 km. Durch die Eruption von gasreichem Magma werden sie zusammen mit ihrem Muttergestein, nach der Mine Kimberlit genannt, bis zur Erdoberfläche transportiert. Das diamanthaltige Gestein verbleibt als Schlotfüllung in den röhrenartigen Pipes, es kann aber auch zu einem Durchschlagen der Erdoberfläche kommen.

Der Wert von Diamanten wird anhand der vier »C« festgelegt: Cut (Schliff), Colour (Farbe), Carat (Gewicht) und Clarity (Reinheit). Der Tiffany-Diamant wurde zu einem 128,54 Karat schweren Brillanten mit 82 Facetten geschliffen. Nur zwei Frauen trugen das unbezahlbare Stück. Eine der beiden war Audrey Hepburn, die ihn 1961 in einer Halskette aus weißen Diamantbändern für Aufnahmen zur Promotion des Films »Frühstück bei Tiffany« trug. Heute ist der echte Stein im Flagstore von Tiffany & Co. in New York ausgestellt.

Die Replik aus Kristallglas, die sich im Mineralogischen Museum befindet, wurde zusammen mit 24 weiteren Nachbildungen berühmter Diamanten im Jahr 1908 im Katalog des Mineralienhändlers »Dr. F. Krantz Rheinisches Mineralien-Contor« für 65 Mark angeboten. Wie das Objekt in das Mineralogische Museum der Universität Bonn gelangte, ist nicht mehr zu rekonstruieren.

Anne Zacke

Geschliffenes Kristallglas vor echten Diamanten

1879

Australische Gespenstfledermaus

Im Mai 1879 stellte der in Braunschweig geborene und in Australien tätige Zoologe Gerard Krefft (1830-1881) bei einer Versammlung der Zoologischen Gesellschaft von London eine große unbekannte Fledermaus aus Queensland vor, die an das Göttinger Universitätsmuseum geschickt worden war. Aus Göttingen hatte der damalige Direktor des Zoologischen Institutes, Ernst Ehlers (1935-1925), das Tier an den irischen Zoologen Georg Edward Dobson (1848-1895) nach London gesandt. Edward Dobson fertigte eine detaillierte und formal korrekte Beschreibung der Art als *Megaderma gigas* an, die 1880 in den »Proceedings of the Zoological Society in London« abgedruckt wurde. Entdeckt hatte die Art aber bereits der australische Zoologe und Paläontologe Gerard Krefft im Jahr 1879.

Ein Vierteljahrhundert später wurde für die australische Art eine eigene Gattung *Macroderma* errichtet. *Macroderma gigas* ist der größte Vertreter der Familie der Großblattnasen (Megadermatidae) und mit einer Flügelspannweite von 60 cm die größte Fledermaus Australiens. Die Art ist zerstreut im Norden und Nordosten Australiens verbreitet und gilt als in ihrem Bestand gefährdet. Am Mount Margaret, dem Fundort des Holotypus im mittleren Queensland, kommt die Art heute nicht mehr vor.

In den 1970er Jahren wurden Teile der alten Göttinger Sammlungen aufgelöst und abgegeben, auch an das Museum Koenig. Unter den in Alkohol konservierten Säugetieren befand sich auch der Holotypus der Gespenstfledermaus, der nun als Maßstab für diese Art, genannt Holotypus, im Bonner Zoologischen Forschungsmuseum Alexander Koenig gehütet wird.

Rainer Hutterer

Holotypus, Originalglas mit dem in Äthanol konservierten Körper (Schädel entnommen und gesäubert) der Australischen Gespenstfledermaus *Megaderma gigas* Dobson

»Mount Margaret, Wilson's River, Central Queensland, Mr. Wilson, sent by Dr. Schuette.« Holotypus, ZFMK 1978.0525

Bonner Eulenpapagei

Was heute ein beliebtes und gängiges Fernreiseziel für Individualtouristen ist, war im 19. Jahrhundert ein nahezu unbekanntes und geheimnisvolles Fleckchen Erde: Neuseeland. Dahin zog es 1858 den Bonner Julius von Haast. Er verdiente sich besonders dank seiner geologischen Forschungen einen guten Namen in Neuseeland.

Seiner Heimatstadt blieb er treu verbunden und schenkte ihr wertvolle Exponate für das hiesige Museum. Neben mehreren Skeletten des ausgestorbenen Riesenvogels Moa, die heute noch im Goldfuß-Museum sind, gab von Haast 1880 auch eine umfangreiche Sammlung von Bälgen neuseeländischer Vögel ab. Zu dieser Sammlung zählt auch das hier abgebildete Weibchen des Kakapo *(Strigops habroptila)*. Der Eulenpapagei war einst über weite Teile Neuseelands verbreitet, heute ist die Art mit etwa 125 überlebenden Tieren fast ausgestorben. Die nachtaktiven Vögel sind flugunfähig, dafür aber ausgezeichnete Kletterer und äußerst neugierig. Der Bonner Kakapo hatte sogar Begleitung eines passenden Männchens sowie eines Skelettpräparats, wie aus dem an anderer Stelle vorgestellten Eingangsverzeichnis der Zoologischen Sammlung hervorgeht. Es war zudem eines der frühesten Exemplare dieses außergewöhnlichen Vogels in einer europäischen Sammlung. Zugleich wurde das Tier zu einer Zeit gesammelt, als den Sammlern der vorgezeichnete, menschengemachte Untergang bekannt sein musste.

Neben dem Kakapo sind aus von Haasts Schenkung, die ursprünglich 111 Stücke umfasste, heute noch sieben aufgestellte Bälge erhalten, darunter: ♀ Australasiatisches Purpurhuhn *(Porphyrio melanotus)*, juveniler Streifenkiwi *(Apteryx australis)*, ♂ Zwergkiwi *(A. owenii)*, ♂ Saumschnabelente *(Hymenolaimus malacorhynchos)*, ♀ Tüpfelscharbe *(Phalacrocorax punctatus)*.

Markus Lambertz

Strigops habroptila Gray,
Vögel (Aves), Papageien
(Psittaciformes), Strigopidae

Aufgestellter Balg, Höhe 50 cm,
historisches Etikett: »Strigops
habroptilus Gr., 2089.a, ♀,
Neu Seeland, v. Haast«, 1758,
Montage

Leydigs unerforschte Gewebeschnitte

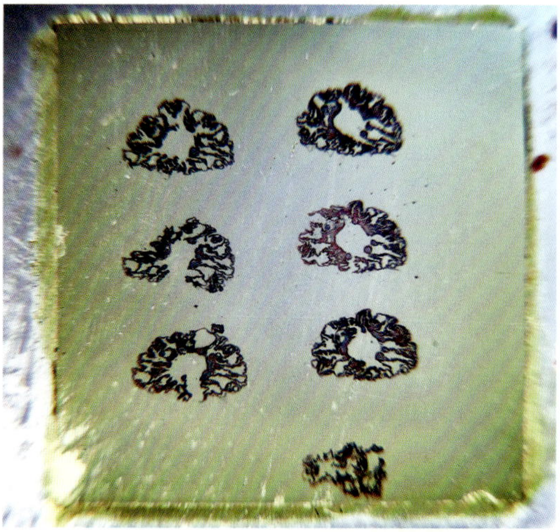

Die Histologie, das ist die Lehre von den Geweben in der Biologie und Medizin, ist eine Bonner Erfindung. Carl Mayer führte diesen Begriff im Zuge seiner Antrittsvorlesung als erster Professor für Anatomie und Physiologie an der Universität Bonn im Jahre 1819 erstmalig ein. Johannes Müller, sein zweifelsohne bedeutendster Schüler, lieferte enorme Fortschritte auf dem Gebiet der mikroskopischen Anatomie, besonders hinsichtlich der Histopathologie, das bedeutet den krankhaften Veränderungen der Gewebe. Viele andere namhafte Histologen wie zum Beispiel Jacob Henle und Oscar Hertwig folgten. Max Schultze begründete 1865 in Bonn das Archiv für Mikroskopische Anatomie, welches sich schnell zu einem der führenden Organe des Feldes entwickelte.

Mit Franz Leydig zog 1885 die Histologie auch prominent in die Bonner Zoologie ein. 1881 war sein Buch »Die augenähnlichen Organe der Fische – Anatomisch untersucht« erschienen. Mit dem begonnenen Weggang von der klassisch-systematischen Zoologie hin zur eher modern-experimentellen im beginnenden 20. Jahrhundert waren auch zahlreiche technische Neuerungen notwendig (oder möglich), doch lange Zeit fehlte dazu das Geld, besonders für Mikroskope. Mitte des 20. Jahrhunderts wurde dann im Poppelsdorfer Schloss das »Zentrallaboratorium für Angewandte Übermikroskopie« eingerichtet, das eine gemeinsame Serviceeinrichtung für die Mathematisch-Naturwissenschaftliche, die Medizinische und die Landwirtschaftliche Fakultät in allen elektronenmikroskopischen Angelegenheiten wurde. Vor allem erlaubte dieses Labor eine erhebliche Erweiterung der klassischen Histologie. Die konventionelle Histologie bildet heute nach wie vor einen zentralen Bestandteil der zoologischen Forschung in Bonn und selbst aus der Paläontologie ist sie zur genaueren Analyse der Knochenstruktur nicht mehr wegzudenken.

Die hier im Auszug gezeigte historische Schnittesammlung hingegen wartet noch auf ihre systematische Erfassung und wissenschaftliche Auswertung.

Markus Lambertz

Rechts: Mehrere Tausend Objektträger in speziellen Sammlungsschränken, vorwiegend 20. Jahrhundert

Fu Lu Shou

Das aus China stammende Objekt mit dem Namen Fu Lu Shou 福禄寿 zeigt, von links nach rechts, die drei personifizierten Sterne *fu* 福, *lu* 禄 und *shou* 寿. Diese Ikonografie entwickelte sich seit der Ming-Zeit (1368-1644) im Zusammenhang mit dem Neujahrsfest, bei dem man sich »Segen« *fu* 福, »Wohlstand« *lu* 禄, und »langes Leben« *shou* 寿 für das kommende Jahr wünschte. Während *shou* 寿 eine eigenständige Ikonografie besitzt, sind *fu* 福 und *lu* 禄 nur in dieser Triade dargestellt. Die Darstellung dieser Sterngötter war sowohl am Kaiserhof als auch beim einfachen Volk beliebt; sie rühren her aus Theaterstücken, die an Festivals vorgeführt wurden. Zum ersten Mal werden die drei im Theaterstück »Das Festival der unsterblichen Beamten *Fu Lu Shou*« (*Fu Lu Shou Xianguan qinghui* 福禄寿仙观清晖) erwähnt.

Fu 福 trägt die Kopfbedeckung und das Gewand mit langen Ärmeln, was ihn als einen pensionierten Beamten auszeichnet. Er hält ein Kind im Arm, was daran erinnern soll, dass ein Sohn Freude (*xi* 喜) gibt. Das Kind hält ebenfalls ein rundes Objekt in der Hand. Es mag sich hierbei um einen Granatapfel handeln, ein Symbol für Fruchtbarkeit und Kinderreichtum. *Lu* 禄 trägt ein *hu* 笏, einen Zeremonienstab eines Hofbeamten. *Shou* 寿 hält einen Pfirsich in der Hand, ein Zeichen für ein langes Leben. Sein Ursprung liegt im Mythos des »Alten Mannes des Südpols«, der im 4. Jh. u.Z. entstanden ist. Schon in der ältesten bekannten Ikonografie aus dem 16. Jh. hat *Shou* 寿 einen hohen Kopf und eine runzelige Stirn. Schließlich wird *Shou* 寿 ikonografisch mit *Lao Zi* 老子 verbunden, da Letzterer zu dieser Zeit schon als Stammvater der Welt gesehen wurde, was zur Unsterblichkeit *Shous* 寿 passt.

Der erste Wissenschaftler, der an der Universität Bonn zu China lehrte, war der Geograf Ferdinand von Richthofen (1833-1905), der zwischen 1869 und 1872 durch China reiste. Wieder in Deutschland begann er sein gesammeltes Material aufzuarbeiten. Im Jahre 1875 wurde er zur neu geschaffenen Professur für Geografie in Bonn berufen. In seiner Zeit in Bonn, die bis 1883 dauerte, publizierte er im Jahre 1882 den zweiten Band seiner Chinaforschung über das nördliche China.

Rebekka Welker

Glücksfigur, Speckstein, Anfang 20. Jh., 16 cm hoch, Montage

Mauerläufer

Naturkundliche Sammlungen beherbergen oft Präparate, die als Belegstücke seltener Tiere gesammelt wurden. Solchen Objekten kommt dann ein besonderer wissenschaftlicher Wert zu, wenn sie ein geografisch oder zeitlich ungewöhnliches Auftreten einer Tierart in einem Gebiet dokumentieren, wo sie normalerweise nicht vorkommt. Der Mauerläufer aus Neuenahr ist solch eine faunistisch bedeutende Rarität.

Mauerläufer sind ausgesprochene Gebirgsbewohner und kommen in Deutschland nur in den Alpen oberhalb von 600 Metern Höhe vor, wo sie vereinzelt und nirgends in großer Zahl brüten. Den Winter verbringen sie überwiegend in tieferen Lagen nahe ihrer Brutgebiete, wobei einzelne Vögel gelegentlich fernab der Alpen als Wintergäste auftauchen. Dabei kommt es vor, dass überwinternde Mauerläufer statt Felsen hohe Gebäude, wie etwa Kirchen, als längerfristige Aufenthaltsorte wählen. Obwohl zum hier gezeigten Mauerläufer aus Neuenahr genauere Datumsangaben fehlen, kann das Winterkleid an dessen heller Kehle und Brust erkannt werden; im Sommer wären diese Bereiche tiefschwarz gefärbt. Er ist also genau so ein nach Norden gewanderter Wintergast, der vermutlich zwischen September und April das Rheinland aufgesucht hat.

Das Präparat wurde mit leicht abgespreizter Flügelhaltung konserviert, wodurch die intensive Rotfärbung der Flügelfedern betont wird. Tatsächlich gehört es zum typischen Verhalten des Mauerläufers, während des Kletterns immer wieder ruckartig den äußeren Teil des Flügels zu öffnen und zu schließen, wobei die rote Flügelfärbung und die kontrastierenden weißen Federspitzen-Flecken auf schwarzem Grund aufblitzen. Dieses schmetterlingsartige Flügelzucken dient nicht der Fortbewegung, sondern hat offenbar in erster Linie die Funktion eines optischen Signals. Dennoch bleiben die zierlichen Mauerläufer an hohen Felswänden ausgesprochen schwer auffindbar.

Till Töpfer

Tichodroma muraria, Trockenpräparat (Balg), im Original montiert auf Holzpostament mit Felsnachbildung, ornithologische Sammlung des ZFMK, G.IX.2.a.ψ

1883, Neuenahr (heute Bad Neuenahr-Ahrweiler), 15 x 15 x 25 cm, Montage vor Winterlandschaft im Hofgarten

Maccaroni-Box

Von 1880 bis 1890 wurden in den USA zwei Maschinentypen entwickelt, die bis zum Zeitalter des elektronischen Tischrechners in den Rechenbüros von Bedeutung waren: Die druckende Addiersegmentmaschine von William S. Burroughs (1857-1898) und die tastenangetriebene Schnellrechenmaschine Comptometer von Dorr E. Felt (1862-1930). Beide Maschinen wurden zu Tausenden in Büros eingesetzt. Sie erfüllten jedoch etwas unterschiedliche Funktionen: Burroughs-Maschinen konnten als reine Additionsmaschinen drucken. Das Comptometer von Felt hingegen war eine kompakte Schnelladdiermaschine mit Volltastatur. Das Ergebnis musste hier von Hand abgeschrieben werden. Durch eine 10-Finger-Eingabemethode, die in speziellen »Comptometer-Schulen« erlernt werden konnte, waren auch sukzessive Additionen und Subtraktionen, also Multiplikationen und Divisionen, möglich. Die Geschwindigkeit des Comptometers liegt in seinem Tastenantrieb begründet: Einstell- und Rechenvorgang erfolgen gleichzeitig. Das Ergebnis ist sofort ablesbar.

Die Idee für das zugrunde liegende Übertragungsprinzip, die Schaltschwinge, kam dem jungen Dorr E. Felt in Chicago während der Arbeit an einer Hobelmaschine. Kurz darauf, im Herbst 1884, bastelte Felt die legendäre Maccaroni-Box als Prototyp des späteren Comptometers. Von einem Kaufmann hatte er eine alte hölzerne Nudelkiste erhalten, in die er mit Weinkorken, Gummiringen und Fleischerhaken den ersten Schaltschwingenmechanismus einbaute. Anfang 1885 war die Maccaroni-Box fertig. Seinen Patentantrag reichte er im März 1887 ein; schon im Oktober 1887 wurde ihm das Patent zugesprochen. Auch die Suche nach Geldgebern zur Gründung einer Fabrik hatte Erfolg. Im Januar 1889 gründete er mit Robert Tarrant die Felt & Tarrant Manufacturing Company in Chicago, wo seine Maschine unter dem Namen Comptometer produziert wurde.

In einer Anzeige von 1911 wird jubelnd mitgeteilt, dass inzwischen über 35.000 Maschinen gebaut worden seien. Felt & Tarrant hatten ständig an der Weiterentwicklung des preisgünstigen Comptometers gearbeitet: Nach 1903 wurden die Maschinen nicht mehr im Holzgehäuse, sondern im Metallgehäuse ausgeliefert. Zur Sammlung des Arithmeums zählt sowohl eine originalgetreue Replik des Prototyps als auch Exemplare aller späteren seriengefertigten Modelle.

Ina Prinz

Comptometer, Schnelladdiermaschine, manuell, richtläufig, Schaltschwinge

Prototyp mit 5-stelligem Einstellwerk / Resultatwerk, Replik

Höhe 28 cm, Breite 22,9 cm, Tiefe 25,4 cm, Gewicht 4200 g, Inv.-Nr. FDM 6282

Mihintale

Das Foto zeigt einen buddhistischen Grabbau (Sanskrit: *stūpa,* Singhalesisch: *dagoba*), der Teil der archäologischen Stätte Mihintale nahe Anuradhapura ist. Hier soll der Sohn Aśokas, Mahindra, den König Devanampiya Tissa zum Buddhismus bekehrt haben. Dies gilt als der Anfang des Buddhismus in Sri Lanka. Ein *dagoba* ist ein buddhistischer Reliquienschrein, der rituell im Uhrzeigersinn umkreist wird. Die Gegenüberstellung eines ruinösen neben einem gepflegten *dagoba* zeigt die Kontinuität des Buddhismus in diesem Bild, denn an diesem Ort war der Buddhismus seit seiner Einführung um 200 v. Chr. vertreten.

Das Bild spiegelt die europäische Ästhetik des Pittoresken wider, mit der Briten unter anderem auch indische Ruinen einfingen. In dieser Ästhetik wird der Mensch klein in der wilden Natur dargestellt. Dies sind Elemente jener kolonialistisch geprägten Ästhetik, die der Engländer William Gilpin als Erster theoretisch beschrieb. Malerei und Fotografie Asiens waren davon bis in das 20. Jahrhundert hinein geprägt.

Dieses Bild wurde mit einem Negativ im nassen Kollodiumverfahren erstellt; die Blätter der Palmen, die sich während der Aufnahme bewegt haben, sind auf dem Foto unscharf und verwischt. Bei dieser Technik waren keine spontanen Bilder möglich. Der Fotograf musste jedes Bild inszenieren, da er die Personen dazu anhalten musste, sich nicht zu bewegen, sonst verschwammen sie wie die Palmblätter. Der Fotograf brauchte zur Erstellung dieses Bildes ein Zelt, in dem er die Glasplatte vor und nach der Belichtung direkt bearbeitete. Der hier zu sehende Albuminabzug wurde von einem Negativ der gleichen Größe erstellt, da zu dieser Zeit noch keine Vergrößerungen möglich waren. Das Negativ wurde per Kontaktabzug erstellt. Der Rand des Positivs wurde jedoch abgeschnitten, da man sonst die bei der Sensibilisierung für die Finger freigelassenen Ecken sehen könnte.

Rebekka Welker

Fotografie der archäologischen Stätte Mihintale (Sri Lanka), Albuminabzug nach Negativ im Nassen Kollodiumverfahren

27 x 21,5 cm, ohne Kartonauflage, Ende des 19. Jahrhunderts

248

Kachina-Figur der Hopi

In der zweiten Hälfte des 19. Jahrhunderts wuchs das Interesse westlicher Forschender für die First Nations Nordamerikas. 1886 startete die *Hemenway Southwestern Arquaeological Expedition* in den Südwesten der USA als eine der wichtigsten Expeditionen zur Erforschung der Pueblo-Gruppen Zuñi und Hopi. In dieser Zeit stieg auch das Interesse der Händler und Sammler für die Kachina-Figuren dieser indigenen Gruppen. Das Interesse führte dazu, dass die Zuñi und Hopi die kommerzielle Produktion der Puppen entwickelten. Heute sind sie begehrte Sammelstücke und zählen zu den am teuersten gehandelten Kunstobjekten Nordamerikas.

Kachinam sind höhere Wesen, die das Zentrum des zeremoniellen Lebens der Pueblo-Gruppen bilden. Sie vermitteln zwischen Menschen und Göttern und spielen deshalb eine wichtige Rolle für Regen und Fruchtbarkeit. Andere der Kachina-Puppen verkörpern die Pflanzen- und Tierwelt oder stellen Wächter oder Clowns dar. Die Kachina-Figur der Bonner Altamerika-Sammlung hat einen kleinen Federbusch auf dem Kopf, der in der Vorstellung der Pueblo-Gruppen die Gebetssubstanz speichert; sie wird von da aus von dem angebeteten Gott aufgesaugt. Der sackartige Rock lässt auf eine weibliche Gestalt schließen.

Vor ihrer Kommerzialisierung wurden die Figuren für die Kinder der Pueblo-Gruppen hergestellt. Sie dienten nicht als Spielzeug, sondern als Lehrmaterial, um die Kinder an das zeremonielle Leben heranzuführen. Mithilfe der Figuren lernen Kinder das Aussehen und die Bedeutung der Kachinam kennen, also der höheren Wesen. Durch die starke Kommerzialisierung der Figuren hat sich ihre Gestaltung im Laufe der Zeit verändert; heute bestehen manche Figuren aus Silber und Edelsteinen. Für die Kinder der Pueblo-Gruppen aber haben die Figuren ihre magische Bedeutung bis heute nicht verloren.

Katrin Metzger

Holz, Höhe: 23 cm,
Erwerb: 1958

Montage im Klassenraum,
Waldorfschule Hangelar

Altägyptische Illustration auf Papyrus

Textillustrationen begegnen in ›profanen‹ Papyri der griechisch-römischen Zeit recht selten. Ägypten weist demgegenüber eine große und lange Tradition oft auch reich kolorierter Bildmotive in den Textsammlungen für die Unterwelt auf, allen voran das sogenannte Totenbuch; doch auch hier wird ein Trend hin zu vereinfachenden, meist nur noch in schwarzer Tinte aufgebrachten Darstellungen erkennbar. Diese folgen in der Regel noch der alten ägyptischen Konvention in idealer Form und der ihr eigenen Mischung aus Profil- und Frontalelementen. In gänzlich anderer Sehtradition steht nun die vorliegende Personendarstellung, von der leider nur der untere weite Gewandabschluss und die Beine erhalten sind. Letztere enden in durch schwarze Linien deutlich abgesetztem Schuhwerk.

Durch die Breite der Figur und die Drehung der Füße nach außen wird die Person als frontal ausgerichtet charakterisiert und eine gewisse perspektivische Darstellung geboten. Dass hier kein großer Künstler am Werk war, zeigen die skizzenhafte, dicke Strichführung der schwarzen Tinte und die missglückte Wiedergabe der Proportionen. So wird nicht deutlich, wie lang eigentlich das Gewand, wohl eine Tunika, reichen sollte. Aus dieser scheint das rechte Bein in seiner Größe und Länge hervorzustechen. Zusammen mit dem leicht ansteigenden Gewandsaum ist es als etwas vorangestellt und leicht erhöht stehend gedacht, und in der Tat tritt der rechte Fuß offenbar – sehr fragmentarisch erkennbar – auf ein menschliches Wesen, dessen Kopf, Oberkörper und herabhängende Arme erhalten sind. Die Szene erinnert an Triumphdarstellungen. So finden sich auch Darstellungen mythischer Gestalten in den Papyri des 2. und 3. Jahrhunderts u.Z.

Einige, allerdings meist bilderlose Texterzählungen wurden bei den 1887 beginnenden Papyrusgrabungen im ägyptisch-antiken Soknopaiou Nesos entdeckt. Im selben Jahr legte der bedeutende Erforscher literarischer Papyri Siegfried Sudhaus in Bonn sein Staatsexamen ab.

Andreas Blasius

Tuschezeichnung von Andreas Blasius nach einem in London verwahrten Papyrus aus Oxyrhinchos, P.Bonn Inv. 330

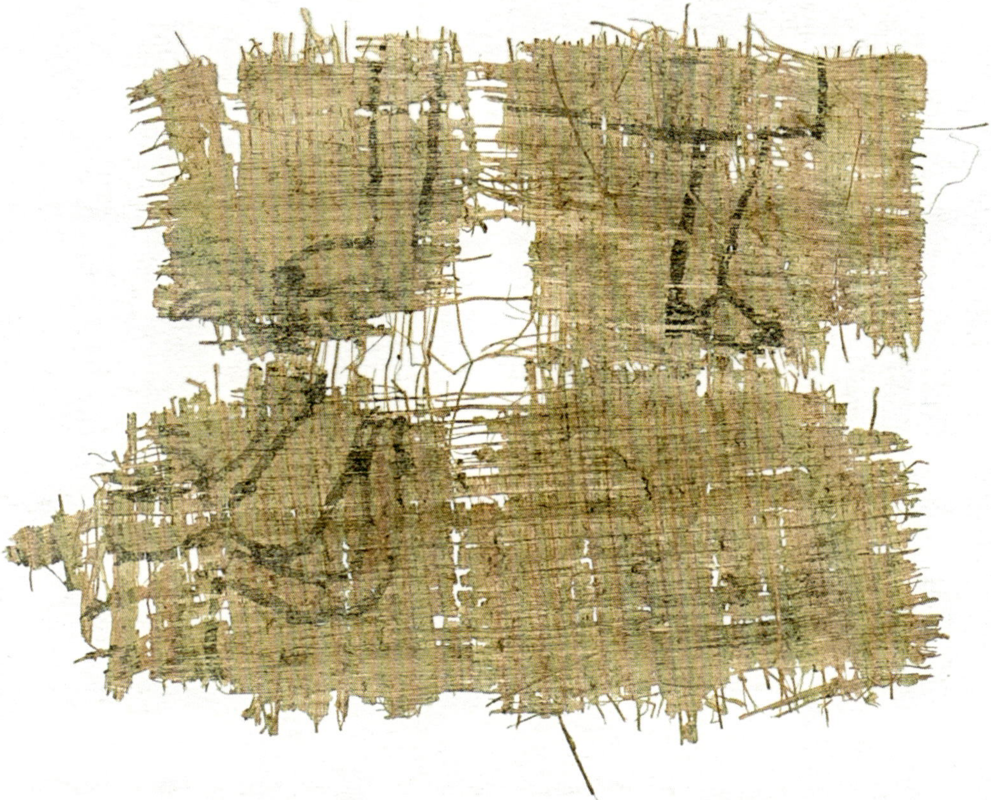

Lutrophore

Das Gefäß stammt aus der umfangreichen Vasensammlung des Triester Kaufmanns Carlo Fontana, die 1887 vom Berliner Unterrichtsministerium erworben und 1888 auf mehrere Museen verteilt wurde. Das Berliner Museum konnte sich die wenigen Spitzenstücke herausgreifen, die nächste Wahl hatte das Akademische Kunstmuseum Bonn, wohin weit über 100 Vasen kamen; der Rest gelangte an die Universitätssammlungen in Göttingen und Breslau. Hierin drückt sich die führende Stellung Bonns unter den Universitätssammlungen aus.

Treibende Kraft hinter dem Ankauf war der Museumsdirektor Reinhard Kekulé, der hiermit den Grundstock der umfangreichen Sammlung an originalen Objekten legte. Von der Gründung 1818 bis zu diesem Zeitpunkt waren vor allem Gipsabgüsse antiker Skulpturen erworben und ausgestellt worden.

Eine Lutrophore diente im antiken Griechenland dem Transport des Wassers für die rituelle Brautwaschung vor der Hochzeit. Dieses gut erhaltene und aufwendig bemalte Exemplar wurde jedoch nie praktisch verwendet, da es gar keinen Boden besitzt. Es war eine rein symbolische Grabbeigabe für eine junge, vor ihrer Hochzeit verstorbene Frau. Diese Deutung wird durch die Bemalung gestützt: Zwischen üppiger Vegetation sitzt die Verstorbene in einem Grabtempel, mit einem Ball, einer Girlande und einer Kiste, die üblicherweise Teil der Aussteuer darstellen. Dass die Frau verstorben ist, wird durch die weiße Farbe verdeutlicht, die sie ›versteinert‹ erscheinen läßt.

Das Gefäß ist ein typisches Produkt griechischer Werkstätten figürlich bemalter Keramik, die sich in den süditalischen Koloniestädten seit dem 5. Jh. v. Chr. gebildet hatten; die Blütezeit dieser Produktion liegt im 4. Jh. v. Chr.

Martin Bentz

Hohes Tongefäß,
Patera-Maler,
rotfigurige Technik,
Inv. 102

43,9 cm hoch,
Apulien,
um 330 / 320 v. Chr.

1889

Zwei Schwarze Kanarische Austernfischer

Die isolierte Tierwelt ozeanischer Inseln geht oftmals eigene evolutionäre Wege. Auch unter den eigentlich recht mobilen Vögeln findet man prominente Beispiele inseltypischer Anpassungen. In der weltweit verbreiteten Familie der Austernfischer finden sich zwölf entweder schwarz-weiß oder komplett schwarz gefärbte Arten. Austernfischer sind Küstenvögel, die sich vor allem von Muscheln und anderen Wirbellosen ernähren. Auch auf den Kanarischen Inseln, einer Inselgruppe mit zahlreichen nur dort existierenden Vogelarten, kommen gelegentlich Austernfischer vor, nämlich Eurasische bzw. Amerikanische Austernfischer *Haematopus ostralegus* und *Haematopus palliatus*. Eine weitere, im Wesentlichen auf Fuerteventura beschränkte Art war der mittlerweile ausgestorbene schwarze Kanarische Austernfischer *Haematopus meadewaldoi*, der früher mit dem ebenfalls schwarzen Afrikanischen Austernfischer *H. moquini* in einer Art zusammengefasst wurde. Tatsächlich sind Beobachtungen des Kanarischen Austernfischers schon immer rar gewesen. Für die wissenschaftliche Forschungsarbeit sind weltweit nur acht Präparate erhalten, zwei davon im Museum Koenig.

Es ist nicht ausgeschlossen, dass es sich bei den Kanarischen Austernfischern eventuell um eine seltene, heute nicht mehr vorzufindende schwarze Gefiedervariante des eigentlich schwarz-weißen Eurasischen Austernfischers handelt, nicht aber um eine eigene Art. Angesichts der kargen Zahl belastbarer Nachweise, ihrer uneindeutigen äußerlichen Differenzierbarkeit und aufgrund des derzeitigen Mangels an aussagekräftigen molekulargenetischen Daten müssen zukünftige Studien zeigen, ob es sich bei den Kanarischen Austernfischern tatsächlich um eine ausgestorbene Vogelart oder »nur« um eine verschwundene Gefieder-Mutation handelt.

Till Töpfer

Haematopus meadewaldoi,
Ornithologische Sammlung
ZMFK

Aufgestellte Trockenpräparate
(Habituspräparate),
je ca. 25 x 35 x 40 cm,
auf Fuerteventura gefangen am
27./28.4.1889

Inv.-Nr. Museum Koenig:
M.IV.14.b.α, M.IV.14.b.β

Westerwälder Rind

Im Jahr 1890 dürfte in Hachenburg eines der ersten Fotos des inzwischen ausgestorbenen Westerwälder Rindes entstanden sein, das der stolze Eigentümer am Zügel hält. Ein Stall im benachbarten Alpenrod lieferte 1912 die lebendigen Originale; nach ihnen fertigte eine Künstlerhand maßstabsgetreu verkleinerte Modelle von Stier und Kuh für die Universität Bonn. Seitdem dieser Tierschlag wie manche andere auch ausgestorben ist und seit Forschung und Lehre längst andere Themen bearbeiten, lagen die in Handarbeit bemalten Nachbildungen in einem Institutskeller. Sie waren und sind Teil einer Sammlung, die in- und ausländische Haustierrassen in diesen hochwertigen Modellen verewigt.

Als Mitglieder des Naturhistorischen Vereins an einem Projekt über »Geschichte, Erhaltung und Einsatz in der Landschaftspflege« von alten und gefährdeten Haustierrassen arbeiteten und auch diese Sammlung auswerteten, stießen sie auf das einzige noch erhaltene Stopfpräparat des Westerwälder Rindes. Inzwischen steht das Modell selbst im Heimatmuseum des Westerwaldkreises in Hachenburg. Einige der Sammelstücke kamen noch einmal zu Ehren durch eine Ausstellung in Schloss Heiligenhoven bei Lindlar. Alte Rassen und ihre Vorzüge werden nun wieder entdeckt durch die neuere Ökologie-Bewegung.

Hermann Josef Roth

Modell des Westerwälder Rinds,
Institut für Tierwissenschaften,
Uni Bonn

Modelliert in Alpenrod
von Max Landsberg, Berlin, 1897

1/6 natl. Grösse.
3 1/4 Jahre alt.

Pilgerflasche

Der kugelige Körper, von dem steile Bandhenkel zum Gefäßhals führen, ist auf zwei Seiten mit konzentrischen Kreisen um je eine gefüllte Mittelscheibe verziert. Die freibleibenden Zonen unterhalb der Henkel füllt jeweils ein vertikales Grätenband. Die heutige, irreführende Bezeichnung als Pilgerampulle lehnt sich an die Gefäßform wesentlich späterer, im christlichen Pilgerwesen verbreiteter Gefäße an.

Der besondere Wert des Salbölgefäßes besteht im sicheren Fundort: der Palast des Echnaton in Amarna, Ägypten. In Mykene auf der Peloponnes gefertigt, gelangte die Vase als Importware in den Palast des Pharaos Echnaton (Amenophis IV.), der hier, am Ostufer des Nils, seine neue Residenz gründete. Das Wissen um den Fundort erlaubt in diesem Fall eine umso genauere Datierung des Gefäßes, als der Palast nur kurze Zeit überhaupt existierte (ca. 1350-1330 v. Chr.), denn Echnatons Nachfolger verlegte die Hauptstadt zurück nach Memphis. Nicht nur ist eine so präzise Datierung in der archäologischen Forschung selten, im Falle der mykenischen Keramik hatte sie geradezu revolutionierende Auswirkungen.

Die Keramik des mykenischen Kulturkreises wurde im späten 19. Jahrhundert erstmals erforscht. Durch die Systematisierung Abertausender Scherben und Gefäße konnte nach Technik, Form und Dekor eine relative Chronologie mykenischer Keramik erreicht werden, d.h. die relative Abfolge von Funden konnte bestimmt werden. Eine absolute Chronologie dagegen wurde erst durch die Feststellung von Synchronismen zwischen mykenischen und ägyptischen Materialgattungen bzw. Kontexten möglich. Die dank des Fundkontextes in Ägypten ermöglichte Datierung der mykenischen Importware führte zum chronologischen Gerüst mykenischer Vasen insgesamt. Nicht nur belegt das Gefäß Importe und somit Kultur- und Handelskontakte zwischen dem mykenischen und ägyptischen Kulturkreis, es ist vielmehr ein wichtiger Ankerpunkt für die frühgriechische Archäologie insgesamt.

Der Ausgräber Flinders Petrie persönlich schenkte das Gefäß und weitere Keramikfragmente 1891 dem Akademischen Kunstmuseum, denn insbesondere der Bonner Archäologe Georg Loeschcke hatte sich der Gattung mykenischer Keramik gewidmet und grundlegende Publikationen hierzu vorgelegt.

Nele Schröder-Griebel

Mykenisches Salbölgefäß,
gefunden in Tell-el-Amarna
(Ägypten), Palast des Echnaton,
späthelladisch, ca. 1350-1330 v. Chr.,
Inv. 1577

Schwarz-Weiß-Fotografie der Alten Aula

Die Fotografie aus dem Jahr 1892 zeigt die erste Aula der Bonner Universität. Diese wurde im ehemaligen Speisesaal der Kurfürsten im südöstlichen Turm des Residenzschlosses eingerichtet. Er erstreckte sich über zwei Geschosse. Ein Relikt aus kurfürstlicher Zeit war die umlaufende Empore mit ihren kunstvollen Konsolen und Geländern.

Besonderer Schmuck des Raumes und wichtiger Bestandteil der universitären Selbstdarstellung bildeten die 1823-1836 entstandenen Wandgemälde. Sie zeigten die vier Fakultäten, in welche die Universität damals eingeteilt war (v.l.n.r.): *Theologie*, *Jurisprudenz*, *Medizin* und *Philosophie* – verkörpert jeweils durch eine weibliche Personifikation, die von den historischen Protagonisten der jeweiligen Fächer umgeben war. Das Konzept für die Ausmalung, das sich an Raffaels Fresken im Vatikan orientierte, erdachte Peter Cornelius, Direktor der Düsseldorfer Kunstakademie. Er überwachte auch die seinen Schülern Jakob Götzenberger, Karl Hermann und Ernst Förster übertragene Ausführung. Nach Vollendung des ersten Gemäldes verließ Cornelius Düsseldorf, um eine Stelle in München anzutreten. Hermann und Förster folgten ihm, sodass Jakob Götzenberger allein die übrige Ausmalung fertigte. In das Bild der *Jurisprudenz* fügte Götzenberger ein Selbstbildnis und versteckte Klagen ein: »Meine besten Freunde sind in Not, und ich kann wohl schwerlich helfen. Ich bin in immerwährender Angst und soll malen. Überhaupt wird wohl nie bedacht, mit wie viel Schwierigkeiten ein Maler zu kämpfen hat.«

Im Zweiten Weltkrieg wurden die Wandgemälde beschädigt und beim Wiederaufbau des Schlosses ganz entfernt. Anstelle der Aula wurde der eingeschossige Festsaal errichtet.

Katja Mikolajczak

Aufnahme von 1892,
Fotograf unbekannt

A. 362. Bonn.
Aula der Universität
1892.
Verlag: FRIEDRICH COHEN Bonn.
Originalaufnahme
Dr. E. MERTENS & Cie., Berlin

Beschrifteter Topf mit Grabbeigaben

Beim vorliegenden Gefäß mit der fortlaufenden Nummer 1893 handelt sich es um eine Grabbeigabe. Sie enthielt, wie aus der mit hieratischen Zeichen – kursive Form der Hieroglyphen – ausgeführten Inschrift hervorgeht, »Gerstenmehl von Ipis Sohn, dem einzigen Freund Sobekhotep, produziert aus seinem Eigentum«. Es wurde mit zahlreichen weiteren Gefäßen in einer teilweise schon antik beraubten Grabkammer einer etwa 65-jährigen Frau neben ihrem Sarg deponiert. Das Grab war Teil einer Grabanlage eines Beamten namens Henebaba. Der Inhalt des Gefäßes diente der Verstorbenen im Jenseits als Nahrung für das Weiterleben nach dem Tod.

Das auf den ersten Blick unspektakuläre Keramikgefäß ist auf mehrfache Weise außergewöhnlich. Es wurde 1972 unter der Leitung von Prof. Elmar Edel, dem damaligen Vorsteher des Ägyptologischen Seminars der Universität Bonn, gefunden. Die Präsenz in Bonn verdankt das Gefäß der damals in Ägypten noch gängigen Praxis der Fundteilung, die heute nicht mehr besteht.

Solcherart beschriftete Töpfe sind bisher nur von wenigen Fundplätzen in Ägypten bekannt. In der Menge – mehrere Tausend Töpfe wurden bisher in Gräbern der Qubbet el-Hawa bei Assuan gefunden – sind sie nur in dieser Nekropole bezeugt. Das Ägyptische Museum der Universität Bonn, mit einem Bestand von fast 600 Gefäßen, ist das einzige Museum außerhalb Ägyptens, das seinen Besuchern solche beschrifteten Töpfe zeigen kann. Die Töpfe sind nicht allein ein besonderer Ausstellungsgegenstand, sondern sie sind auch Forschungsobjekte. Die Töpfe tragen nämlich nicht nur eine Aufschrift, sondern enthalten im Innern auch noch Reste des ursprünglichen Inhalts, der für weitere archäobotanischen Analysen zur Verfügung steht.

Zahlreiche dieser Töpfe enthalten neben der Nennung des Inhalts zudem noch die Angabe, wer den Topf dem Verstorbenen als Grabbeigabe geschenkt hat. Dank dieser Angabe lässt sich eine relative Abfolge erstellen, wer vor wem gestorben ist und wer mit wem zu Lebzeiten in engerem Kontakt stand. Da in einem Grab oft Gefäße von unterschiedlichen Stiftern gefunden wurden, lassen sich anhand der beschrifteten Töpfe soziale Beziehungen zwischen den einzelnen Personen feststellen. Die aktuellen Forschungen an den Gefäßen gehen jedoch noch weiter: Durch die Angabe des Namens des Gefäßstifters besteht die Möglichkeit, eine Handschrift einer Person zuzuweisen, die vor über 4000 Jahren gelebt hat und uns aus weiteren Dokumenten bekannt ist.

Andreas Dorn

Inv. QH 88/582, Material: Nile B2 (Keramik), schwarz bemalt

H 13,0 cm, D 9,4 cm, Rand 5,4 cm, Herkunft: Qubbet el-Hawa, Gräberberg bei Assuan, Grab Nr. QH 88, ca. 2200 v. Chr.

Im Bild: Jana Brass

1894

Gefäß aus Negade

Das Vorratsgefäß mit dunkelrotem Körper und schwarzer Randzone stammt aus Grab 1465 in der Nähe des oberägyptischen Dorfes Negade. Dieses Dorf liegt ungefähr 30 Kilometer nördlich von Luxor auf der Westseite des Nils. Im Wüstenstreifen zwischen dem Fruchtland entlang des Nils und den zum libyschen Wüstenplateau hin ansteigenden Berghängen wurde durch den englischen Archäologen William Matthew Flinders Petrie 1894 ein ausgedehntes Gräberfeld entdeckt und systematisch ausgegraben. Gefäße dieser Art mit rotem Gefäßkörper und schwarzem Rand gehören zu den typischen Vertreten der materiellen Hinterlassenschaft der ersten Kultur, die sich im 4. Jahrtausend v. Chr. allmählich vom Süden Ägyptens über das ganze Land ausbreitete und in deren Folge in der Zeit um 3000 v. Chr. das pharaonische Ägypten entstand.

Vergleichbare Gefäße dienen in fast allen Ägyptischen Museen nicht nur zur Thematisierung der ägyptischen Vorgeschichte, der prädynastischen Zeit, sondern sie nehmen in den meisten Sammlungen aufgrund ihrer Ästhetik einen besonderen Platz ein. Durch dieses und weitere Gefäße aus der Negadezeit – der Fundort wurde namengebend zur Epocheneinteilung des ganzen 4. Jahrtausends – können wir unseren Studierenden und Besuchern nicht nur schöne und historisch relevante Objekte zeigen, sondern auch die Anfänge der wissenschaftlichen Archäologie in Ägypten vermitteln. Der Finder des Gefäßes, Sir Matthew William Flinders Petrie, gilt nämlich als Begründer der Archäologie in Ägypten. Er war einer der ersten, der systematisch gegraben hat, Befunde gezeichnet und Keramik nach ihrer zeitlichen Abfolge vorgelegt und diskutiert hat. Unser Gefäß hebt sich von solchen in anderen Sammlungen vor allem auch dadurch ab, dass ein gesicherter Fundkontext vorliegt, es *in situ* – in originaler Fundlage – geborgen wurde und nicht aus einer illegalen Grabung oder aus dem Kunsthandel stammt. Dies gibt dem Gefäß einen wissenschaftlichen Wert.

Die Erwerbung der Negadegefäße des Ägyptischen Museums geht zurück auf die Zeit des Begründers der Bonner Ägyptologie, Prof. Dr. Alfred Wiedemann. Mit dem Kauf der Gefäße unterstützte er die Grabungen Petries und schuf den Grundstock der heutigen Sammlung. Zudem illustriert der Kauf, wie der Bonner Ägyptologe damals international vernetzt war.

Andreas Dorn

Material: Nilton A,
rot mit schwarzem Rand

H 12,9 cm, D 9,6 cm,
Herkunft: Negade,
Grab Nr. 1465,
ca. 3750 v. Chr.

Goldrausch

Zum Ende des 19. Jh. entfaltete der berühmte Klondike-Goldrausch in Alaska, im Gebiet des Zusammenflusses von Klondike und Yukon, eine enorme Anziehungskraft. Zehntausende Goldsucher konnten sich dieser nicht entziehen und folgten dem Ruf des Goldes nach Norden. Das Goldnugget stammt aus dieser Region. Es wurde am Eldorado Creek gefunden, einem Nebenfluss des berühmten Klondike.

Bereits in den 1850er Jahren zirkulierten die ersten Gerüchte über Goldfunde im Gebiet des Yukons und seiner Nebenflüsse. In den 1880er Jahren zogen vermehrt Siedler in diese Region. Die Entdeckung der Lagerstätte, die dann zu dem größten und wohl auch historisch bedeutendsten Goldrausch führte, gelang einer Gruppe von Männern und Frauen um James Mason (auch Shookum Jim Mason, vom Stamm der Tagisch) und seinem Schwager, dem US-Amerikaner George Washington Carmack. Sie entdeckten am 16. August 1896 Gold am Bonanza Creek (damals noch Rabbit Creek). Mason konnte aufgrund seiner Abstammung keinen Claim anmelden, dies blieb seinem Schwager vorbehalten. Ein Jahr lang konnten relativ wenige Goldwäscher die Lagerstätte ungestört ausbeuten, dann erreichte im Sommer 1896 die Nachricht von reichen Goldfunden die Staaten und verbreitete sich wie ein Lauffeuer. Etwa 100.000 Menschen machten sich auf den beschwerlichen Weg. Der Goldrausch entwickelte sich wie so viele zuvor und danach: Nur wenige wurden reich, viele aber ließen ihr Leben auf der Suche nach Reichtum.

Der Goldrausch war ein prägendes Erlebnis dieser Zeit und fand seinen Nachhall in der Literatur und auch im Film. Jack London verarbeitete seine Erlebnisse als Goldsucher in den Bestellern »Wolfsblut« und »Ruf der Wildnis«. Der Film »Goldrausch« von 1925 mit Charlie Chaplin in der Hautrolle thematisiert die Goldsuche am Klondike. Und schließlich fand auch die reichste Ente der Welt, Dagobert Duck, am Klondike ihr Glück: Ein gänseeigroßes Nugget begründet einen Teil ihres immensen Reichtums.

Das Nugget wurde zusammen mit weiteren Stücken einer Privat-Sammlung in den 1960er Jahren angekauft.

Anne Zacke

Gediegenes Gold,
Eldorado Creek, Alaska, USA,
55,6 g, 5 x 1 x 2 cm,
Montage

Die Millionär

Gegen Ende des 19. Jahrhunderts sollten infolge zunehmender Nachfrage an Rechenleistung die bestehenden Rechenmaschinen schneller arbeiten können. Einen Bottleneck stellte stets die Multiplikation dar. Das Ergebnis wurde nämlich durch sukzessive Addition berechnet. Eine Multiplikation mit neun erforderte daher neun Kurbelumdrehungen. Dies war lästig und zugleich fehleranfällig. Daher war eine Rechenmaschine gefragt, die mit einer einzigen Kurbelumdrehung pro Stelle des Multiplikators das gewünschte Resultat anzeigen konnte. Eine einfache Idee bestand in einem eingebauten Übersetzungsgetriebe in der Maschine, das je nach eingestelltem Multiplikator die Mechanik 1- bis 9-mal pro Kurbelumdrehung betätigte und somit für den Benutzer verbarg. Erfinder wie Didier Roth oder Maurel und Jayet bauten bereits Mitte des 19. Jahrhunderts solche Maschinen, doch mit der extrem hohen Umdrehungsgeschwindigkeit der Bauteile im Inneren der Maschine war hoher Verschleiß verbunden. Es musste ein neues System gefunden werden.

Nach Barbour, Verea und Bollet war der in München lebende Schweizer Otto Steiger (1858-1923) der Erfinder, der das Prinzip der Direktmultiplikation zum Erfolg führte. Er entwickelte einen Einmaleinskörper, den er 1896 in den USA patentieren ließ. Dieser speichert das Einmaleins und liefert bei einer einzigen Kurbelumdrehung das korrekte Multiplikationsergebnis für eine mehrstellige Zahl mit einem einstelligen Multiplikator. Ein geübter Benutzer brauchte somit für die Multiplikation zweier achtstelliger Zahlen nur noch wenige Sekunden.

Vier Jahre zuvor hatte Otto Steiger bereits einen faszinierenden Prototypen gebaut, der das Grundprinzip gut erkennen lässt. Er befindet sich heute in der Sammlung des Arithmeums. Die daraus entwickelte serienreife Direktmultiplikationsmaschine mit Namen »Millionär«, die so viel wie ein damaliges Auto kostete, brachte für den Erfinder Otto Steiger den Durchbruch. Sein hartnäckiger Erfindergeist zahlte sich aus und seine Rechenmaschine machte ihn – nomen est omen – schließlich selbst zum Millionär.

Ina Prinz

Inv.-Nr. FDM 7409,
Prototyp einer Direktmultiplikationsmaschine von Otto Steiger,
Patent des Einmaleinskörpers
(US 558913)

Holz, diverse Metalle, Höhe: 22,5 cm,
Breite 81,5 cm, Tiefe 49,5 cm

Bronzener Hahn aus Benin

Das bis 1897 unabhängige Königreich Benin ist heute vor allem durch seine außergewöhnlichen Bronze- und Elfenbeinarbeiten bekannt. Seine Anfänge sind vor allem durch Mythen und mündliche Überlieferungen bekannt, die bis auf das frühe 10. Jahrhundert zurückgehen. Das 15. und 16. Jahrhundert wird als das »Goldene Zeitalter« angesehen, in dem Benin seine größte Ausdehnung erreichte und zunehmend Handelsbeziehungen nach Europa knüpfte. Neben dem Handel mit Palmöl, Pfeffer und Elfenbein wurde es zu einem Hauptzentrum des Sklavenhandels. Im 19. Jahrhundert verstärkte Großbritannien seine Präsenz zur See im Golf von Guinea. 1892 wurde ein Vertrag zwischen dem Königreich Benin und dem Britischen Empire geschlossen, in dem Benin seinen Status als »Protektorat« anerkannte und das Land für den »freien Warenverkehr« und die Missionierung öffnete. Als acht Vertreter des Empires gewaltsam zu Tode kamen, weil sie vor Ort die Einhaltung vertraglicher Verpflichtungen durch Benin herbeiführen sollten, wurde 1897 eine Strafexpedition nach Benin entsandt. Das war das Ende der Unabhängigkeit des Königreichs Benin. Viele Kunstgegenstände wurden aus dem Königspalast geraubt und an Sammlungen und Museen in der ganzen Welt verkauft.

Es wird vermutet, dass dieser Bronzehahn ursprünglich als Schmuckaufsatz auf einem Giebelturm des Königspalasts von Benin diente. Wie er schließlich von dort in die Hauptstadt der imperialistischen Besatzermacht nach London kam, ist für dieses Objekt nicht überliefert.

Nachweisbar ist, dass er von der Universität Bonn im Jahr 1952 für die Sammlung des Seminars für Völkerkunde, der heutigen Bonner Altamerika-Sammlung als Anschauungsstück für die Lehre erworben wurde. Neben seiner kunst- und kulturhistorischen Bedeutung regt dieser Bronze-Hahn stets dazu an, sich mit den Ursprüngen und der Herkunft von Objekten in den eigenen Museen und Sammlungen auseinanderzusetzen.

Heinrich Natho

Länge 11 cm, Höhe 11,6 cm

Königreich Benin,
Südwesten des heutigen Nigeria,
erworben 1952 in London

Montage auf eines der 2017
fertiggestellten Gebäude des
Campus Poppelsdorf

Porträt der Kaiserin Livia

Der Porträtkopf aus weißem griechischem Inselmarmor wurde 1898/1899 vom damaligen Direktor des Akademischen Kunstmuseums, Georg Loeschke, in Ägypten erworben und stellt heute eines der bekanntesten Stücke des Museums dar.

Besonders auffällig sind der fehlende Oberkopf und ein Teil des Haares über dem rechten Ohr, wo sich nur geglättete und leicht gepickelte Flächen finden. Dies sind keine Beschädigungen, wie man sie beispielsweise am abgebrochenen Kinn erkennen kann, sondern gebräuchliche Bearbeitungen aus antiker Zeit, um hier die fehlenden Fragmente in anderem Material zu ergänzen. Es handelt sich dabei besonders in Ägypten um eine weit verbreitete Technik. Von hier stammt auch das Bonner Porträt. Bei diesem handelt es sich um einen weiblichen Kopf mit jugendlicher Erscheinung. Besonders bedeutsam ist die Frisur, an der noch Spuren der roten Bemalung erhalten sind. Sie zeigt einen im späten 1. Jahrhundert v. Chr. typischen Frisurentypus mit dem markant gewellten Haarknoten über der Stirn, Nodus genannt. Obgleich man den Kopf ursprünglich als Porträt der Octavia, Schwester des ersten römischen Kaisers Augustus, gedeutet hatte, wurde auch diskutiert, ob es sich nicht um eine unbekannte Privatpersonen gehandelt haben könnte. Mittlerweile hat sich die Identifikation mit Livia Drusilla, der Ehefrau des Augustus, durchgesetzt. Ein annähernd identischer Kopf aus grünem Basalt befindet sich heute in der Villa Albani in Rom. Da Ägypten nach der römischen Eroberung 30 v. Chr. als Provinz nicht dem Senat, sondern Augustus persönlich unterstand, erscheint eine solche frühe Aufstellung von Statuen von Personen aus dem Kaiserhaus in jener Zeit durchaus wahrscheinlich.

Jon Albers

Parischer Marmor,
erhaltene Höhe 26,3 cm,
Ägypten, Inv.-Nr. B 79

Montage in eine Aufnahme
der Rotunde des Akademischen
Kunstmuseums

Der Doppelrefraktor der Bonner Sternwarte

Die Anschaffung des Teleskopes geht auf den damaligen Direktor der Bonner Sternwarte, Karl Friedrich Küstner (1856-1936), zurück. Das Teleskop wurde 1899 in einem gesonderten Gebäude im Garten der Bonner Sternwarte in Bonn-Poppelsdorf aufgestellt. Es war das größte astronomische Fernrohr, das je im Bonner Stadtgebiet betrieben wurde. Nach eingehender Prüfung der Objektive bestimmte Küstner anhand von Sternspektren die Geschwindigkeitskomponenten in Sichtlinie (Radialgeschwindigkeiten) von mehr als 300 Sternen. Seine Messungen gehörten damals zu den genauesten Messungen in der ganzen Welt. Hauptsächlich von 1914 bis 1922 belichtete Küstner mit diesem Fernrohr außerdem über 600 Fotoplatten, die heute noch erhalten sind.

Nach dem zweiten Weltkrieg wurde der Himmel über Bonn immer heller. Das Teleskop wurde zum Observatorium Hoher List bei Schalkenmehren / Daun in die Eifel gebracht und dort 1965 wieder in Betrieb genommen. Man wiederholte die Küstner'schen Direktaufnahmen, um die Bewegungsverhältnisse von Sternen in Sternsystemen (Sternhaufen) zu studieren.

Auch nach Schließung des Observatoriums befindet sich das Teleskop noch in Schalkenmehren in der Eifel und ist heute ein technisches Denkmal. Die Küstner'schen Aufnahmen sind Teil der Sammlung Historischer Himmelsaufnahmen der Bonner Universität und werden noch bei kleineren wissenschaftlichen Projekten verwendet. Am Teleskop am Observatorium Hoher List konnten über viele

Jahre zahlreiche Besucher einen direkten Blick auf Mond und die Planeten werfen.

Michael Geffert

Optisches Teleskop, fotografisches und visuelles Rohr

Über 5 m Brennweite, Linsendurchmesser: 30 cm für das fotografische und 36 cm für das visuelle Rohr

360°-Montage, ehem. Observatorium Hoher List, Schalkenmehren, Vulkaneifel

Milchzahngebiss mit Ersatzzähnen

Das Präparat eines kindlichen Milchzahngebisses mit freigelegter Ersatzzahnreihe wurde neben einer Fülle anderer Lehrmodelle für die Zahnmedizin von der Firma »H. Windler. Fabrik chirurgischer Instrumente und Bandagen« hergestellt. Bis in die 1960er Jahre wurden derartige Präparate in der zahnmedizinischen Ausbildung eingesetzt, um angehenden Zahnärzten die physiologische Situation des Zahnwechsels zu zeigen. Die Interpretation von Röntgenaufnahmen fällt durch Kenntnis der anatomischen Situation leichter. Das Modell ist für die damalige Zeit typisch auf einem runden Holzsockel montiert und zu seinem Schutz mit einer Glasglocke versehen. Nach Entfernung der vestibulären, also der zum Mundvorhof zählenden Knochenanteile, sind die noch im Kiefer liegenden, bleibenden Zähne mit unterschiedlichem Wachstumsfortschritt deutlich erkennbar. Die Zahnwurzeln der Milchzähne sind im zeitlichen Vorfeld des späteren Durchbruchs der nachrückenden Zähne bereits teilweise resorbiert. Der Präparator simulierte in diesem Fall die Durchblutung des Knochens durch eine rosafarbene Kolorierung.

Die Berliner Firma Windler wurde 1819 mit Sitz in der Friedrichstraße 133a gegründet. Hier wurden neben den erwähnten Unterrichtsmodellen medizinische Geräte, Instrumente und Moulagen in eigenen Werkstätten fabriziert und deutschlandweit verkauft. Das Sortiment kann noch heute in den überlieferten Katalogen eingesehen werden, beispielsweise im »Spezialkatalog für die Zahnheilkunde«. Die anatomischen Modelle fertigte die Firma Windler bis ins 20. Jahrhundert. Das vorliegende Objekt stammt aus dem Jahr 1900 und wurde vor einigen Jahren unserer Sammlung von einem pensionierten Zahnmediziner gestiftet. Vielen Dank an Dr. Hans Hörterer aus Kehl.

Ernst-Heinrich Helfgen

Ober- und Unterkiefer eines Kindes, knöchernes Präparat mit freigelegter Ersatzzahnreihe unter Glas

Höhe mit Glas 17 cm

Sumpfzypresse

Zu den bedeutendsten Botanik-Professoren in Bonn und darüber hinaus zählt Eduard Strasburger (1844-1912), der das Botanische Institut und den Botanischen Garten ab 1882 leitete. Sein Lehrbuch der Botanik für Hochschulen, erstmals 1894 in Jena erschienen, wurde zum Standardwerk. 2014 erschien die 37. Auflage. Strasburger zog Studierende und junge Forscher aus aller Welt an. Unter ihnen war auch William Chamberlain Coker, der nach seiner Promotion im Jahr 1901 einige Kurse in Bonn absolvierte. Auch er wurde ein bedeutender Botaniker und gründete das später nach ihm benannte Coker-Arboretum, heute Teil des North Carolina Botanic Garden.

Als Coker nun nach Bonn gekommen war, hatte der junge Forscher als Geschenk Samen der Sumpfzypresse aus seiner Heimat mitgebracht. Strasburger gab sie in den Botanischen Garten, sie wurden dort ausgesät und wuchsen zu eindrucksvollen, großen Bäumen heran. Eine kurze Notiz von Coker ist erhalten.

Sumpfzypressen stammen aus den südöstlichen Staaten der Vereinigten Staaten, Coker sammelte sie vermutlich direkt in seiner Heimatstadt Hartsville. Sie stellen ein bedeutendes Element von Sumpfwäldern dar. Einer der bekanntesten Standorte ist der Nationalpark Everglades in Florida. Die Bäume stehen zumindestens zeitweise im Wasser und können diese Überschwemmung mithilfe ihrer Atemknie, den Pneumatophoren, überdauern, die sich an den Wurzeln der Sumpfzypresse ausbilden.

Wolfram Lobin

Taxodium distichum,
Sumpfzypressen in den Botanischen Gärten der Universität Bonn

Ameisenstuhl

Der berühmte dänische Designer Arne Jacobsen wurde 1902 in eine bürgerliche Kopenhagener Familie geboren. Ursprünglich wollte er Maler werden, lernte dann aber zunächst Steinmetz und studierte schließlich an der Königlichen Akademie der schönen Künste Architektur. Mit seiner Vorstellung, dass das Design eines Objektes oder Gebäudes stets von seiner Funktion bestimmt sein müsse, wurde er zum Vorreiter des Funktionalismus in Dänemark.

Vor allem ist Arne Jacobsen aber für sein Möbeldesign berühmt und auch für das Design von Gebrauchsgegenständen. Der Stuhl Nr. 3107 gilt bis zum heutigen Tag als Prototyp eines schlichten, aber dennoch formschönen alltagstauglichen Sitzmöbels. Jacobsen entwickelte ihn aus dem etwas stärker geschwungenen Vorgängermodell »Myren«, dem Ameisen-Stuhl. Bei Modell Nummer 3107 verzichtete er zugunsten eines geschlosseneren Gesamteindrucks auf die Taillierung des Formholzsitzes, der aus einem Stück Schichtholz gerundet und gebogen wird. Er montierte ihn auf Stahlrohr-Stuhlbeine und ein Klassiker war geboren. Der Stuhl Nr. 3107 konnte industriell in sehr hoher Qualität gefertigt werden, war preiswert und platzsparend stapelbar.

Die Konzertbestuhlung des Arithmeums kombiniert die beiden ursprünglich lieferbaren Versionen in Schwarz und Buche Natur. Durch ein rundes rotes Filzkissen auf den Sitzflächen wirken diese Stuhlreihen einheitlich und speziell auf das Foyer des Arithmeums abgestimmt. So können die Konzertbesucher der nunmehr seit nahezu 20 Jahren kontinuierlich stattfinden Konzertserie »concerto discreto« im Arithmeum, die Deutschlandfunk, Deutsche Welle und WDR betreuen, nicht nur einen Hörgenuss erleben, sondern sich gleichzeitig optisch an der Ästhetik dieses Stuhlklassikers erfreuen. Der Stuhl Nr. 3107 von Arne Jacobsen ist ein hervorragendes Beispiel dafür, dass ein komfortables Sitzmöbel nicht nur preiswert, sondern auch zeitlos schön sein kann. So lässt sich im Arithmeum von ihm aus ebenso gut einem Barock- oder Klassikensemble lauschen wie auch einem Jazzkonzert oder moderner Musik.

Ina Prinz

Stuhl Nr. 3107,
Arne Jacobsen,
Holz, Edelstahl

Höhe 79 cm,
Breite 45,5 cm,
Tiefe 42,5 cm,
Inv.-Nr. Arithd 27

Feuersteinartefakte

Der Afrikaforscher Georg Schweinfurth (1836-1925) bereiste den afrikanischen Kontinent nach seiner Promotion im Dezember 1862 über ein botanisches Thema ab 1863 regelmäßig und widmete sich zwischen 1902 und 1909 speziell der Erforschung der ägyptischen Steinzeit. Er berichtete darüber mehrfach in der Berliner Gesellschaft für Anthropologie, Ethnologie und Urgeschichte.

Um seinen Forschungsergebnissen Wirkung zu verleihen, trat er Teile seiner Sammlung an unterschiedliche Standorte ab; neben Museen und Privatsammlungen wurden auch Privatpersonen bedacht, unter ihnen Karl Alfred Wiedemann, seit 1891 außerordentlicher Professor für Ägyptologie an der Universität Bonn. Teile dieser an Wiedemann übergebenen Sammlung Steinfurths sind 1938 an das neu gegründete Vorgeschichtliche Institut der Universität Bonn veräußert worden. Ein Teil bearbeiteter und unbearbeiteter Feuersteine aus Ägypten, die laut beiliegendem Zettel der Sammeltätigkeit Schweinfurths entstammen, zählt zu jenen Beständen, die seit Ende des Zweiten Weltkriegs infolge der Auslagerungen zum Schutz der Objekte schließlich auf zwei Abteilungen des heutigen Instituts für Archäologie und Kulturanthropologie verteilt worden waren. Ein anderer Teil, der vermutlich aufgrund von Umwälzungen in der unmittelbaren Nachkriegszeit ebenfalls in der vor- und frühgeschichtlichen Sammlung inventarisiert worden war, konnte 1956 an die Ägyptologie zurückgegeben werden.

Die Altsteinzeitforschung in Ägypten steht traditionell im Schatten der Erforschung späterer Epochen. So ist der Gesamtbestand der Schweinfurth'schen Sammlung – nicht allein an Bonner Standorten – heute im Jahr 2016 Thema eines laufenden Promotionsprojektes. Dabei interessieren auch die hier abgebildeten mittelpaläolithischen Artefakte, wie beispielsweise Faustkeile, Levalloiskerne und -abschläge. In der Zeit zwischen rund 200.000 und 40.000 Jahren vor heute, in welcher das Klima noch wesentlich feuchter war und der anatomisch moderne Mensch als Jäger und Sammler am Nilufer dem Fischfang und der Wildbeuterei nachging, dienten Faustkeile und andere Werkzeuge aus Stein als Hilfen im rauen Alltag und verschafften dem Menschen entscheidende Vorteile gegenüber Tieren.

Ernst Pohl,
Mirjam Mahn,
Ralf W. Schmitz

Levalloisabschlag, Faustkeil, Klinge, Levalloiskern, diskoider Kern

Sammlung Georg Schweinfurth, Fundort: Ägypten

IVB 1945/008 (Levalloisabschlag), IVB 1945/026 (Faustkeil), IVB 1945/128 (Klinge), IVB 1959/003 (gebuchteter Levalloiskern), IVB 1959/005 (Abschlag von gebuchtetem Levalloiskern), BoS 0627 (diskoider Kern), BoS 2203 – IVB 1945/ 040 (kleiner Levalloiskern)

Paul Clemens Trauernde

Seit 1904 befindet sich der von Paul Clemen selbst gestiftete Abguss des trauernden Mädchens in der Sammlung des Kunsthistorischen Instituts. Er gilt laut Heijo Klein als von Paul-Albert Bartholomé (1848-1928) selbst überarbeitet und getönt. Im Vergleich mit dem Original auf dem Pariser Friedhof Père-Lachaise ist der Steinblock, auf dem das Mädchen Platz genommen hat, nicht vollständig ausgearbeitet. Im Original ist die Figur in eine Gruppe von sieben Pleurants eingebunden und kann daher nicht uneingeschränkt von allen Seiten betrachtet werden. Seit der Eröffnung der Italienischen Abteilung des Paul-Clemen-Museums im Jahr 2015 setzt die »Trauernde« den Schlusspunkt der ständigen Präsentation. Die Einbindung der Skulptur in die Neuaufstellung ist ein Beispiel für Paul Clemens Wertschätzung von Gipsabgüssen und ein Zeugnis der Sammlungsgeschichte und -konzeption, die vorsah, die Gipsabgusssammlung bis an die Gegenwart Clemens heranzuführen. Durch die Nebeneinanderstellung von Meisterwerken der Renaissance im Abguss und einer »kleinen Kollektion von klassischen modernen Kunstwerken« suchte Clemen »das Verbindende und das Trennende in diesen beiden Kunstwelten jedem Sehenden in eindringlicher Weise vor Augen« zu stellen, wie er selbst in der Chronik der Universität schrieb.

Im Kunsthistorischen Institut hat sich das trauernde Mädchen seit der Aufstellung der Sammlung in Fluren und Räumen des Instituts als ebenso inspirierend wie beliebt erwiesen. Nachdem sie lange im großen Lesesaal am Kaiserplatz aufgestellt war, wanderte sie zeitweise im wöchentlichen Wechsel durch die Flure des Instituts, teilweise wie von Zauberhand. Einen glanzvollen Auftritt hatte sie in der Ausstellung »Kontaktmetamorphosen. Eine Wunderkammer«; 2013 hatte die Ausstellungsgruppe des Kunsthistorischen Instituts dazu Objekte aus Sammlungen und Museen der Bonner Universität zusammengebracht. Ihren besonderen Wert für das Paul-Clemen-Museum erhält die »Trauernde« also auch durch die emotionale Verbindung der Studierenden mit ihr.

Esther-Luisa Schuster

Höhe 65 cm,
Detail des Monument aux Morts,
Paris, Friedhof Père-Lachaise

Paul-Albert Bartholomé, 189899,
Aufnahme in Werkstatt des
Kunsthistorischen Instituts
der Universität Bonn,
Inv.-Nr. 235

VAN GOGH
Impressionismus

Mumienporträt eines jungen Mädchens

Nach dem Tod des Altphilologen Hermann Usener im Jahre 1905 erwarb die Mäzenin Ellen Waldthausen dessen Bibliothek für das Akademische Kunstmuseum und schenkte der Sammlung 1907 mehrere Vasen und das abgebildete Mumienporträt. Das Porträt zeigt ein dunkelhaariges Mädchen aus dem ägyptischen Fayum, das mit Chiton und Mantel bekleidet ist. Die aufwendigen, golddurchwirkt erscheinenden Randstreifen der Kleidung, die doppelte Perlenkette um den Hals und die passenden Ohrringe aus je zwei Perlen verweisen auf den vermögenden sozialen Hintergrund der Dargestellten. Dies gilt auch für den sehr filigranen goldenen Kranz, der die Melonenfrisur schmückt.

Das Bildnis sticht nicht allein aufgrund des besonderen Schmucks und der teuren Kleidung aus den rund 1000 erhaltenen Mumienporträts heraus. Auch technisch handelt es sich um ein Meisterwerk. Mit nur zwei Millimeter Höhe ist die – einst der Mumie aufgelegte – Holzfolie ausgesprochen dünn, die für das Bildnis verwendet wurde. Ohne vorherige Grundierung war farbiges Wachs kalt aufgetragen worden, um es mit dünneren und dickeren erhitzten Spachteln zu verstreichen. Die sorgfältige Schattierung der Hautpartien sowie die Angabe der Lichtpunkte der Augen und Perlen lassen das Porträt sehr lebendig erscheinen. Mit diesen Charakteristika steht es stellvertretend für die besonders qualitätsvollen Mumienporträts des frühen 3. Jh. n. Chr., wie sich nicht zuletzt auch aus ihrer Plastizität und der Farbgebung ergibt.

Ellen Waldthausen hatte dieses Stück wohl selbst für die Sammlung ausgewählt. Dass sie dabei Unterstützung hatte, legt ein Briefwechsel zwischen dem Direktor der Gießener Antikensammlung, Bruno Sauer, und dem Vorsitzenden der Deutschen Orientgesellschaft, Bruno Güterbock, nahe. Sauer bat den Vorsitzenden am 07. November 1907 um Zusendung mehrerer Mumienporträts, damit sie potenziellen Mäzenen während einer bevorstehenden Winckelmann-Feier vorgeführt werden könnten. Die Anregung dazu hatte er aus Bonn von Georg Löschcke, dem damaligen Direktor des Akademischen Kunstmuseums der Universität Bonn erhalten. Auch Löschke hatte sich von der Deutschen Orientgesellschaft mehrere Mumienporträts zuschicken lassen und sie Ellen Waldthausen zum Kauf für die Sammlung vorgeführt.

Marlis Arnhold

Holzfolie mit enkaustischer Malerei, frühes 3. Jh. n. Chr., Höhe 35,3 cm, Breite 18,3 cm, Inv.-Nr. D 804

Bild: Marlis Arnhold, Akademisches Kunstmuseum der Universität Bonn

Tanagräerin

Das Akademische Kunstmuseum besitzt eine beachtliche Sammlung antiker griechischer Terrakottafiguren, darunter auch einige sogenannte Tanagräerinnen. Dabei handelt es sich um weibliche Gewandfiguren, die sorgfältig gekleidet und frisiert in unterschiedlichsten Posen dargestellt sind. Obwohl derartige Figuren wohl zuerst im 4. Jahrhundert in Athen und dann vor allem im 3. und 2. Jahrhundert v. Chr. auch an vielen anderen Orten hergestellt wurden, werden sie bis heute Tanagräerinnen genannt: Sie machten nämlich in den Jahren nach 1870 Furore, als Tausende solcher Statuetten beim Plündern in den Nekropolen von Tanagra, einer antiken Stadt in der nördlich an Attika grenzenden Landschaft Boiotien, entdeckt wurden.

Die anmutig-eleganten Figuren, deren zarte Farbigkeit und Vergoldungen, hinterließen Spuren in der Kunst. So wurde etwa Jean-Léon Gérôme vor der Wende zum 20. Jahrhundert zu Gemälden und Skulpturen angeregt, 1906 dann Rainer Maria Rilke zu seinem Gedicht ›Tanagra‹.

Da die Tanagräerinnen schnell heiß begehrt und entsprechend teuer waren, kamen schon bald Fälschungen auf den Markt. Seit den 1870er Jahren gelangten sie gleichzeitig mit den antiken Stücken auch in die Museen. Erst seit etwa 40 Jahren lässt sich durch die Thermolumineszenz-Methode eindeutig unterscheiden, ob ein tönernes Objekt in der Antike oder in der Neuzeit gebrannt worden ist. Bei der Bonner Figur, deren Auffindungsort nicht verbürgt ist, steht eine entsprechende Analyse allerdings noch aus.

Der Typus an sich ist wohlbekannt, auch wirkt die unter der Nummer D 574 inventarisierte Figur technisch und formal unverdächtig: Sie ist durch individuelle Nacharbeit der modelgeformten Teile besonders qualitätvoll ausgeführt, und auch der hier verwendete Kopf mit seiner sogenannten Melonenfrisur, der Fächer in der Linken, die Ohrringe und der Sonnenhut fänden Parallelen an echten Stücken. Es ist jedoch mindestens eine Fälschung dieses Typus in München bekannt. So bleibt ein kleiner Zweifel, dass die Bonnerin tatsächlich im späten 4. oder früheren 3. Jh. v. Chr. entstanden ist.

Frank Rumscheid

Terrakotta-Statuette, erworben im Sept. 1915 von Frau Prof. Wolters, München, 25 cm hoch, Inv.-Nr. D 574, Montage

Station 6a von Laugerie-Haute

Die letzte große Erweiterung der Vor- und Frühgeschichtlichen Studiensammlung unter der Direktion Otto Kleemanns erfolgte 1971 mit der Übernahme der prähistorischen Bestände des Instituts für Paläontologie der Universität Bonn. Neben einem umfangreichen Ensemble von Stein- und Knochenartefakten, vornehmlich aus dem Paläo- und Neolithikum, gelangte auch die hier abgebildete Federzeichnung in Institutsbesitz.

Es handelt sich um eine Aufnahme sogenannter »Wildfanggruben« der Station 6a in direkter Nähe des Fundplatzes Laugerie-Haute, Dep. Dordogne, Frankreich. Laugerie-Haute gehört zu den berühmten altsteinzeitlichen Fundplätzen im Tal der Vézère, die ab der zweiten Hälfte des 19. Jahrhunderts die damalige Sicht auf die Menschheitsentwicklung fundamental veränderten. Erstmals durch Édouard Lartet und Henry Christy im Jahr 1862 entdeckt, wurden hier bis weit in das 20. Jahrhundert immer wieder Grabungen durchgeführt.

Die in der Bonner Sammlung vertretenen Funde stammen aus der Forschungstätigkeit des Schweizer Archäologen Otto Hauser, der vor dem 1. Weltkrieg in der Dordogne arbeitete und durch einen schwunghaften Artefakthandel zweifelhafte Berühmtheit erlangte. Über ganz Europa verstreut, sind diese Konvolute erst mit der Bearbeitung der Bestände aus der Erlanger Institutssammlung durch Hans Geer Anfang der 1970er Jahre wieder in das Bewusstsein der Forschung gelangt. Die weiteren in Deutschland verstreuten Artefakte sind wohl in verschiedenen Sammlungen wiederzufinden und zum jetzigen Stand der Forschung noch nicht wieder zusammengeführt. Die Bestände aus den Sammlungen der Universitäten Köln und Bonn waren Thema einer Bachelorarbeit mit dem Titel »Unveröffentlichte Steinartefakte aus Laugerie-Haute« an der Universität Köln aus dem Jahre 2016.

Ernst Pohl,
Laurent Rathke

Departement Dordogne,
mehrfarbige Federzeichnung
auf Karton, laviert
57,3 × 49,7 cm,
Montage

AUSGRABUNGEN von O. HAUSER, Archäologe.
FOUILLES de O. HAUSER, Archéologue.
WILDFANGGRUBEN Station 6a Trappes
bei LAUGERIE HAUTE
entdeckt am 20. Mai 1907
1:250
N
S
No 6a
Vigne
No 5
No 4
No 6
Les Eyzies
Laugerie haute
La Micoque

Trigonia

Die fossile Muschel *Trigonia inexpectata* aus dem Jura von Patagonien ist repräsentativ für eine Vielzahl von Gesteinen, Mineralien und Fossilien, die der Bonner Geologe Gustav Steinmann (1856-1929) während drei großer Expeditionen zwischen 1882 und 1908 in Südamerika aufsammelte. 1906 wurde Steinmann von Freiburg nach Bonn als Direktor des Geologischen Instituts berufen. 1911 konnte er ein neues Institut samt Museum einweihen, das heutige Goldfuß-Museum. Das 2007 aus mehreren Instituten hervorgegangene, geowissenschaftliche Institut der Universität Bonn wurde nach Gustav Steinmann benannt.

Bereits nach der ersten Reise entstand die erste »Geologische Übersichtskarte von Südamerika«, erschienen in Gotha im Jahr 1891. Steinmanns Feldbücher geben Zeugnis von seiner wissenschaftlichen Kompetenz und seinem Organisationstalent. Ab 1892 erschienen seine »Beiträge zur Geologie und Paläontologie von Südamerika«, insgesamt 29 Teile. Steinmann gilt zu Recht als »Vater der Geologie von Südamerika«.

Um die umfangreichen Aufsammlungen der drei Expeditionen zu bearbeiten, »beschäftigte« Steinmann eine Vielzahl von Schülern und Kollegen. So auch Erich Jaworski (1890-1973), der 1913 und 1915 seine Forschungsergebnisse zum südamerikanischen Jura veröffentlichte. Darunter war auch die fossile Dreiecksmuschel *Trigonia inexpectata*. Die Gattung *Trigonia* selbst war ein Kosmopolit und ist mit einer großen Artenzahl vom Perm (vor etwa 270 Millionen Jahren) bis ins Alttertiär (vor etwa 25 Millionen Jahren) nachgewiesen. Die Art *Trigonia inexpectata* gilt als Leitfossil, als ein Fossil für die relative Altersbestimmung, für den Unteren Jura (vor etwa 190 Millionen Jahren) von Südamerika.

Trigonia inexpectata ist Teil der »Originale-Sammlung« des Goldfuß-Museums. Diese einzigartige Sammlung von erstmalig wissenschaftlich beschriebenen Fossilien wird regelmäßig zu Forschungszwecken besucht, darunter immer wieder auch Wissenschaftler aus Südamerika.

Georg Heumann

Trigonia inexpectata,
Muschel,
Leitfossil, Fund durch
Gustav Steinmann,
Inv.-Nr. STIPB-Jaworski-74

Kleindiorama mit Goldregenpfeifern

Dioramen bilden in allen Naturkundemuseen die gestalterisch anspruchsvollsten und zugleich die ästhetisch und didaktisch wirkungsvollsten Ausstellungselemente. Am Museum Koenig gehören solche originalmaßstäblichen Lebensraumgestaltungen seit Anbeginn zu jenen Besonderheiten, die das Haus für Besucher besonders attraktiv machen. Sie erlauben eine Nähe zu den Objekten, die in der freien Natur in der Regel nicht möglich ist. Dazu gehören auch die kleinräumigeren, in sich geschlossenen Ausschnitte aus der Lebenswelt einzelner Tierarten, die sogenannten »Biologischen Gruppen«, die Vögel und deren Verhalten in ihrem natürlichen Umfeld abbilden.

Für die Schaffung der ersten dieser Gruppen wird im Jahr 1909 der schwedische Tierfotograf und Schriftsteller Bengt Berg (1885-1967) vom Museumsgründer Alexander Koenig verpflichtet. Berg, der 1935 die Ehrendoktorwürde der Universität Bonn erhält, ist ein ausgewiesener Kenner der nordeuropäischen Vogelwelt und als Lieferant und Präparator wissenschaftlicher Vogelpräparate und Vogeleier gut mit Koenig bekannt. Für die Erstellung der Kleindioramen wählt er Vogelarten aus, die einerseits die wissenschaftlichen Aktivitäten Koenigs zur Erforschung der nordischen Vogelwelt spiegeln, anderseits interessante Verhaltensweisen zeigen, die sich auch als statische Museumsobjekte attraktiv und lehrreich darstellen lassen.

Das von Bengt Berg geschaffene Kleindiorama mit den Goldregenpfeifern ist heute ein Bestandteil einer größeren offenen Inszenierung einer Lebensgemeinschaft nordeuropäischer Tiere aus den 1990er Jahren. Sein besonderer Status als ursprünglich separates Schauobjekt wird durch die Umgrenzung mit einer Plexiglashaube betont, obwohl Boden und Landschaft fast nahtlos in die offene Lebensraumdarstellung übergehen. Dieser Trick erlaubt es, selbst ältere Präparate zwanglos in neue Darstellungsformen zu überführen und nutzt gleichzeitig den hohen didaktischen Wert dieser präparatorisch gekonnt angefertigten Biologischen Gruppen.

Till Töpfer

Pluvialis apricaria,
aufgestellte Trockenpräparate
(Habituspräparate)

Nest und Gelege mit vier Eiern
inmitten nordeuropäischer
Landschaftsdarstellung

Holzkasten mit Plexiglashaube,
105 x 85 x 60 cm

Keyserlingites angustecostatus

Nicht nur der Fundort, die Insel Timor im östlichen Indonesien, sondern auch sein Name und erst recht der Weg der Versteinerung nach Bonn sind ungewöhnlich für diesen Ammoniten aus der Trias-Zeit (251-200 Millionen Jahre). Üblicherweise benennen Wissenschaftler bei der Erstbeschreibung von Tieren und Pflanzen die Arten nach besonderen Orten oder berühmten Kollegen. So auch in diesem Fall:

Der deutsche Geologe und Paläontologe Alexander Graf Keyserling (1815-1891) bereiste im Auftrag von Zar Nikolaus I. in den 1830er Jahren Russland und Sibirien. Durch seine außerordentlich erfolgreichen geologischen, paläontologischen, botanischen, zoologischen und kartografischen Studien gilt Keyserling als Mitbegründer der Geologie Russlands. In Sibirien sammelte er erstmalig bestimmte Gruppen von fossilen Kopffüßlern (Ammoniten), zu denen auch die spätere Gattung Keyserlingites gehört.

Beschrieben wurde die Art Keyserlingites angustecostatus jedoch erst 1915 von dem Bonner Paläontologen Otto A. Welter (1881-1950). Er war Teilnehmer einer Expedition, die ihn im Jahr 1910 bis 1911 in die damalige niederländische Kolonie Timor führte. Reiche Ausbeute aus Fossilien wurde zwischen Bonn und dem holländischen Nationalmuseum Naturalis in Leiden geteilt und ist bis heute einzigartig geblieben. Bei Feldarbeiten in Fatoe Nefakoko auf Timor hatte Welter festgestellt, dass jenes Gestein, in dem er Keyserlingites und andere Fossilien fand, große Ähnlichkeiten mit dem Hallstätter Kalk aus der Trias-Zeit Österreichs hat. Über diesen direkten Vergleich gelang Welter die zeitliche Einstufung von Keyserlingites angustecostatus in die untere Trias (245 Millionen Jahre). Die Erklärung für diese Ähnlichkeit sind vergleichbare Lebensräume und Ablagerungsbedingungen im warmen Wasser des Urmittelmeeres, der Tethys.

Der im Goldfuß-Museum in Bonn-Poppelsdorf ausgestellte Ammonit Keyserlingites angustecostatus fällt durch seine Größe und die spektakuläre Erhaltung mit schwarzen Calcit-Kristallen in den Hohlräumen im Inneren auf.

Georg Heumann

Kayserlingites angustecostatus,
Fossiler Kopffüßler,
STIPB-Welter-180

Bild: Georg Oleschinski,
im Bild: Gloria Mouanga

Keyserlingites angustecostatus
Welt.
Mittl.-Unt. Muschelkalk
Nifukoko, Timor
Timor Exped. 1911

Eiderentenkolonie im Kongsfjord

Als Resultat dreier Forschungsreisen nach Spitzbergen veröffentlicht der Museumsgründer Alexander Koenig im Jahr 1911 ein umfangreiches Werk über die Vogelwelt Spitzbergens und der Bäreninsel, die »Avifauna Spitzbergensis«. Dieses Werk enthält nicht nur Reiseberichte und wissenschaftliche Auswertungen, sondern ist neben zahlreichen Schwarz-Weiß-Fotografien auch mit vielen Farbtafeln ausgestattet. Die den Abbildungen zugrunde liegenden Skizzen wurden während seiner zweiten und dritten Reise vom Künstler Johannes Schultze vor Ort angefertigt und später teils in großformatige Ölgemälde umgesetzt. Eines dieser Gemälde stellt eine Eiderenten-Brutkolonie in der Kings Bay (norw. »Kongsfjorden«) auf Spitzbergen dar. Das Bild ist in der »Avifauna Spitzbergensis« nur als Schwarz-Weiß-Reproduktion zu finden, Koenig weist darin aber ausdrücklich auf das »glänzend gelungene Ölgemälde« hin.

Das Motiv ist für die Landschaftsmalerei des 20. Jahrhunderts nicht nur geografisch, sondern auch durch seinen expliziten biologischen Entstehungshintergrund ungewöhnlich. Wir sehen im linken Vordergrund einen karg bewachsenen flachen Uferbereich mit der Eiderenten-Brutkolonie inmitten von Geröll und Schneeresten, in der sich die prächtig schwarz-weiß gemusterten männlichen Enten wesentlich deutlicher als die gut getarnten braunen Weibchen abheben. Dieser Anblick ist typisch für die Zeit der Eiablage, wie von der Expedition im Juni angetroffen, denn später überlassen die Männchen den Weibchen das komplette Brutgeschäft und sind dann selten in der Nähe der Nester anzutreffen. Das im Fjord schwimmende Treibeis und der im Hintergrund gezeigte Gletscher vor der nebelverhangenen Kulisse der abweisenden Berghänge lassen die harschen Bedingungen des arktischen Sommers ahnen und erklären, warum Eiderenten solch dick mit Daunenfedern (die bekannten »Eiderdaunen«) gepolsterte Nester bauen, die ihre Eier gegen die Kälte des Bodens isolieren.

Till Töpfer

Ölgemälde von Johannes (Iwan Federowitsch) Schultze

Zoologisches Forschungsmuseum Alexander Koenig in Bonn

Öl auf Leinwand, 1909, 117 x 84 cm

Skelett des Plesiosauriers

Das Skelett des Meeresreptils *Cryptoclidus eurymerus* ist eines der eindrucksvollsten Großexponate des Goldfuß-Museums. Die 2013 erstellte Montage des Plesiosaurier-Skeletts spiegelt den aktuellen Stand der Wissenschaft wider und verdeutlicht die Fortbewegungsweise eines ausgestorbenen Tieres greifbar.

Der britische Fossiliensammler Alfred N. Leeds fand Ende des 19. Jahrhunderts eine Vielzahl von Fossilien in den Tongruben um Peterborough in Mittelengland. Der dort abgebaute »Oxford-Ton« stammt aus der Zeit des mittleren Jura vor 165 Millionen Jahren. Einige seiner Funde verkaufte Leeds an den Bonner Fossilienhändler Bernhard Stürtz, der sie an den bekannten Bonner Geologie-Professor Gustav Steinmann für die Schausammlung seines 1911 eingeweihten Geologischen Institutes in der Nussallee 8 erwarb. Die Mäzenatin Elisabeth Waldthausen ermöglichte 1912 den Ankauf des Plesiosauriers. Leeds handgeschriebene Papieraufkleber auf den Knochen lassen vermuten, dass in diesem Skelett mindestens drei Individuen verbaut sind.

In der historischen Montage zeigten alle Paddel wie bei einem Ruderboot schräg nach unten. 2013 entwarf ein Forscherteam den Aufbau des Skelettes nach modernsten Erkenntnissen zu Flossenmuskulatur und Biomechanik. Nun sind die Paddel in Gegentaktposition sehr steil gestellt wie beim Unterwasserflug der Pinguine. Das Museum Twentse Welle in Enschede finanzierte im Gegenzug für eine Ausleihe die Neumontage der Paddelechse. Wissenschaftler der Arbeitsgruppe Saurierpaläontologie forschen unter der Leitung von Prof. Martin Sander an diesem Exponat. Daher war es wichtig die Montage der Knochen in moderner Form ohne destruktives Stahlinnenskelett umzusetzen, denn die Knochen müssen leicht für Untersuchungen aus dem stählernen Außengestell herausnehmbar sein. Und während er auf seine Halsfunktion und Lebenslaufgeschichte untersucht wird, spinnt sich die bewegte Geschichte dieses *Cryptoclidus* auch post mortem weiter.

Philipp Knaus,
Ivette Weitz

Skelett von *Cryptoclidus eurymerus*,
ca. 20% durch Abgüsse ergänzt,
3,3 x 2,3 x 1 m

Mittlere Jura-Zeit (etw. 165 Millionen Jahre),
Oxford-Ton, Tongrube bei Peterborough, England,
STIPB-R-324

Gediegenes Silber

Silber zählt zu den ältesten vom Menschen genutzten Metallen und ist noch immer ein begehrter und wichtiger Rohstoff. Es kommt nur selten elementar vor, auch gediegen genannt. Dann aber bildet es oft sehr schöne draht-, moos- oder lockenähnliche Formen. Häufiger ist Silber als Beimengung in anderen Mineralen enthalten. Das für die Silbergewinnung wirtschaftlich wichtigste Mineral ist Galenit, auch Bleiglanz genannt. Die Bezeichnung weist darauf hin, dass das Mineral zudem ein wichtiges Erz für die Bleigewinnung ist.

Silber aus dem Erzgebirge, vor allem aus dem Schneeberger Revier, genießt Weltruhm. Die Silberlocke aus eben diesem Revier ist nicht nur optisch ein Glanzstück des Mineralogischen Museums, sie steht auch für eine über 800-jährige Bergbautradition in den sächsischen Bergbaurevieren. Diese zählen zu den ältesten und bekanntesten Erzrevieren Europas. 1168 wurde auf dem Stadtgebiet des heutigen Freiberg ein silbrig glänzendes Erzstück gefunden. Dessen Analyse in Goslar ergab einen hohen Silbergehalt. Als dies bekannt wurde, löste dies das erste »Berggeschrey« aus. 1470 folgte das zweite (auch große) »Berggeschrey«, als bei Schneeberg ergiebige Silbererzvorkommen entdeckt wurden. Die gesamte Region profitierte über Jahrhunderte vom Bergbau. Die Städte Freiberg, Schneeberg und Annaberg wurden gegründet, ebenso die in Freiberg ansässige Bergakademie. Als 1913 der Silberbergbau eingestellt wurde, erlosch der ehemals wichtigste Zweig des sächsischen Bergbaus. Neben Silbererzen wurden im Erzgebirge unter anderem auch Kobalt-, Zinn-, Wismut- und Uranerze gefördert. Anfang der 1990er Jahre schloss die letzte Erzgrube in Sachsen. Aufgrund steigender Nachfrage werden nun, über 20 Jahre später, wieder Lagerstätten im Erzgebirge erkundet; ein neues Kapitel in der Geschichte des sächsischen Erzbergbaus beginnt. Das hier in der Mitte der erzgebirgischen Engel abgebildete, außergewöhnlich schöne Stück kam mit der Duisberg-Sammlung 1954 an das Mineralogische Museum.

Anne Zacke

Gediegenes Silber,
Schneeberg, Sachsen,
69 g, 9 x 3 x 3 cm

Die Wandertaube

1914

Während der Kakapo noch vereinzelt in der freien Wildbahn lebt, ist es für die Wandertaube *(Ectopistes migratorius)* tatsächlich zu spät. Einst war die Wandertaube eine der häufigsten Vogelarten der Erde. Von ursprünglich mehreren Milliarden Exemplaren wurde im Jahr 1900 das letzte wildlebende Tier geschossen. Martha hieß die letzte in Gefangenschaft lebende Wandertaube. Sie starb im Jahr 1914. Wann genau das hier abgebildete Exemplar zur Bonner Sammlung gekommen war, konnte bislang nicht ermittelt werden.

Die Wandertaube war ein in Nordamerika beheimateter Vogel und ist wohl eines der eindrücklichsten Negativbeispiele für die rücksichtslose Ausbeutung der Natur auf diesem Kontinent. Die aktive Bejagung und die fortschreitende Habitatzerstörung führten dazu, dass Sichtungen von Schwärmgrößen, die über Stunden hinweg beobachtet werden konnten, heute völlig absurd klingen. In wenigen Generationen wurden aus diesen riesigen Schwärmen ein paar Kleinstgruppen und dann verschwanden auch diese.

Das Beispiel der Wandertaube verdeutlicht die Bedeutung naturkundlicher Sammlungen. Was aus der Perspektive von 1850 etwas »Profanes« ist, kann eines Tages eine für die Forschung wertvolle »Rarität« sein. Ohne Sammlungsexemplare wäre die wissenschaftliche Auseinandersetzung mit dieser Art inzwischen unmöglich. Zwar sollte heutzutage mehr Bedacht an den Tag gelegt werden als dies noch bei den Sammlungstätigkeiten im 19. Jahrhundert häufig der Fall gewesen ist, aber das Sammeln und Archivieren von tatsächlichen Belegexemplaren stellt nach wie vor das unverzichtbare Rückgrat der systematischen Zoologie dar.

Markus Lambertz

Ectopistes migratorius
(Linnaeus, 1766), Vögel (Aves),
Taubenvögel (Columbiformes),
Columbidae

Historisches Etikett »Ectopistes migratorius L., 2293.a, Nordamerica«

Aufgestellter Balg in Glasdiorama, Nordamerika, Breite 30 cm, Höhe 36 cm, Tiefe 14 cm, Montage

Lues III: Lupoides Syphilis

Diese Moulage repräsentiert ein aus Wachs geformtes Gesicht. Die Notiz auf der Rückseite der Moulage erklärt, dass es sich um eine 38-jährige Bergmannsfrau mit sieben gesunden Kindern handelt. Die Patientin ist am Endstadium der Syphilis erkrankt, auch Lues genannt. Die Syphilis ist eine Geschlechtskrankheit, die vom Bakterium Treponema pallidum verursacht wird und in drei Stadien verläuft. Das Bakterium dringt über kleinste Hautläsionen bei direktem Kontakt mit austretender Flüssigkeit eines Erkrankten ein. Es bildet sich ein sogenannter Primäraffekt. Diese offene Stelle juckt aber nicht und verheilt von selbst, weshalb viele Patienten ihm keine größere Aufmerksamkeit schenken.

Die Notiz, dass die Patientin gesunde Kinder hat, sagte den behandelnden Ärzten, dass es möglicherweise weitere Personen im Haushalt gab, die durch die Mutter hätten angesteckt werden können. Im Verlauf der Erkrankung kommt es unbehandelt über das zweite Stadium nach mehreren Jahren zum dritten Stadium. Der ganze Körper und innere Organe sind mit gummiartigen Knoten und Geschwüren befallen, wie sie hier im Gesicht der Patientin zu sehen sind.

Professor Erich Hoffmann, Gründer der Bonner Moulagensammlung, hatte den Erreger 1905 mit seinem Kollegen Fritz Schaudin entdeckt. Erst mit der Einführung der Arsenverbindung »Salvarsan« gab es ab 1909 eine gezielte Therapie für die damals sehr verbreitete »Lustseuche«. Bis zur Entdeckung von Penicillin im Jahr 1928 war die Behandlung zeitaufwendig und mit starken Nebenwirkungen verbunden. Heute kann die Syphilis mit Penicillin sehr gut behandelt werden. Nachdem die Erkrankung zwischenzeitlich durch die Penicillinbehandlung rapide zurückging, treten seit etwa 20 Jahren wieder vermehrt Krankheitsfälle auf. Viele Ärzte wissen allerdings nicht mehr, wie Syphilis aussieht. Syphilismoulagen sind deshalb heute im Studium wieder wertvolle Bildquellen.

Béatrice Bieber

Wachsobjekt auf Holzträger mit Leineneinfassung, 25,5 x 23 cm

Hergestellt von Auguste Kaltschmidt am 21.7.1915, Inv.-Nr. 336, im Bild: Restauratorin Johanna Lang

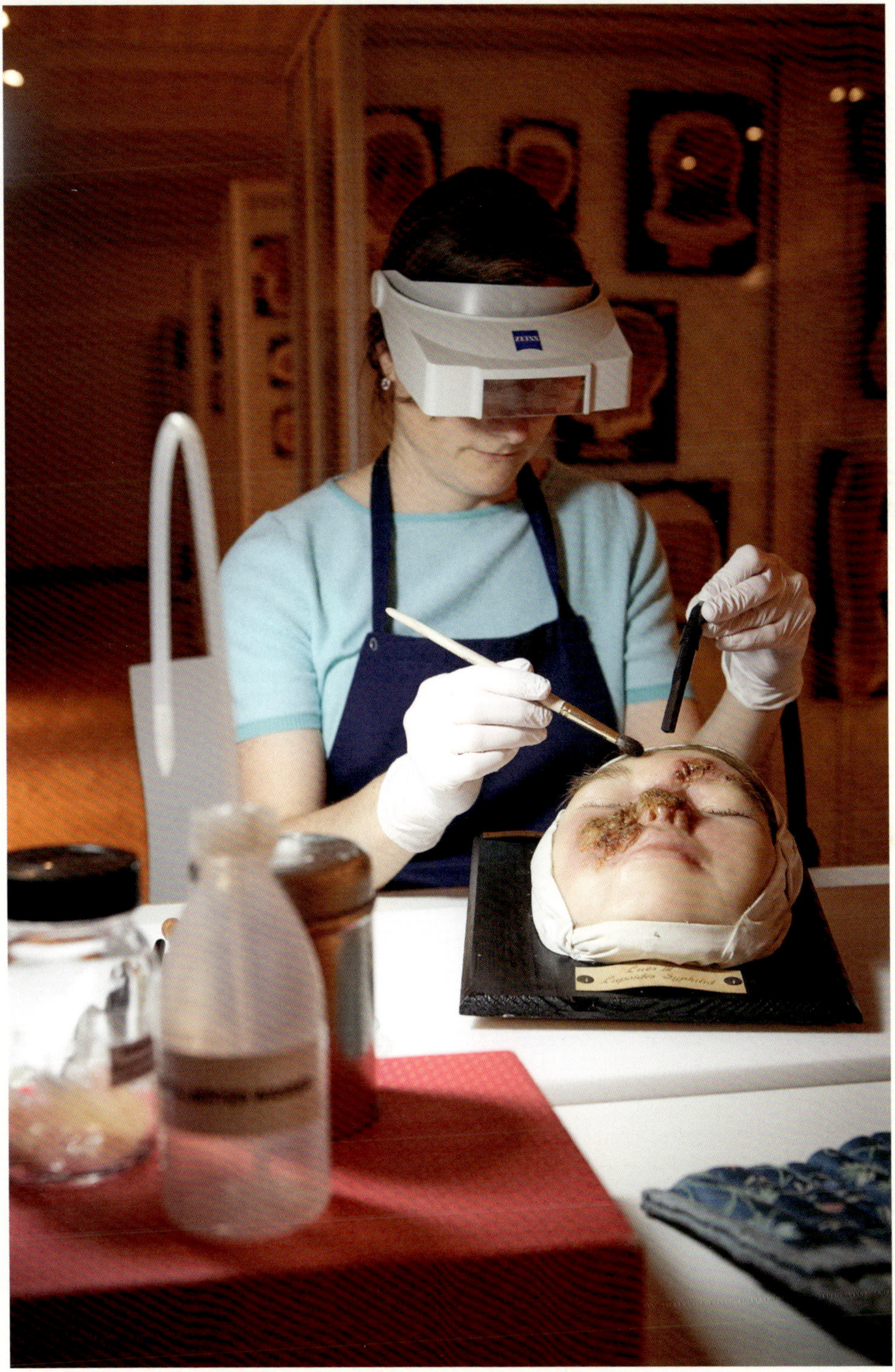
ZEISS

Gipsabguss des Tympanons

Der Abguss des Tympanons aus Bamberg gehört zu den Objekten, die schon seit Beginn der Sammlung im Bestand sind. Auf dem Foto der von Paul Clemen eingerichteten Abgusshalle von 1916 ist es deutlich zu erkennen, genauso wie auf der Aufnahme nach dem Bombardement 1944. Es hat den verheerenden Angriff weitestgehend unbeschadet überstanden, sodass es 2010 nach einer Reinigung an seinen neuen Platz im Großen Übungsraum des Kunsthistorischen Instituts gekommen ist. Hier wird der Abguss – dem Original entsprechend – in einer Höhe von etwa 2,50 m präsentiert. So ist es für die Studierenden möglich, am Abguss auch die räumliche Beziehung des Betrachters zum Objekt nachzuvollziehen: Das Tympanonrelief ist für die Froschperspektive konzipiert; der Betrachter soll unter dem Objekt stehen und hindurchgehen. Es markiert somit die Schwelle zum Kircheninneren.

Das Türbogenfeld, im Original am Hauptportal des Bamberger Domes, Fürstenportal genannt, am nördlichen Seitenschiff angebracht, zeigt in der Mitte den thronenden Christus, der beim Jüngsten Gericht die Seligen von den Verdammten scheidet. Die Seligen sind ausgezeichnet durch ein sanftes Lächeln auf ihren Lippen, die Gesichter der Verdammten sind fratzenhaft verzerrt. Auf der Seite der Seligen befinden sich drei Engel mit den Leidenswerkzeugen Kreuz, Lanze und Dornenkrone. Ein König wird von Engeln herbeigeführt. Die Verdammten, unter ihnen ein König, ein Papst und ein Bischof, werden vom Teufel in die Hölle gezerrt. Zu Füßen Christi erscheinen Maria und Johannes als Fürbitter für die Menschheit.

Kurz nach seiner Neuaufstellung wurde das Tympanon im Jahr 2012 nach Mainz transportiert. In der Ausstellung »Seliges Lächeln und Höllisches Gelächter. Das Lachen in Kunst und Kultur des Mittelalters« im Bischöflichen Dom- und Diözesanmuseum Mainz war der Abguss ein Hauptbeispiel für das entrückte Lächeln der erlösten Seelen und damit eines der wenigen mittelalterlichen Bildzeugnisse eines deutlich sichtbaren Lachens überhaupt.

Esther-Luisa Schuster

Fürstenportal des Bamberger Doms, Tympanon, Sandstein

Höhe 157 cm, Breite 302 cm, Tiefe 31 cm, um 1235, Inv.-Nr. 144, Montage

1917

Rektorkette der Universität Bonn

Die Universität Bonn hatte bei ihrer Gründung zwar die Szepter der aufgelösten Universität Duisburg erhalten, aber alle anderen akademischen Insignien und Symbole waren ihr versagt geblieben. König Friedrich Wilhelm III. hatte der Universität immer noch nicht verziehen, dass sie Ernst Moritz Arndt, den erklärten Gegner des autoritären preußischen Staatssystems, in ihre Reihen aufgenommen hatte. Erst die 25-Jahr-Feier im Jahr 1843 gab den erneuten Anlass zur Anfrage an das Kultusministerium, doch auch der neue Monarch, Friedrich Wilhelm IV., ließ sich nicht zu einer Einwilligung bewegen. Zehn Jahre später gab der König endlich sein Einverständnis. Kultusminister von Raumer teilte am 17. August 1853 dem Rektor per Erlass mit, dass »*mittels Allerhöchster Ordre vom 30ten v.M. die an vergoldeter Kette von Silber um den Hals zu tragende goldene Medaille mit dem Brustbilde ihres Stifters, des hochseligen Königs Majestät, wie solche von den Directoren in Berlin und Breslau getragen wird, huldreichst zu verleihen geruht haben. Die Medaille wird bei allen feierlichen Gelegenheiten, bei welchen der Rector als solcher erscheint, angelegt, und unter dem Mantel getragen.*«

Im Ersten Weltkrieg wollte die Universität die Kette dem in Not geratenen Vaterland spenden. Es war mittlerweile vergessen worden, dass sie nur vergoldet war, und so beschloss der Senat der Universität Bonn am 2. August 1917, die große Medaille der Rektorkette dem Reich zu spenden und sie durch eine eiserne zu ersetzen. Ein Bonner Goldschmied überbrachte die ernüchternde Mitteilung, dass es sich bei dem Medaillon um vergoldetes Silber handle, dessen Schätzwert bei etwa 100 Reichsmark liege. So wurde die Kette nicht dem Krieg geopfert und verblieb bei der Universität, wo sie bis zum heutigen Tag in Gebrauch ist.

Thomas Becker

Silber, vergoldet, 1853 von der Königlichen Münze Berlin angefertigt

Tritt der Rektor in seiner Funktion eine Reise an, so reist die Kette mit

Oben: Rektor Prof. Dr. Michael Hoch mit Amtskette beim Universitätsfest

C

Vasilindermatitis

Die Moulage zeigt ein Gesicht mit einer klar begrenzten Rötung auf der Wange. Die Rötung schuppt in der Mitte weißlich und ist mit Krusten belegt. 1918 hat der Bonner Mouleur Hermann Hessling diese Moulage gefertigt. Wie häufig gerade bei seinen Moulagen sind die Haare und Augenbrauen im Gegensatz zu anderen Bonner Moulagen nicht einzeln eingezogen, sondern im Wachskörper angedeutet.

Die Diagnose wird als Vasilindermatitis beschrieben. Aus einem Moulagenverzeichnis von 1927 wird deutlich, dass es sich um eine 16-jährige Arbeiterin handelt, die seit acht Tagen diesen Ausschlag auf der Wange hat. Als Grund für die Hautveränderungen wird angegeben, dass die junge Dame »schlechte Kriegsvaseline« auf ihre Wange aufgetragen habe. Es handelt sich um die Darstellung eines von Erich Hoffmann 1918 erstmals mit seinem Kollegen Habermann umfassend und genau veröffentlichten Krankheitsbildes im Artikel »Arzneiliche und gewerbliche Dermatosen durch Kriegsersatzmittel (Vaseline Schmieröl) und eigenartige Melanodermatitiden«, veröffentlicht in der Deutschen medizinischen Wochenschrift 1918, Heft Nr. 4, Seiten 261 bis 264. Im Kriegsverlauf waren die Fettgrundlagen von Salben, aber auch von Maschinenöl und Schmiermitteln durch billige Ersatzstoffe inzwischen von niederer Qualität. Menschen waren diesen Stoffen bei der Hautpflege ausgesetzt, wie die 16-jährige Arbeiterin, oder aber auch im Beruf betroffen, beispielsweise als Schlosser, Lokomotivführer, als Heizer, Eisenbahnarbeiter oder Mechaniker. Auch

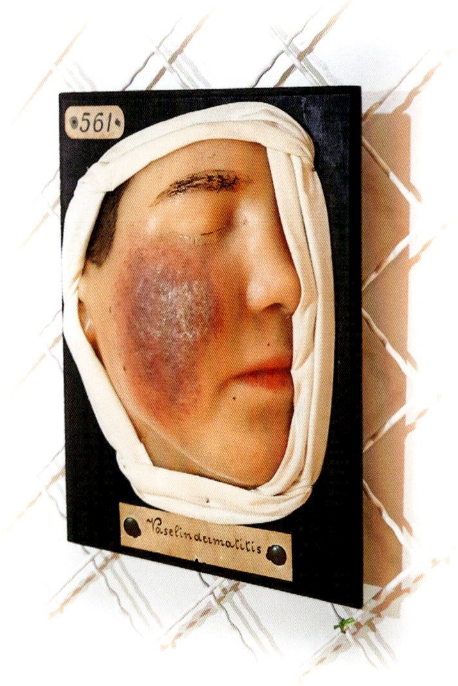

Soldaten, die ihre Gewehre schmierten, waren den Ersatzstoffen ausgesetzt und entwickelten auch in Kombination mit Sonnenlicht die auf der Moulage dargestellten Hautveränderungen.

Béatrice Bieber

Wachsobjekt auf Holzträger mit Leineneinfassung, 24 x 18 cm

Hergestellt von Hermann Hessling am 15.5.1918, Inv.-Nr. 561

561
510

Der Forsbacher Meteorit

Am 12. Juni 1900 mittags gegen 14 Uhr zischte es neben Bauer Johann Peter Volberg, der gerade auf seinem Feld in Forsbach bei Hoffnungsthal arbeitete, und ein Meteorit bohrte sich neben ihm in die Erde. Der Meteorit wird nach seinem Fundort Forsbach genannt. Johann Peter Volberg nahm an, dass es sich bei diesem Überraschungsfund um einen Meteoriten handeln müsse und verkaufte ihn an einen Sammler.

Nach einigen Besitzerwechseln wurde der Steinmeteorit von dem Bonner Mineralogie-Professor Reinhard Brauns 1914 erworben und befindet sich seitdem in der Sammlung des Bonner Mineralogischen Museums. Zu dem ungewöhnlichen Vorfall schrieb Brauns im Jahr 1919: »Der Ackerer Johann Peter Volberg hat den Stein im Jahre 1900 bei Forsbach gefunden. Bei seiner Arbeit auf dem Felde hat er in der Luft ein Geräusch wahrgenommen und geglaubt, daß ein Vogel daherfliege. Im selben Augenblick ist der Stein aus der Luft etwa 1-1½ m von ihm entfernt in die Erde eingeschlagen. Er hat den Stein aus der Erde genommen und festgestellt, dass er noch heiß war.« Bei dem Fund handelt es sich um einen Olivin-Bronzit Chondrit, H6. Er ist im Mineralogischen Museum gemeinsam mit Meteoritenfunden aus verschiedenen Teilen der Erde in einer Vitrine ausgestellt, die sich dem Thema »Meteorite« widmet.

In Nordrhein-Westfalen sind bisher nur insgesamt acht Meteoritenfälle bekannt. Beim Forsbach-Meteoriten handelt es sich somit um eine nordrhein-westfälische Rarität.

Renate Schumacher

Oben: Gewicht 137 g, Größe 3 x 4 x 5 cm

Rechts: Bild von 2016, im Stil der Zeit um 1900 nachbearbeitet

Motiv: Bauer Volberg sieht den Meteoriten

Stele für die Götter Min und Isis

Die Stele zeigt auf der linken Seite den nach rechts gewandten ithyphallischen Herrschaftsgott Min, der durch die vor seinem Kopf angebrachte Beischrift »Min, großer Gott«, eindeutig identifizierbar ist. Er ist in der für ihn typischen Ikonografie wiedergegeben und zwar mit umhülltem Körper, einer vor der Brust gekreuzten Gewandschleife, einer hohen Doppelfederkrone, von der ein Band hinter seinem Rücken bis fast zum Boden verläuft, und mit hinter dem Körper rechtwinklig nach oben geführtem Arm, über dem sich eine Geißel befindet. Er steht auf einem Podest. Hinter Min befindet sich sein charakteristisches Attribut: ein in mehrere kleine Felder unterteiltes Ackerstück mit hochgewachsenen Lattichpflanzen. Durch die auf ihn gerichtete Lotusblüte, auf dem Opfertisch in der Mitte der Stele, kann er eindeutig als Hauptgottheit der Szene angesprochen werden. Auf der rechten Seite steht, dem Gott Min zugewandt, die Göttin Isis. Sie lässt sich primär anhand ihrer Beischrift »Isis, Herrin des Himmels« identifizieren. Sie trägt auf ihrem Kopf nämlich nicht wie üblich den Thronsitz – erstes Zeichen ihrer Beischrift –, sondern ein Kuhgehörn mit einer dazwischen positionierten Sonnenscheibe und einem Uräus davor, welche als Merkmale der Ikonografie der Göttin Hathor gelten. Isis trägt ein langes Trägerkleid und hält in ihrer Linken ein Anchzeichen (Lebenszeichen) und in ihrer Rechten ein Waszepter (Herrschaftsstab). Mit der Übernahme der Ikonografie der Göttin Hathor durch andere weibliche Gottheiten, wie hier der Göttin Isis, wurde eine der typischen Eigenschaften von

Hathor, sie galt unter anderem als Göttin der Liebe, auf andere Göttinnen übertragen.

Die rechte Seite der Stele dürfte über längere Zeit Feuchtigkeit ausgesetzt gewesen sein, was sich an der starken Verwitterung erkennen lässt. Die Stele wurde von Prof. Dr. Alfred Wiedemann, dem Begründer der Bonner Ägyptologie, 1907 in Luxor angekauft. Wiedemann war 1920 zum ordentlichen Professor ernannt worden.

Ursprünglicher Herkunfts- und Aufstellungsort könnte das 40 km nördlich von Luxor gelegene Koptos gewesen sein, wo sich ein Tempel für den Gott Min und seine dort mit ihm verehrte Gemahlin Isis befindet.

Andreas Dorn

Kalkstein, wahrscheinlich
aus Koptos,
1550-1070 v. Chr.

Höhe 15,2 cm, Breite 12 cm,
Tiefe 3,3 cm

In einem solchen Koffer wird
die Stele von Luxor nach
Deutschland gelangt sein

Linkes Bild: Frank Förster

»Rauchen ist gestattet«

1917 wurde die Gesellschaft der Freunde und Förderer der Universität Bonn, Geffrub, gegründet, die heutige Universitätsgesellschaft Bonn, UGB. Eine der Neuerungen, die durch die Geffrub in die Wissenschaft eingeführt wurde, war die 1921 erfolgte Gründung eines »Instituts für geschichtliche Landeskunde der Rheinlande«. Dieses Institut griff die Ideen des im Kaiserreich so verfemten Leipziger Historikers Karl Lamprecht auf, der in seiner Bonner Zeit intensive Studien zur regionalen Wirtschafts- und Sozialgeschichte unternommen hatte. Im Sinne Lamprechts sollte nun in Bonn eine Einrichtung entstehen, in der angehende Lehrer und Archivare mit den Methoden und Hilfsmitteln einer regionalen Geschichtswissenschaft vertraut gemacht werden sollten, die auch die Ökonomie und die Gesellschaft der Region berücksichtigte.

Grundstock für die Einrichtung des Instituts in der Poppelsdorfer Allee war neben der finanziellen Förderung durch die Geffrub und durch den Provinzialverband Rheinland die Stiftung einer umfangreichen Sammlung von Literatur zur rheinischen Geschichte durch einen Dr. Blank an die Universität Bonn. Ein geisteswissenschaftliches Institut war damals in erster Linie eine Spezialbibliothek. Die zur Institutsgründung von den Geldgebern geforderte Hausordnung drehte sich daher in erster Linie um die Benutzung dieser Bibliothek. Die weitgehenden Freiheiten, die den Benutzerinnen und Benutzern der Bibliothek 1921 noch zugestanden wurden, erklären sich in erster Linie aus der damals geringen Zahl Studierender der Landesgeschichte. Anders als heute galt weder Nichtraucherschutz noch Brandschutz. »Rauchen ist gestattet« steht daher in dieser Hausordnung, »Die Aschenbecher sind in den Öfen auszuleeren«.

Thomas Becker

Hausordnung des Instituts für geschichtliche Landeskunde der Rheinlande, Reinkonzept auf Durchschlagpapier mit Bleistiftkorrekturen

26 x 21 cm, Universitätsarchiv Bonn, IGL 216 Nr. 78

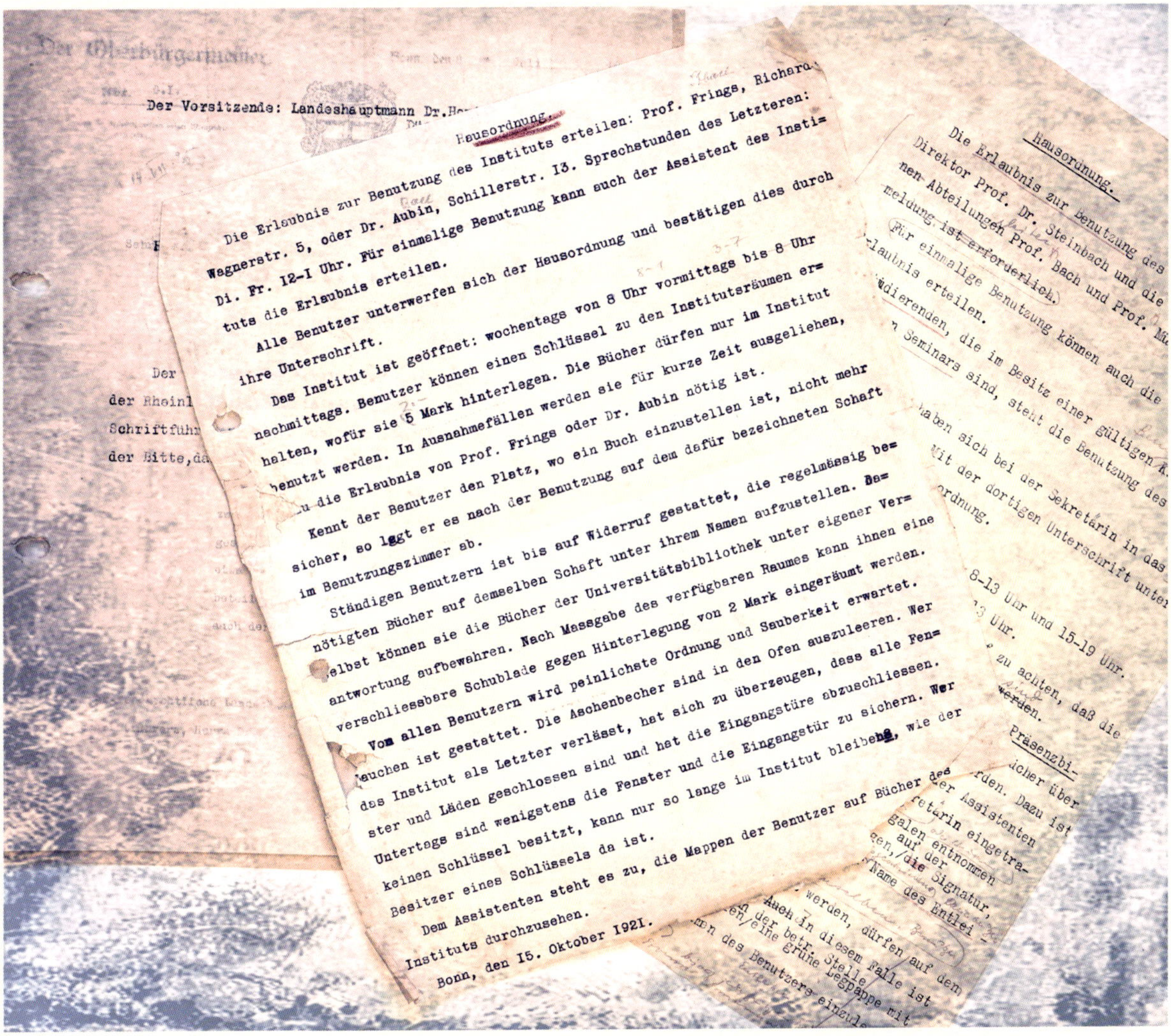

Hausordnung.

Die Erlaubnis zur Benutzung des Instituts erteilen: Prof. Frings, Richard Wagnerstr. 5, oder Dr. Aubin, Schillerstr. 13. Sprechstunden des Letzteren: Di. Fr. 12-1 Uhr. Für einmalige Benutzung kann auch der Assistent des Instituts die Erlaubnis erteilen.

Alle Benutzer unterwerfen sich der Hausordnung und bestätigen dies durch ihre Unterschrift.

Das Institut ist geöffnet: wochentags von 8 Uhr vormittags bis 8 Uhr nachmittags. Benutzer können einen Schlüssel zu den Instituträumen erhalten, wofür sie 5 Mark hinterlegen. Die Bücher dürfen nur im Institut benutzt werden. In Ausnahmefällen werden sie für kurze Zeit ausgeliehen, wozu die Erlaubnis von Prof. Frings oder Dr. Aubin nötig ist.

Kennt der Benutzer den Platz, wo ein Buch einzustellen ist, nicht mehr sicher, so legt er es nach der Benutzung auf dem dafür bezeichneten Schaft im Benutzungszimmer ab.

Ständigen Benutzern ist bis auf Widerruf gestattet, die regelmässig benötigten Bücher auf demselben Schaft unter ihrem Namen aufzustellen. Daselbst können sie die Bücher der Universitätsbibliothek unter eigener Verantwortung aufbewahren. Nach Massgabe des verfügbaren Raumes kann ihnen eine verschliessbare Schublade gegen Hinterlegung von 2 Mark eingeräumt werden.

Von allen Benutzern wird peinlichste Ordnung und Sauberkeit erwartet. Rauchen ist gestattet. Die Aschenbecher sind in den Ofen auszuleeren. Wer das Institut als Letzter verlässt, hat sich zu überzeugen, dass alle Fenster und Läden geschlossen sind und hat die Eingangstüre abzuschliessen. Untertags sind wenigstens die Fenster und die Eingangstür zu sichern. Wer keinen Schlüssel besitzt, kann nur so lange im Institut bleiben, wie der Besitzer eines Schlüssels da ist.

Dem Assistenten steht es zu, die Mappen der Benutzer auf Bücher des Instituts durchzusehen.

Bonn, den 15. Oktober 1921.

Gaṇeśa

Gaṇeśa ist einer der beliebtesten Götter in Indien. Als Überwinder der Hindernisse wird er in weiten Teilen Indiens verehrt. Bei jedem Anfang eines neuen Unterfangens wird er von Gläubigen angerufen, beispielsweise auch bei Prüfungen in Schulen und Universitäten. Ikonografisch ist er vielen Europäern durch sein Erscheinungsbild mit einem menschlichen Körper und einem Elefantenkopf bekannt. Sein dicker Bauch verweist auf seine Herkunft als *yakṣa*; diese Erd- oder Halbgottheiten wurden vom orthodoxen Brahmanentum aufgenommen und in ihr religiöses System eingegliedert. Auch bei Christen, Buddhisten und Jainas ist dieser Gott beliebt. Die Universität Bonn trug durch verschiedene Wissenschaftler zum Verständnis dieser Religionen Indiens bei. Einer dieser Wissenschaftler war Hermann Jacobi (1850-1937), der 1922 nach 33 Jahren Professur in Bonn emeritiert wurde. Er war der Erste, der bewies, dass der Jainismus eine eigene Religion ist und nicht eine Abspaltung des Buddhismus.

Überall in Indien wird das große öffentliche Fest namens *Gaṇēśa Caturthī* zu Gaṇeśas Ehren gegeben. Am Ende dieses Festes, das bis zu zehn Tagen dauern kann, werden die Gaṇeśa-Statuen in einem Fluss oder See versenkt. Ende des 19. Jahrhunderts wurde dieses Fest durch den indischen Nationalisten Bāl Gangādhar Tilak als antikoloniales Fest umgedeutet.

Im Hinduismus werden Gottheiten Mahlzeiten gegeben. Wenn die Gläubigen der Gottheit Speisen oder Milch opfern, dann erhalten sie diese gesegnet wieder zurück *(prasād)*. Am 21. September 1995 wurde als *prasād* ein Wunder mit Gaṇeśa-Statuen erlebt. Es begann in einem Tempel im Süden von Delhi, dass eine Gaṇeśa-Statue die Milch, die vor ihr geopfert wurde, auftrank. Viele Millionen Menschen liefen überall in Indien zu Gaṇeśa-Statuen, um an diesem Wunder teilzuhaben und es zu wiederholen.

Der hier zu sehende Gaṇeśa gehört zur Sammlung Prof. Dr. Gritli von Mitterwallner, deren Schwester Inge Seifert im Jahre 2012 ein Großteil ihrer Bibliothek sowie ausgewählte Objekte der Abteilung für Asiatische und Islamische Kunstgeschichte schenkte.

Rebekka Welker

Jade, Höhe 8 cm,
20. Jahrhundert

Erdbebenbericht auf Schellack

2012 erwarb die Abteilung für Japanologie und Koreanistik vom japanischen Filmerzähler (Benshi) Ichirō Kataoka fast 4000 Schellackplatten mit Aufnahmen von Filmerzählern und Kabarettisten, U-Musik und E-Musik. Sie wurden digitalisiert zur Erforschung der japanischen Medien-, Kultur- und Sprachgeschichte und werden seither auch in der Lehre eingesetzt. Die hier vorgestellte Platte trägt den Titel »Tragische Geschichte von Erdeben und Brand in der Reichshauptstadt« (Teito Shinsai Sanwa). Sprecher ist der Benshi Ōmiya Jakujō. Am 1.9.1923 zerstörte ein Erdbeben weite Teile von Tōkyō und Yokohama. Rund 140.000 Menschen starben. Ōmiya macht dieses Ereignis den Menschen im Rest Japans zugänglich. Er knüpft an die vormoderne Tradition der Bänkelsänger (Yomiuri) an; zugleich setzt er das modernste westliche Medium seiner Zeit ein. Der Rundfunk beginnt in Japan erst 1925. Der Text der A-Seite lautet auf Deutsch (in Auszügen):

[…] Es ist kurz nach 11:30 Uhr vormittags am 1. September 1923. Auf den Ruf »Erdbeben!« hin wechselten die Gesichter der Bewohner von Tōkyō, Yokohama und Umgebung ihre Farbe, und sie stürmten ins Freie. Wer aber das Pech hatte, zu spät zu fliehen, mit dem trieb unverzüglich [das Unheil] sein Spiel. Noch dazu wurde das wilde Feuer, das nahe dem Polizeipräsidium ausgebrochen war, im selben Augenblick von einem Sturmwind angefacht und wurde zu einem unvorstellbar großen Brand, der schließlich die ganze Stadt Tōkyō erfaßte.

[Glockengeläut]

Obwohl natürlich die lokale Feuerwehr, aber auch die erste Division der Kaiserlichen Garde alles tat, um das Feuer zu bekämpfen und Menschen zu retten, wuchs die Gewalt der Flammen immer weiter an, weil die Wasserleitungen, auf die man sich verlassen hatte, allesamt zerbrochen waren und zudem Gas und Chemikalien explodierten. […] So zerstörten die verfluchten Flammen […] einen Teil des Kaiserpalastes, […] ja fast die ganze Stadt wurde zu verbrannter Erde. Ach, mag man es auch Schicksal nennen, war dies nicht wahrlich äußerst tragisch? Die Hunderttausende von Bürgern, die keine Bleibe und kein Essen mehr hatten!

[Musik]

Eine Höllenlandschaft, in der Kinder nach ihren Eltern und Eltern nach ihren Kindern riefen und Klagerufe erschollen, während sie beim Suchen über Leichenberge stiegen. […] Es gab wohl auch Hunderte, die traurig nach ihren Ehepartnern oder Geschwistern suchten.

Reinhard Zöllner

Schallplatte Orient Nr. 2644,
Schellack, 10-Zoll-Single,
Laufzeit: 3:22 (A-Seite), 3:27 (B-Seite),
Sammlung Ichirō Kataoka,
Oktober 1923

THE ORIENT RECORD
オリエントレコード
ORIENT RECORD
MANUFACTURED BY
NIPPONOPHONE CO. LTD.
KYOTO FACTORY

Polydor-Platte »Avoir Un Bon Copain«

Über Musik reden lässt sich nur schwerlich, wenn sie nicht auch gehört werden kann. Also gab und gibt es bei der Musikwissenschaft ein umfangreiches Schallarchiv, das über Tausende von Aufnahmen aller Art verfügt. Über Jahrzehnte hinweg waren diese Klanglieferanten hochgeschätzte und penibel gepflegte auditive Schätze, die akkurat verwaltet und behutsam ausgeliehen wurden. Immerhin kostete eine Schallplatte nach dem Ersten Weltkrieg rund 5 Reichsmark, also etwa 30 Euro.

Deutschland als Plattenproduzent musste aber nach 1918 große Einbußen hinnehmen: Erst 1924 durfte auch wieder für den Export gearbeitet werden – und eigens für diese ausgewählten Aufnahmen wurde ein Label eingerichtet: Polydor, übersetzbar mit »Viele Geschenke«. Da ein eingängiges Firmen-Logo – wie etwa bei »His Master's Voice« – enorm wichtig war, wurde dazu eine unverkennbare Grafik entwickelt: eine schwarze Gestalt, die sich freudig lächelnd zwei große Trichter an die Ohren hält.

Schon 1928 wurden dann im Press-Werk Hannover rund 5,5 Millionen Platten angefertigt und der Hauptkatalog umfasste mehr als 200 Seiten. Anfangs nur im Ausland zum Verkauf angeboten, sollte die Marke Polydor ab 1933 und endgültig nach dem Zweiten Weltkrieg, dann unter dem markanten Sternenlogo in Rot firmierend, schließlich auch zu einem nationalen Marktführer aufsteigen.

Die hier vorliegende Polydor-Platte mit Stempel und Verkaufsmarke eines Pariser Musikalienhändlers ist eine französische Pressung von 1930, die bis heute eine erstaunliche Klangfülle und Wiedergabequalität aufweist. Aus dem Kellerarchiv geholt wird diese Schellack-Scheibe aber kaum noch, denn die Aufnahme ist wie viele andere im Internet abrufbar, wo der heutige User schnell feststellen kann, dass es sich um die französischsprachige Version von »Ein Freund, ein guter Freund« aus dem Film »Die Drei von der Tankstelle« handelt, vorgetragen von dem Orchester Ben Berlin und dem Sänger Leo Monosson.

Monosson war Jude und musste aus Deutschland flüchten. Später stellte er einen Antrag auf Entschädigung und erklärte zur Begründung: »Es gelang mir nach 1933 nie mehr, durch Gesang Geld zu verdienen. Meine Vortragsart war durch deutsche Kultur entwickelt und woanders fremdartig und unpopulär.«

Volkmar Kramarz

Leo Monosson
und das Orchester Ben Berlin,
Schellack-Platte, Durchmesser 12
Zoll (ca. 25 cm), Laufzeit ca.
3 Minuten je Seite

POLYDOR
ENREGISTREMENTS ELECTRO-POLYFAR
A. HOFFMAN
POLYDOR
Enregistrement Electro-Polyfar
AVOIR UN BON COPAIN
BEN BERLIN AND HIS ORCHESTRA
23578
Polydor
561.076
CHANSONS MADÉCASSES
THE SUPREME RECORD
COLUMBIA
GRAMOFOON-
RADIO-GRAMOFOONS
POLYDOR
Ravel: Boléro
Lamoureux Konzert-Orchester Paris
66948 B
Polydor
UNTERHAL
78 UMDREHUNGE

1925

Artikulator »Gysi Trubyte«

Der Artikulator wurde von Prof. Dr. Alfred Gysi, dem Mitbegründer des Zahnärztlichen Instituts der Universität Zürich, in den Jahren 1925 und 1926 entwickelt und 1928 zum U.S.-Patent angemeldet. Die Markteinführung geschah unter der Herstellerfirma »The Dentists' Supply Company of New York«. Alfred Gysi forschte vor allem über die Probleme der Unterkieferbewegungen in Beziehung zu Zahnformen und entwickelte 1906 zusammen mit Dr. William E. Walker in den USA den ersten hinsichtlich der Kiefergelenkführung einstellbaren Artikulator mit entsprechendem Gesichtsbogen. Gysi war in der Schweiz und weltweit einer der bedeutendsten Vertreter der zahnärztlichen Prothetik und Funktionslehre in der ersten Hälfte des 20. Jahrhunderts.

Das vorliegende Stück wurde in der Universitätszahnklinik Bonn in der Studentenausbildung und Krankenversorgung im Sinne einer innovativen und zukunftsorientierten Methodik bereits frühzeitig nach der Marktetablierung eingesetzt.

Ein Artikulator ist ein zahnmedizinisches und zahntechnisches Instrument, das Gipsmodelle des Ober- und Unterkiefers mittels Übertragung durch einen sog. Gesichtsbogen zur Simulation der Funktion des menschlichen Kausystems aufnimmt. Die Besonderheiten des Trubyte-Artikulators sind seine Einstellmöglichkeiten im Hinblick auf die durch Kiefergelenk und Zahnoberflächen dominierten Bewegungen des Unterkiefers. Die Werte wurden durch einen speziell entwickelten Gesichtsbogen auf den Artikulator übertragen. Hinsichtlich der technischen Ausführung war der Bewegungssimulator seiner Zeit weit voraus. So wurde bereits als Material Aluminium verwendet, was der extrem leichten Bauweise entgegenkam. Entwickelt wurde das Gerät vor allem für die Herstellung von totalem Zahnersatz mit den im Jahre 1914 eingeführten Trubyte-Prothesenzähnen. Der Begriff »Trubyte« ist vom englischen »True Bite« abgeleitet, was so viel bedeutet wie »Wahrer Biss«.

Ernst-Heinrich Helfgen

Aluminium,
5 x 14 x 11 cm,
Doppelbelichtung

Fischsaurier mit Hauterhaltung

Fischsaurier sind typische Bewohner des Meeres des Erdmittelalters. Sie stammen von landlebenden Sauriern am Anfang der Triaszeit vor 250 Millionen Jahren ab und existierten bis zur mittleren Kreidezeit vor 90 Millionen Jahren. Fischsaurier, die wissenschaftlich als Ichthyosaurier bezeichnet werden, haben auf dem ersten Blick eine große Ähnlichkeit mit den heutigen Delphinen, die auf der perfekten Anpassung an das Wasserleben beruht. Hätten wir aber keine der seltenen Funde mit Hauterhaltung, wie das im Goldfuß-Museum ausgestellte Exemplar, würde die Ähnlichkeit nicht annähernd so deutlich sein.

Die berühmteste Fundstelle für Fischsaurier ist die Gegend um das schwäbische Dorf Holzmaden, wo auch unser Stück ausgegraben wurde. Diese Fundstelle hat Tausende von Skeletten geliefert, darunter auch wenige mit Erhaltung der Haut sowie schwangere Muttertiere. Natürlich ist nach 180 Millionen Jahren von der eigentlichen Haut nichts mehr erhalten, aber auf dem dunklen, feingeschichteten Schiefer ist eine kohlige Substanz sichtbar, die den Umriss des Tieres nachzeichnet. Dabei erkennt man, dass weder die kleinere dreieckige Rückflosse, noch der obere Lappen der Schwanzflosse durch Knochen verstärkt wurden; allein am Skelett wäre ihre Existenz nicht zu erkennen.

Im Gegensatz zu Delphinen bewegten Fischsaurier die Schwanzflosse seitlich hin und her und nicht auf und ab. Wichtigste Nahrung der Fischsaurier waren die Tintenfische, wie in Holzmaden gefundene Skelette mit Mageninhalt belegen. Während die Delphine Fische und Tintenfische über Echo-Ortung aufspüren, hatten die Fischsaurier einen hoch entwickelten Gesichtssinn mit riesigen Augen. Daran kann man Fischsaurier und Delphine unterscheiden.

Das Bonner Hautexemplar ist eine der schönsten Hautexemplare von Fischsauriern und wurde vom Tübinger Paläontologen Friedrich Freiherr von Huene (1875-1969) im Jahr 1926 wissenschaftlich beschrieben und

abgebildet. Es ist nicht bekannt, wie der Fund nach Bonn gelangte. In Holzmaden geborgen und präpariert wurde er mit Sicherheit von Dr. h.c. Bernhard Hauff (1866-1950), der als Erster erkannte, dass dort manche Funde auch Hauterhaltung zeigen.

Martin Sander

Fischsaurierfossil,
125 cm lang,
STIPB-R-458

Bild: Georg Oleschinski

1927

Neurodermitis der Hohlhand

Das Objekt zeigt ein Krankheitsbild, das heute zu den häufigsten chronischen Hautkrankheiten in Deutschland zählt. Zu Beginn des 20. Jahrhunderts war die Neurodermitis eine eher seltene Erkrankung. Daher gibt es nur wenige Moulagen, die dieses Krankheitsbild so detailliert zeigen. Diese Moulage trägt Nr. 156 in jenem Moulagenverzeichnis, das zum sechsten Kongress der Deutschen Dermatologischen Gesellschaft 1927 in Bonn entstand.

Darin erfährt der Leser, dass die Patientin, ein 35-jähriges Fräulein, seit mehreren Jahren von einem heftigen Juckreiz geplagt wurde und weitere Hautveränderungen aufwies. Der Begriff der Neurodermitis entstand aus den Wörtern »Neuron« für Nerv und »Dermatitis« für Hautentzündung, weil man davon ausging, dass die juckende Haut mit entzündeten Nerven zusammenhänge. In den 1930er Jahren wurde die Verknüpfung des Krankheitsbildes mit dem Auftreten von Allergien in Zusammenhang gebracht. Der Begriff »atopisches Ekzem« entstand als neuer, auch heute noch wissenschaftlich verwendeter Fachbegriff. Im allgemeinen Sprachgebrauch blieb die Bezeichnung »Neurodermitis« erhalten.

Auf der Rückseite der Moulage steht, dass die 35-jährige eine Privatpatientin des damaligen Lehrstuhlinhabers und Gründers der Moulagensammlung, Professor Erich Hoffmann, war. Hoffmann legte großen Wert darauf, die Sammlung ständig um wichtige Krankheitsbilder zu erweitern. Rund ein Drittel der Objekte wurden von der Mouleurin Auguste Kaltschmidt hergestellt. Die Hand ist aus Wachs in mehreren Schichten geformt. Schuppen aus Wachs sind sehr gut erkennbar und minutiös gefertigt, sodass ein trockenes Erscheinungsbild deutlich wird. Auch die Hautfarbe wirkt sehr real. Das Objekt wurde 1913 für die Lehre hergestellt und ist heute eine von rund 1000 Moulagen der Sammlung.

Béatrice Bieber

Wachsobjekt auf Holzträger mit Leineneinfassung, 27,9 x 14 cm

Hergestellt von Auguste Kaltschmidt am 24.11.1913, Inv.-Nr. 156

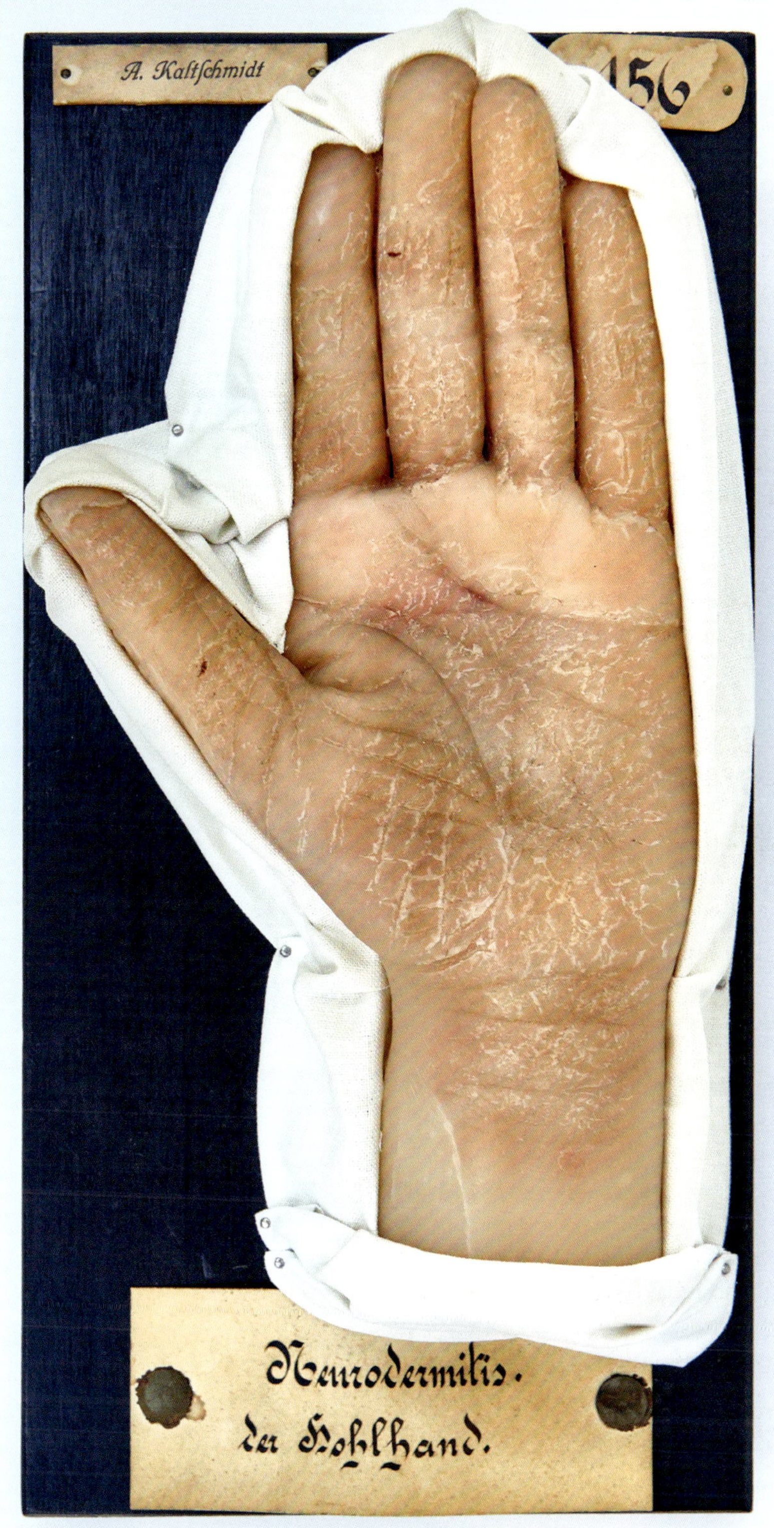
A. Kaltschmidt
456
Neurodermitis.
der Hohlhand.

Hautreizung nach 4711-Gebrauch

Das Objekt zeigt das Dekolleté einer Frau. Es ist bräunlich verfärbt ist und wirkt so, als ob darin eine Flüssigkeit verlaufen sei. Das Diagnoseschild klärt das Rätsel auf: Die Dame hatte sich das Parfum »4711 – Eau de Cologne« aufgetragen. Die Hautreizung ist aller Wahrscheinlichkeit nach als sogenannte phototoxische Lichtdermatose zu bezeichnen. Es gibt Stoffe, die zu einer erhöhten Lichtempfindlichkeit der Haut beitragen, wenn sie von außen oder über die Blutbahn an oder auf die Haut gelangen. Kölnisch Wasser enthält Bergamottöl, was als photosensibilisierende Substanz bekannt ist.

Die Bonner Moulagensammlung gibt einen Einblick in das typische Patientengut in Bonn zu Beginn des 20. Jahrhunderts; Kölnisch Wasser zählte auch in Bonn zum Alltag. Im Vergleich zu anderen Moulagensammlungen hat dieses Bonner Objekt »mit Lokalkolorit« Seltenheitswert. Außerdem gehört es zu den wenigen Bonner Moulagen, die auf der Rückseite der Moulage ein Schwarz-Weiß-Foto des abgeformten Patienten zeigen; solche Fotografien sind Raritäten. Hier ist obendrein neben der Moulage selbst auch der Kopf der Patientin zu sehen.

Zur Herstellung der Moulagen wurde eine Gipsschicht auf die Hautstelle aufgebracht, die man abformen wollte. Gips hat den Vorteil, auch die kleinsten Hautstrukturen abzuformen. In dieses »Gipsnegativ« wurde Wachs eingegossen. Das damit entstehende »Wachs-Positiv« wurde bemalt und weiterbearbeitet. Der Entstehungszeitraum des Objektes kann auf die Zeit zwischen 1928 und 1944 datiert werden, da auf dem Objekt selbst keine weitere Notiz zu finden ist. Im 1927 entstandenen Verzeichnis ist sie allerdings noch nicht aufgeführt, was eine Herstellung davor ausschließt.

Béatrice Bieber

Wachsobjekt auf Holzträger mit Leineneinfassung, 19 x 13,5 cm

Hergestellt von Hermann Hessling, Inv.-Nr. 847

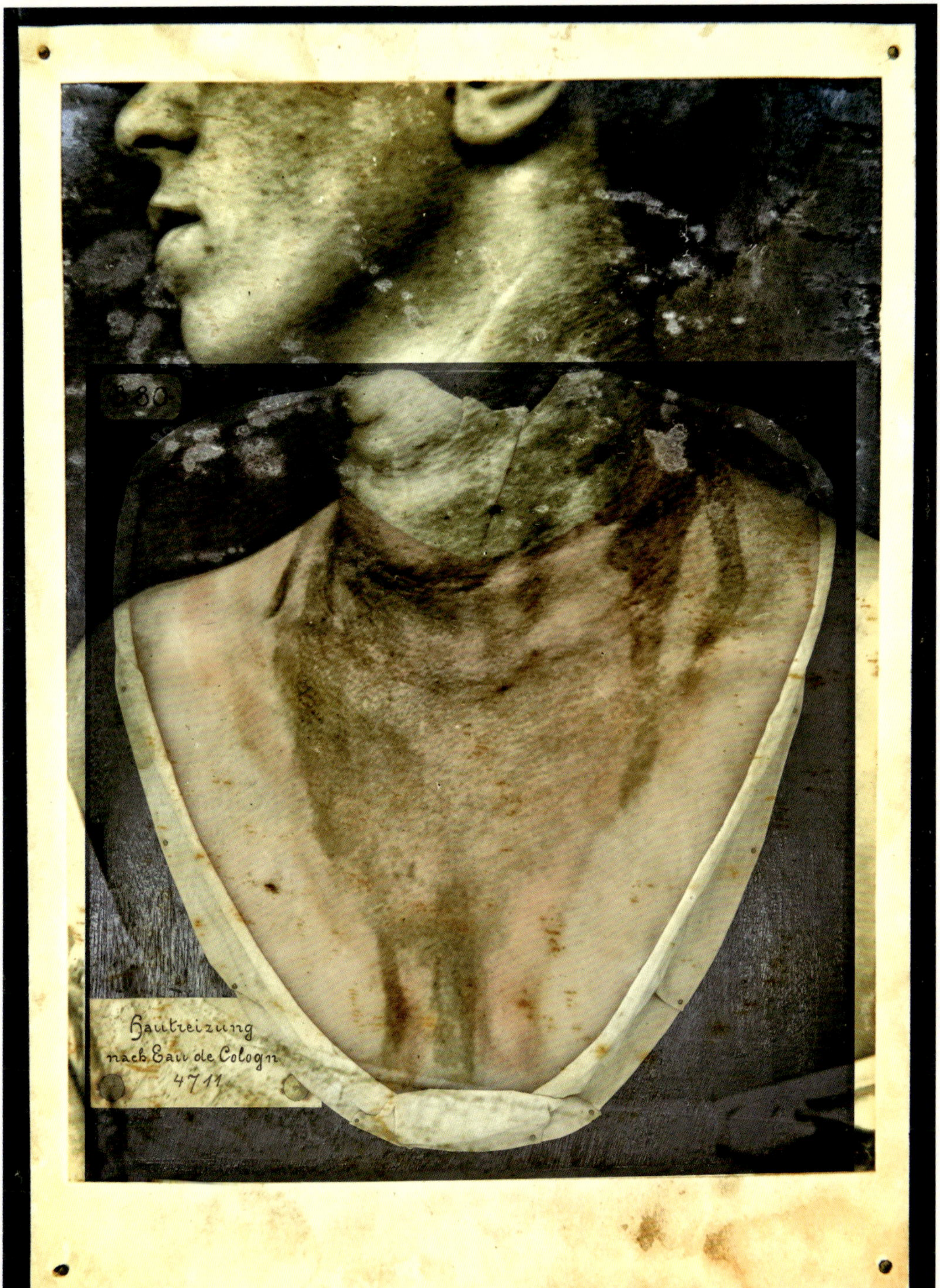
Hautreizung
nach Eau de Cologn
4711

OP-Saal aus Harzgerode

Als gleichberechtigten Partner in der medizinischen Heilkunde präsentiert Prof. Dr. Horst Stöckel seine Disziplin, die Anästhesie, mit diesem Ensemble eines Operationssaals im Horst-Stöckel-Museum für die Geschichte der Anästhesiologie. Gleich mehrere Objekte aus verschiedenen Disziplinen hat Stöckel hier für diesen Nachbau des Operationssaals aus der Zeit zwischen den Weltkriegen versammelt. In der Gesamtschau zeigen sie als Ensemble, wie im besten Fall ein Operationssaal in dieser Zeit ausgestattet war; alle Disziplinen waren noch in einem einzigen Raum gemeinsam tätig, einschließlich der Anästhesie.

Die Geräte stammen original aus den Jahren 1929-1932, vor allem aus der Kinderklinik der Lungenheilanstalt Harzgerode, errichtet von Godehard Schwethelm, inspiriert von der Bauhaus-Idee, die nur wenige Kilometer in Dessau ihr damaliges Zentrum hatte. Die Harzgeroder Geräte konnten dank der Vermittlung durch Dr. Jürgen Braune im Jahr 1990 für das Horst-Stöckel-Museum erworben werden.

Das Ensemble umfasst auch ein Infusionsgerät mit Flüssigkeitsbehälter, dessen Durchlaufgeschwindigkeit gesteuert werden konnte, einen Irrigator. Auch die ersten Tropfenzählkugeln, die überhaupt hergestellt wurden, zählen zum Infusionsgerät, mit dem die Dosierung einer Medikamentengabe verbessert wurde. Das Narkosegerät für Überdruck-Spontanatmung aus dem Jahr 1910 ist eine Schenkung des tschechischen Arztes Csaba Nemesz. Davor steht ein Notfallset mit Medikamenten und Spritzen.

Der OP-Saal, dessen Standard bis in die 50er-Jahre nahezu unverändert galt, schließt den Rundgang durch das Museum für die Geschichte der Anästhesiologie ab. Das Museum wird von Medizinern und Medizinhistorikern aus allen Kontinenten besucht. Weltweit befassen sich zwei weitere Museen mit der Geschichte der Heilkunst von der Schmerzfreiheit.

Klaus Herkenrath

An der letzten Station im Rundgang durch das Horst-Stöckel-Museum wird die Verbindung von Heilkunst und Schmerzfreiheit erneut deutlich

Warazan

Seit Urzeiten versuchten Menschen zu zählen und Zahlen zu speichern. Erste belegte Hilfsmittel waren vor mehr als 20.000 Jahren Tierknochen mit Kerbenanordnungen, ähnlich den Strichen zum Zählen, die wir beispielsweise auf einem Bierdeckel verwenden. Vor ca. 5000 Jahren verwendete man »Calculi«. Dies waren Zählsteine, mit denen sich der Mensch Mengen merken konnte. Je komplexer die Lebensgemeinschaften wurden, je mehr Besitz die Menschen anhäuften, je mehr gehandelt wurde, desto durchdachter mussten diese Zahlenspeicher gestaltet werden.

Durch Bündelung und die langsame Entdeckung von Zahlensystemen konnten noch vor Beginn der Verwendung von Schriftsprache relativ vielseitige Zahlenspeicher entwickelt werden. Stellte die Verwendung von »Calculi« oder Tontafeln mit entsprechenden Einkerbungen den Nutzer noch vor größere Transportprobleme, so konnten diese durch ein einfaches Hilfsmittel reduziert werden: Wolle oder Stroh.

Die Inkas, die im heutigen Peru ein riesiges Reich zu verwalten hatten, kamen auf die Idee, aus Wollfäden simple, aber funktionale Zahlenspeicher zu knüpfen, die einfach von den Beamten, die weite Strecken zu Fuß zurücklegen mussten, getragen werden konnten. Von einem dickeren Hauptstrang aus Wolle gehen bei diesen sogenannten Quipu zahlreiche Schnüre ab, die durch definierte Knoten jeweils einen Zahlenwert im Zehnersystem speichern konnten. Durch unterschiedliche Färbungen der Wollfäden und das Anknüpfen von Zusatzfäden wurden komplexe Werte sehr präzise gespeichert.

Eine ähnliche Methode fand sich noch bis ins 20. Jahrhundert bei der Bevölkerung der Ryūkyū-Inseln, die zum heutigen Japan gehören. Auf diesen Inseln haben die Menschen, die weder lesen noch schreiben konnten, eine sehr alte Technik der Zahlenspeicherung bewahrt. Aus Strohhalmen flochten sie Warazan. Diese speichern ähnlich den Quipu der Inka Zahlen im Zehnersystem. Allerdings ist jede Stelle anders durch Knoten, Zwirbeln von Strohhalmen oder die Kombination von beidem kodiert. Diese Stroh-Warazan konnten als Lohnabrechnung, aber auch als Steuerbeleg dienen. Da das Material leicht verwittert, sind heute nur noch ganz wenige Exemplare erhalten. Außer im Arithmeum sind Warazan heute nur noch im Präfekturmuseum von Okinawa zu bewundern.

Ina Prinz

Stroh-Datenspeicher,
Ryūkyū-Inseln, Okinawa

Höhe 3 cm, Breite 35 cm,
Tiefe 20 cm, 110 g,
Inv.-Nr. FDM 6588

Hamann Selecta

Im Jahr 1931 wurde die Rechenmaschine »Hamann Selecta« patentiert. Ein Jahr später ging sie in Serie und galt in den 1930er Jahren als komfortabelste Rechenmaschine weltweit. Ihr Erfinder, Christel Bernhard Julius Hamann (1870-1948), war ein herausragender deutscher Rechenmaschinenkonstrukteur. Neben mathematischen Instrumenten und Vermessungsinstrumenten entwickelte er 1909 eine vollfunktionsfähige Differenzenmaschine, die nur in wenigen Exemplaren gefertigt wurde.

Die ersten Rechenmaschinen Hamanns, die Modelle Gauß und Berolina, waren ebenso innovativ wie formschön. Hamann konstruierte mit seinem neuartigen Proportionalhebelmechanismus die Rechenmaschine Mercedes Euklid. Für die Firma Deutsche Telephonwerke und Kabelindustrie (DeTeWe) entwickelte er die Schaltklinke als mechanischen Zahlenspeicher zur Serienreife. Ab 1925 konnte damit die Rechenmaschinenreihe Hamann Manus produziert werden. Alle seine Rechenmaschinenmodelle sind in der Sammlung des Arithmeums vertreten und werden in Bachelorarbeiten im Rahmen der Vorlesungsreihe »Geschichte des maschinellen Rechnens« beschrieben und ihre Funktion in 3-D animiert.

Mit der Selecta schuf Hamann die Spitzenmaschine der 1930er Jahre unter den Vierspeziesrechenmaschinen. Am linken Abschnitt der Volltastatur kann der mehrstellige Multiplikator eingetippt werden, am rechten der ebenfalls mehrstellige Multiplikand. Die Produktbildung erfolgt dann durch einen einzigen weiteren Tastendruck vollkommen automatisch und motorisiert. Dabei wird mechanisch zur größeren Zeitersparnis das verkürzte Verfahren verwendet. So wird bei der Multiplikation 999 × 125 mechanisch 1000 × 125 minus 1 × 125 gerechnet. Dieses Modell SP hat ein zusätzliches Speicherwerk mit eigenem Zehnerübertrag. Es kann zum Beispiel für das Aufsummieren von Produkten dienen.

Mit circa 5000 gebauten Exemplaren gereicht die Hamann Selecta ihrem Erfinder auch heute noch zur Ehre. Mit den ersten elektronischen Tischrechnern wurden die mechanischen Rechenmaschinen verdrängt.

Ina Prinz

Hamann Selecta SP,
Vierspezies Vollautomat

Metall, Kunststoff,
Höhe 24,5 cm, Breite 37,8 cm,
Tiefe 41,9 cm, Inv.-Nr. FDM 9310

1932

Tongefäß aus Tiwanaku

In der indigenen Sprache Aymara heißt dieses abgebildete Gefäß »Ch'allador« oder Ausgießer. Es wurde zum rituellen Begießen der Erde mit einem aus Mais hergestellten alkoholischen Getränk benutzt. Die trichterförmige Gestalt des Gefäßes stellte eine Neuerung dar, die sich dann über den Handel verbreitete. Typisch für die Tiwanaku-Keramik sind die Farben Rot, Weiß und Schwarz und der Ring aus schwarzem Ton, der um die Mitte des Objekts gelegt ist.

Diese Keramik wurde von Professor Hermann Trimborn im Jahr 1956 bei einer Ausgrabung in Tiwanaku entdeckt. Dort war 1932 von Wendell C. Bennett der Pachamama-Monolith gefunden worden, worauf viele Jahre intensiver archäologischer Untersuchungen begannen, auch durch Bonner Archäologen. Der Einfluss der in Tiwanaku entdeckten, indigenen Kultur dauerte im Andengebiet bis zur Entstehung der modernen Staaten an.

Das hier abgebildete Objekt, der »Ch'allador«, hat einen langen Weg von den bolivianischen Anden bis in die Bonner Sammlungsräumlichkeiten hinter sich. So wurde er im Januar 1975 bei einem Kellereinbruch in die alten Sammlungsräumlichkeiten der Bonner Altamerika-Sammlung (BASA) der Universität Bonn gestohlen. Dank der Ermittlung der Kriminalpolizei gelangte das Gefäß im Jahr 1977 zurück in die Sammlung.

Wenn Objekte in eine Sammlung aufgenommen werden, dann endet dort also nicht zwangsläufig die Biografie eines Objektes, manchmal beginnen dann erst die aufregendsten Kapitel, hier glücklicherweise mit gutem Ausgang.

Cristel Villarroel Irala

Trichterförmiges Tongefäß,
Tiwanaku, Bolivien,
hier im BASA-Baukausten

Ton, rötlich, Höhe 12,8 cm,
Durchmesser Boden 3,3 cm,
Durchmesser Öffnung 9,5 cm

Wisent-Elch-Diorama

1933 setzte der Berliner Kunstmaler Victor Stoetzner-Lund (1883-1947) seine Signatur in die linke untere Ecke des Wisent-Elch-Dioramas. Mit Pinsel und Farbe hatte er in einem fast expressionistischen Stil ein Birkenmoor und einen knorrigen Eichenwald auf den riesigen gewölbten Hintergrund gemalt. Die Landschaften gingen unmerklich in den realen Vordergrund mit realen Eichenbäumen, Birken, Grasbulten und großen Säugetieren über. Damit fand eine Arbeit ihr Ende, die bereits 1912 mit der Planung durch Alexander Koenig (1858-1940) begonnen hatte und an der dann viele Präparatoren, Handwerker und eben auch Stoetzner-Lund als Hintergrundmaler teilgenommen hatten. Das Ergebnis war so überzeugend, dass das Museum Koenig bald als Hochburg der Dioramenkunst gerühmt wurde. Das Wisent-Elch-Diorama war Teil eines Ensembles aus elf Groß-Dioramen, von denen heute noch neun erhalten sind. Dazu kamen viele kleine biologische Vogelgruppen, die als Bengt-Berg-Dioramen bekannt wurden.

Das Wisent-Elch-Diorama thematisiert urwaldartige Lebensräume und Tiere, die heute kaum noch in Deutschland vorkommen. Wisente lebten damals nur noch in Ostpolen und Elche in Ostpreußen. Zur Geschichte des Dioramas zählt auch, dass während der NS-Zeit der damalige Reichsjägermeister, Hermann Göring (1893-1946), bei einem Besuch in Bonn am 15. Mai 1935 Gefallen an den Ausstellungen des Museums Alexander Koenig fand und einen Elchbullen für das Diorama stiftete. Die Ausstellung gefiel ihm so gut, dass er Pläne entwickelte, das Museum Koenig in sein gigantisches Reichsjagdmuseum in Berlin zu überführen, das dort errichtet werden sollte. Dazu ist es bekanntlich nicht gekommen.

Rainer Hutterer

Diorama im Erdgeschoss des
Museums Alexander Koenig,
künstliche Aufbauten, konservierte Pflanzen
und Bäume, 2 Wisent- und 3 Elch-Dermo-
plastiken, Hintergrundmalerei

Ca. 81 m^2, Deckenhöhe 5 m,
Frontscheibe 5,1 x 2,3 m

Montage des Schattens eines Jägers vor das
Diorama

Ehrenurkunde für Alexander Koenig

Das Jahr 1934 war für Alexander Koenig (1858-1940) vielleicht der Höhepunkt seines Lebens. Am 13. Mai 1934 wurde endlich sein »Zoologisches Forschungsinstitut und Museum Alexander Koenig, Reichsmuseum« der Öffentlichkeit übergeben. Der Rohbau an der Koblenzer Straße 160, der heutigen Adenauerallee, war schon 1914 fertiggestellt, aber sofort nach Ausbruch des Ersten Weltkrieges beschlagnahmt und erst 1926 wieder freigegeben worden. In den 12 Jahren der Beschlagnahme hatte das Gebäude als Lazarett und Kaserne gedient und war entsprechend heruntergekommen. Die Geldentwertung nach Ende des Krieges hatte einen Großteil der Bankguthaben Koenigs vernichtet. Aus eigenen Kräften konnte er den Ausbau des Gebäudes nicht mehr leisten. Er bot daher 1928 dem Preußischen Staat seinen Grundbesitz, Gebäude und Sammlungen unter der Bedingung an, dass das Museum fertiggestellt werde und als Forschungsinstitut erhalten bliebe. Nach langwierigen Verhandlungen kam es so.

Anlässlich der Eröffnung wurde Koenig mit Ehrungen überhäuft. Die Stadt Bonn verlieh ihm das Ehrenbürgerrecht. Dazu sagt der Urkundentext: »Sie [die Stadt] will hierdurch dem Gelehrten und Forscher, der seine unvergleichliche Lebensarbeit dem deutschen Volke schenkte, aufrichtigen Dank sagen und der Freude darüber Ausdruck geben, dass durch diesen Kulturbesitz der Name Koenig für immer mit der Stadt Bonn verbunden bleiben wird.« Unterzeichnet wurde die Urkunde von Oberbürgermeister Ludwig Rickert (1897-1963), der nur wenige Jahre später eine politische Intrige gegen das Museum plante, weil Alexander Koenig keine NS-Propaganda im Museum duldete und deshalb einem seiner Präparatoren kündigte. Koenig starb 1940. Sein »Zoologisches Forschungsmuseum Alexander Koenig« ist ein lebendiger und nicht hinwegzudenkender Teil der Stadt Bonn, der Bildung der Bevölkerung und der Forschung weltweit.

Rainer Hutterer

Kalligrafie auf Pergament, dreifarbig, gebunden, 13. Mai 1934, ca. 32 x 23 cm

Am Tage der feierlichen Einweihung des zoologischen Forschungsinstituts und Museums Alexander Koenig, verleiht die
STADT BONN
Herrn Geheimen Regierungsrat Professor Dr. phil. et. Dr. med. h. c.
ALEXANDER KOENIG
dem Schöpfer dieses großen Werkes
das
EHREN BÜRGER RECHT
Sie will hierdurch dem Gelehrten und Forscher, der seine unvergleichliche Lebensarbeit dem deutschen Volke schenkte, aufrichtigen Dank sagen und der Freude darüber Ausdruck geben, daß durch diesen Kulturbesitz der Name Koenig für immer mit der Stadt Bonn verbunden bleiben wird.
BONN, den 13. MAI
1934
Der Oberbürgermeister

Enigma

Neben über 10.000 Rechenmaschinen beherbergt das Arithmeum auch eine kleine Sammlung historischer Kryptografiegeräte. Die Geschichte der Mechanisierung des Chiffrierens wirft immer wieder neue Komplexitätsfragen auf, die der Aufwand zum Entdecken und Knacken des Codes spiegelt. Ein besonderes Highlight dieser kleinen Sammlung, die auch in der ständigen Ausstellung gezeigt wird, ist die Enigma. Stets erneut in der Literatur und in Filmen als geheimnisumwobenes und extrem seltenes Objekt präsentiert, erzielte diese in etwa 100.000 Exemplaren produzierte Chiffriermaschine in Auktionen bis zu 100.000 Euro pro Stück.

Das Verschlüsseln vertraulicher Nachrichten durch Vertauschen von Zeichen oder Zeichengruppen wurde schon vor 3000 Jahren im Vorderen Orient praktiziert. Da die schriftlichen Codiertabellen ein hohes Sicherheitsrisiko darstellten, versuchte man schon früh, den Vorgang des Chiffrierens zu mechanisieren. Sehr anschauliche Beispiele hierfür sind der Wheatstone Cryptograph, der 1867 erstmals auf der Pariser Weltausstellung gezeigt wurde, oder auch die ästhetisch ansprechende Kryha aus den 1920er Jahren mit einem festen periodischen Schlüssel. Beide Objekte sind ebenfalls in der Ausstellung des Arithmeums zu sehen.

Zu Beginn des 20. Jahrhunderts kamen die ersten elektrisch betriebenen Chiffriermaschinen auf. Sie basierten auf dem Rotorprinzip und machten das Chiffrieren und Dechiffrieren sehr viel schneller und sicherer. Einer der Erfinder des Rotorprinzips, Arthur Scherbius aus Berlin, entwickelte 1918 die lange für »unknackbar« gehaltene Chiffriermaschine Enigma. Sie wurde ab 1923 von der Berliner Chiffriermaschinen Aktiengesellschaft und ab 1934 von der Firma Heimsoeth und Rinke hergestellt.

Herzstück der Enigma ist die Rotor-Codiereinheit. Sie besteht aus einem Kopfstück und drei beweglichen, untereinander austauschbaren Walzen. Diese sind auf einer gemeinsamen Achse gelagert und über je 26 Kontaktflächen miteinander verbunden. Bei jedem Tastendruck zur Chiffrierung eines Buchstabens wird die rechte Walze um eins weitergedreht und durch einen Übertrag nach einer vollständigen Umdrehung werden auch die übrigen Walzen periodisch transportiert. So ändert sich die Permutation während der Chiffrierung laufend. Das Dechiffrieren war mit einer baugleichen Enigma möglich, wenn der Tagescode bekannt war.

Ina Prinz

Chiffriermaschine,
elektrisch, 3 Kodierwalzen,
Einsatz bei der Marine

Höhe 13 cm, Breite 25,6 cm,
Tiefe 31,5 cm, 8,5 kg,
Inv.-Nr. FDM 9390

Totenmaske des Gorillas Bobby

Bobby war ein männlicher Westlicher Gorilla *(Gorilla gorilla)*, der am 30. März 1928 im Alter von zwei Jahren in den Zoologischen Garten Berlin kam. Der Tierschriftsteller Paul Eipper (1891-1964) hatte das Jungtier in Marseille von einem Händler erworben und mit der Eisenbahn nach Berlin gebracht. Bobby entwickelte sich bald zu einem stattlichen Gorilla-Mann und wurde der Liebling der Berliner Zoobesucher. Am 1. August 1935 starb er an einer Blinddarmentzündung. Sein Gewicht betrug 262 kg. Bobby war bei den Berlinern so beliebt, dass nach seinem Tod eine Granitstatue in Auftrag gegeben wurde, die heute noch auf dem Gelände des Zoo Berlin zu sehen ist. Die Präparatoren Karl Kaestner (1895-1983) und Gerhard Schröder (1896-1945) vom Berliner Museum für Naturkunde fertigten eine Dermoplastik an, für die sie eine neue Konservierungstechnik für wenig behaarte Hautpartien entwickelten, die Teilparaffinierung. Das fertige Präparat ist heute noch in der Ausstellung des Berliner Museums zu sehen.

Um die Details des Gesichtes für die Dermoplastik nachmodellieren zu können, wurde von Bobby eine Totenmaske abgenommen. Abgüsse der Maske gingen als beliebte Ausstellungsobjekte an viele Museen der Welt. Der vorliegende Abguss war zunächst im Besitz des Berliner Handschuhfabrikanten Julius Riemer (1880-1958), der sie Alexander Koenig (1858-1940) im Jahr 1936 schenkte. Heute hängt Bobbys Totenmaske im Präparationsatelier des Museums Alexander Koenig.

Rainer Hutterer

Abguss aus Gips
und Draht, bemalt

Höhe 44 cm, Breite 28 cm,
erworben 1936

Geländemodell des Nanga Parbat

Die deutschen Nanga-Parbat-Expeditionen in den Jahren 1934 und 1937 fanden beide vorzeitig ein tragisches Ende. Jeweils mehrere der deutschen und österreichischen Bergsteiger und ihrer einheimischen Begleiter kamen zu Tode und das bergsteigerische Ziel der Erstbesteigung wurde nicht erreicht. Öffentlichkeitswirksam wurden die Expeditionen seinerzeit von der NS-Propaganda instrumentalisiert und der Nanga Parbat pathetisch zum »Schicksalsberg der Deutschen« stilisiert. Sehr erfolgreich waren allerdings die begleitenden wissenschaftlichen Arbeiten. So gelang dem Kartografen Richard Finsterwalder 1934 mit Verfahren der terrestrischen Fotogrammetrie die Erstellung einer topografischen Karte im Maßstab 1:50.000, die noch heute als Meilenstein der Hochgebirgskartografie angesehen wird. Als Teilnehmer der Expedition 1937 führte Carl Troll am Nanga Parbat u.a. umfangreiche Vegetationskartierungen durch, welche zusammen mit der topografischen Reliefkarte von Finsterwalder in eine sehr detaillierte Vegetationskarte im Maßstab 1:50.000 Eingang fanden. Zur besseren Visualisierung beauftragte Troll 1952 schließlich Otto Schimpp mit der Erstellung eines maßstabsgetreuen Geländemodells und der farbigen Übertragung der Vegetationskarte. Wie sich aus überlieferter Korrespondenz zwischen Troll bzw. seinem Assistenten Karlheinz Paffen mit Otto Schimpp erschließt, verzögerte sich, sehr zum Ärger von Carl Troll, die Fertigstellung mehrfach, sodass das Modell erst im Dezember 1954 in Bonn eintraf, wo es seitdem als Ausstellungstück zum Bestand der Kartensammlung des Geographischen Instituts gehört. Die Hochgebirgsforschung war Carl Troll, 1938 bis 1966 als Professor für Geografie in Bonn, stets ein besonderes Anliegen. Er pflegte zahlreiche Kontakte und Kooperationen im In- und Ausland und rief 1968 mit der Gründung der Commission on High-Altitude Geography innerhalb der International Geographic Union ein wichtiges Forum der internationalen Hochgebirgsforschung ins Leben.

Dirk Wundram

Koloriertes Gipsgeländemodell des Nanga Parbat, Himalaya, Maßstab 1:50.000
Montage vor Bonner Himmel

Siebtasse und Schnabelkanne

Die archäologischen Entdeckungen Heinrich Schliemanns im späten 19. Jahrhundert sorgten weltweit für Aufsehen. Seine Grabungen in Troja brachten Abertausende Artefakte zutage, von denen schließlich ein Teil seinen Weg nach Bonn fand. Seine Sammlung trojanischer Altertümer übereignete Schliemann auf Veranlassung von Rudolf Virchow 1880 *»dem deutschen Volke zu ewigem Besitze und ungetrennter Aufbewahrung in der Reichshauptstadt als Geschenk«*. Schliemann persönlich konzipierte deren Ausstellung in Berlin. Die Sammlung bekam immer weiteren Zuwachs und da es sich bei den Funden in großer Zahl um gleichförmige Typenspektren handelte, wurden in den Jahren zwischen 1895 und 1900 Doubletten aussortiert und nach längerer Überlegung im Jahre 1902 an 15 Museen und 20 Universitäts- bzw. Akademiesammlungen verteilt. Auf diesem Wege gelangten Hunderte Objekte auch in das Akademische Kunstmuseum der Universität Bonn. Davon wiederum kamen rund 200 Stücke mit der Neugründung des vorgeschichtlichen Institutes an der Universität Bonn im Jahre 1938 in die dortige Lehr- und Studiensammlung. Eine – allerdings nicht vollständige – Rückführung an das Akademische Kunstmuseum erfolgte Anfang 1973, sodass die Bonner Troja-Funde heute auf zwei Sammlungen verteilt sind.

Steinobjekte, wie Idole oder Beile, Metallenes und insbesondere Vasen und Keramikscherben, sind im Troja-Komplex in Bonn vertreten. Die fragmentierte Schnabelkanne und die stark ergänzte Siebtasse stellen dabei typische Gefäßformen aus der anatolischen Bronzezeit (späteres 3. Jt.) dar.

Durch systematische Abgabe von Doubletten aus den damals Königlichen Museen Berlins förderte 1902 das »Ministerium für geistliche, Unterrichts- und Medizinal-Angelegenheiten« zahlreiche andere Museen und Universitäten in Preußen. Ausdrückliches Ziel davon war die Verbreitung neuer wissenschaftlicher Entdeckungen und Forschungen, wie sie beispielsweise die Schliemann-Grabungen anregten.

Ernst Pohl,
Nele Schröder-Griebel

Fragment einer Siebtasse,
Länge 9,5 cm, Durchmesser 10,7 cm,
AKM Inv.-Nr. 2416, SS 2856

Schnabelkanne, Höhe 24,8 cm,
Durchmesser max. 16,5 cm,
VFG Inv.-Nr. IVB 1945/133

Troja (Marmararegion, Türkei),
Montage

Radialtriangulator

Die militärisch bedingte Entwicklung der Luftbildaufnahmetechnik im Ersten Weltkrieg hat der zivilen Anwendung der Fotogrammetrie neue Möglichkeiten eröffnet. Mit streifenweiser Anordnung überlappender Bildreihen konnte man größere Gebiete abdecken und kartieren. Luftbilder, die über bekannte Geländepunkte entzerrt wurden, konnten nahtlos aneinandergefügt werden und dienten auch als schnell verfügbarer Kartenersatz. Voraussetzung war, dass für jedes Bild eine ausreichende Anzahl eingemessener Geländepunkte vorhanden war. Die klassische Methode der Landesvermessung zur Bestimmung von Punkten war die Triangulation (Dreiecksmessung) mit Theodolit.

Bei exakten Senkrechtaufnahmen eines ebenen Geländes lassen sich in der Mitte des Bildes dieselben Richtungen messen wie mit einem Theodolit auf dem Geländepunkt, der lotrecht unter dem Kamerastandpunkt liegt. Ein Radialtriangulator ist demnach ein Gerät, in dem die Aufnahmevorrichtung für ein Bild um die Bildmitte drehbar ist und die radiale Richtung zu einem Bildpunkt an einem Teilkreis abgelesen werden kann. Die Bildpunkte werden über ein optisches Betrachtungssystem eingestellt. Wesentliches Merkmal des gezeigten Geräts ist die gleichzeitige Beobachtung in zwei Bildern. Durch den 3-D-Effekt bei der stereoskopischen Betrachtung ergibt sich eine eindeutige Identifizierung derselben Objektpunkte in beiden Bildern. Damit werden die Arbeiten beschleunigt und präzisere Messungen möglich.

Luftaufnahmen sind nie exakt senkrecht und das Gelände ist selten eben. Demnach ist die Radialtriangulation nur eine Näherungslösung, da die dritte Dimension vernachlässigt wird. In Deutschland hatte die Radialtriangulation keine besondere Bedeutung, da man auf präzise 3-D-Stereoauswertungen kleinerer Gebiete fokussiert war. Es gab auch kein derartiges Gerät aus deutscher Produktion. Diese Situation änderte sich Ende der 30er Jahre, nachdem die internationale Zusammenarbeit der Geräteproduzenten und Anwender restriktiver wurde und militärische Interessen vorherrschten. Die Jenaer Zeiss-Aerotopograph entwickelte das vorgestellte Gerät, das 1940 in Serie ging. Der abgebildete Radialtriangulator von 1939 ist offensichtlich ein Prototyp, der für notwendige Erprobungen an die Universität Bonn geliefert wurde. Heute arbeitet man anders. Im Hintergrund der Abbildung ist ein Kopter zu sehen, der die Erfassung von 3-D-Objektgeometrien mit mehreren Kameras, vollautomatisch und in Echtzeit ermöglicht. Die Kalibrierung des Multikamerasystems erfolgt vollautomatisch über die Bildrichtungen zu den Punkten an den Wänden.

Heiko Ellenbeck

Radialtriangulator No. 66000,
(Zeiss-Aerotopograph, Jena)
mit Doppelmikroskop,
110 x 60 x 51 cm

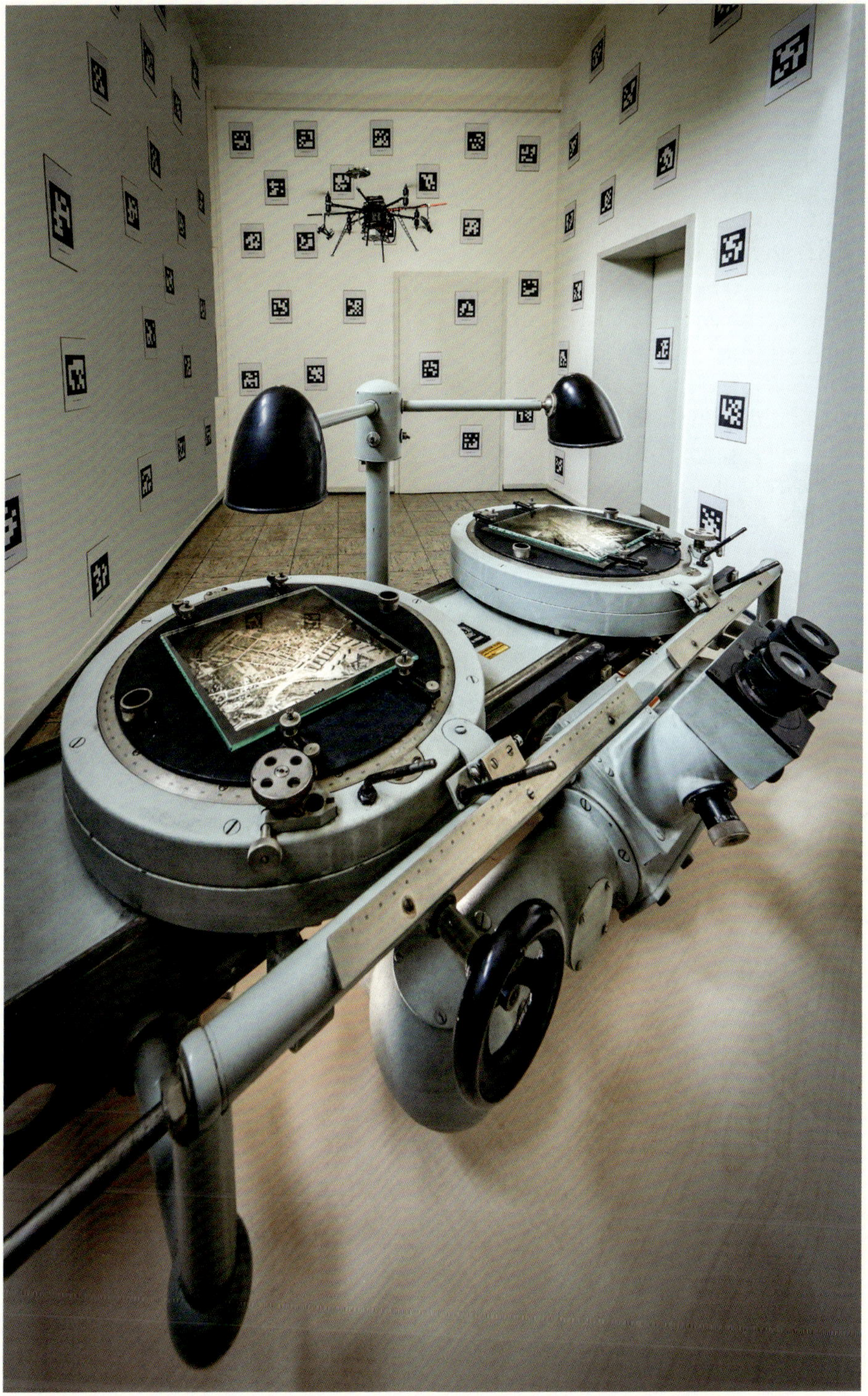

Titanenwurz

Die Titanenwurz *(Amorphophallus titanum)* ist für die Botanischen Gärten der Universität Bonn so wichtig, dass sie das Logo der Gärten ziert. Bei dieser ungewöhnlichen Art ist alles groß wie bei Titanen: Sie hat eine Knolle, die bis zu 117 Kilogramm wiegen kann. Ihr Blatt kann bis fünf Meter hoch werden und die Blattspreite misst über fünf Meter im Durchmesser. Der Blütenstand kann über drei Meter groß werden. Für die Bonner Bürger ist die Pflanze schlechthin das Aushängeschild »ihrer« Botanischen Gärten: Zu einem drei Tage währenden Blühereignis kamen schon über 15.000 Besucher und mussten zwei Stunden anstehen.

Die Titanenwurz stammt aus Sumatra, Indonesien. Professor Max Koernicke, Leiter des damals noch eigenständigen Ökonomisch-Botanischen Gartens, reiste oft in tropische Gefilde und sammelte dort wissenschaftliche Objekte als Anschauungsmaterial für seine Vorlesungen. Von einer Reise durch den »Malayischen Archipel«, die er 1933/34 durchführte, brachte er von West-Sumatra auch zwei Titanenwurz-Knollen mit. Diese schenkte Koernicke den Botanischen Gärten. Eine der Knollen war beschädigt und starb, die andere brachte ein Blatt hervor, das im September 1935 voll ausgebildet war und im Juli 1936 zu welken begann. Nach kurzer Ruhe entwickelte sich eine neue Knospe, die zu einem Blütenstand auswuchs. Am 21. April 1937 begann dieser sich zu öffnen. Es war das dritte Blühereignis der Titanenwurz in Deutschland überhaupt und damals eine große Sensation. Die Pflanze überlebte das Blühen, was bis vor Kurzem keine Selbstverständlichkeit war. Meistens gingen die Knollen an einem Befall mit Fadenwürmern (Nematoden) zugrunde. Diese jedenfalls hat überlebt, denn 1940 blühte wiederum eine Titanenwurz in den Botanischen Gärten der Universität Bonn und es ist mehr als unwahrscheinlich, dass um diese Zeit eine weitere Pflanze importiert werden konnte.

Wolfram Lobin

Amorphophallus titanum, Sumatra, Indonesien

Erste Blüte 1936, erste erneute Blüte 1940

ukiyo-e – Bilder der fließenden Welt

Als *ukiyo-e* bezeichnet man traditionelle japanische Holzschnitte, die während der Edo-Zeit (1603-1858) sehr beliebt waren. *ukiyo-e* bedeutet übersetzt so viel wie »Bilder der fließenden Welt«. Es handelt sich um Genrebilder, die hauptsächlich Motive und Szenen aus dem japanischen Alltagsleben des 17. bis 19. Jahrhunderts zeigen und die Zerstreuungen der wohlhabend gewordenen Bürgerschicht darstellen, die gleichzeitig die Hauptabnehmer dieser Kunstgattung waren. Diese Bilder standen in starkem Kontrast zu traditionellen japanischen Malschulen wie den Kanō- oder Tosa-Schulen, die sich auf eine reservierte und zurückhaltende Ästhetik beriefen.

In der Abteilung für Asiatische und Islamische Kunstgeschichte befinden sich fünf gerahmte Stofftücher mit *ukiyo-e*-Aufdruck, die ein Teil der von Ingrid Gahl-Schoeller im Jahre 2013 geschenkten Sammlung sind. Sie zeigen Szenen aus dem Kabuki-Stück »*Chūshingura*« (»Die Schatzkammer der loyalen Gefolgsleute«), das auf der berühmten Geschichte der 47 Ronin basiert. In dieser Geschichte, die sich im 18. Jahrhundert in Tōkyō ereignete, rächten 47 herrenlose Samurai, japanisch: *ronin,* den Tod ihres Herren, der durch Intrigen eines Hofmeisters zum rituellen Selbstmord gezwungen wurde. Die Geschichte ist oft verfilmt worden, zuletzt 2013 als Hollywood-Blockbuster »47 Ronin« mit Keanu Reeves.

Die Stofftücher zeigen Szenen aus dem Kabuki-Theaterstück. Ein Bild ist einem *ukiyo-e*-Holzschnitt von Shigenobu, dem adoptierten Sohn und Nachfolger des berühmten *ukiyo-e*-Künstlers Ando Hiroshige (1797-1858) nachempfunden. Gezeigt wird eine Szene aus dem elften Akt, in der die 47 Ronin den Hofmeister nach ihrem nächtlichen Angriff stellen und ihm das Schwert ihres Herren zeigen, mit dem dieser sich das Leben nahm. Neben den gezeigten Charakteren stehen die Namen der Personen geschrieben. Um die Zensur der Militärregierung des Shōgunats zu umgehen, wurden alle Namen in »*Chūshingura*« geändert und die Handlung wurde einige Jahrhunderte in das 14. Jh. vorverlegt.

Markus Schoenenborn

Leinen, gespannt,
18,5 x 25,5 cm,
Datierung unbekannt

千崎弥五郎
早野勘

Siemens-Röntgenkugel

Die 1933 erstmals der Öffentlichkeit präsentierte Röntgenkugel der Firma Siemens war zu dieser Zeit das kleinste Röntgengerät der Welt und in vielen Bereichen der Medizin einsetzbar. Sie zählte zu den sogenannten Drehanodenröhren. Bereits im Vorfeld hatte die vom Bauprinzip ähnliche Pantix-Röhre den Grundstein für die Entwicklung bis zu unseren heutigen Röntgenröhren gelegt. Die Röntgenkugel erreichte wesentlich höhere Belastungs- und Leistungswerte als die zuvor gebauten Geräte. Speziell in der Zeit des 2. Weltkrieges wurde die Siemens Röntgenkugel nicht nur – wie das vorliegende Stück – fest verbaut, sondern ab 1942 in großer Zahl auch als mobiles Gerät an der Front in Lazarettzelten eingesetzt. Von der Markteinführung 1934 bis in die 1970er Jahre wurde die Röhre global etwa 30.000-mal verkauft. In der ölgefüllten Kugel war neben der eigentlichen Röntgenröhre auch der Transformator untergebracht, was als Einkesselbauweise bezeichnet wurde. Die unkomplizierte Nutzung des sich stetig ausweitenden Stromnetzes führte in Verbindung mit der Entwicklung von immer kleineren, transportablen Hochspannungstransformatoren in Ringform zu einer kontinuierlichen Weiterentwicklung und zunehmenden Verbreitung der Geräte. Die in den folgenden Jahrzehnten fortschreitende Evolution der Technologie wurde in Form von kompakteren, sicheren und bedienerfreundlichen Modellen sichtbar, die zudem präzisere Aufnahmen lieferten. Der Zugewinn für die medizinische Diagnostik blieb dementsprechend nicht aus. In den 1950er Jahren wurden für die Zahnmedizin Befestigungsvorrichtungen konzipiert, die den Kopf des Patienten während der noch vergleichsweise langen Belichtungszeiten ruhig halten sollten.

Ernst-Heinrich Helfgen

Intraorales Röntgengerät zur Erstellung von intraoralen Zahnfilmaufnahmen

Leistung 60 kv, 10 mA

Kugel mit Tubus: 33 x 20 x 20 cm

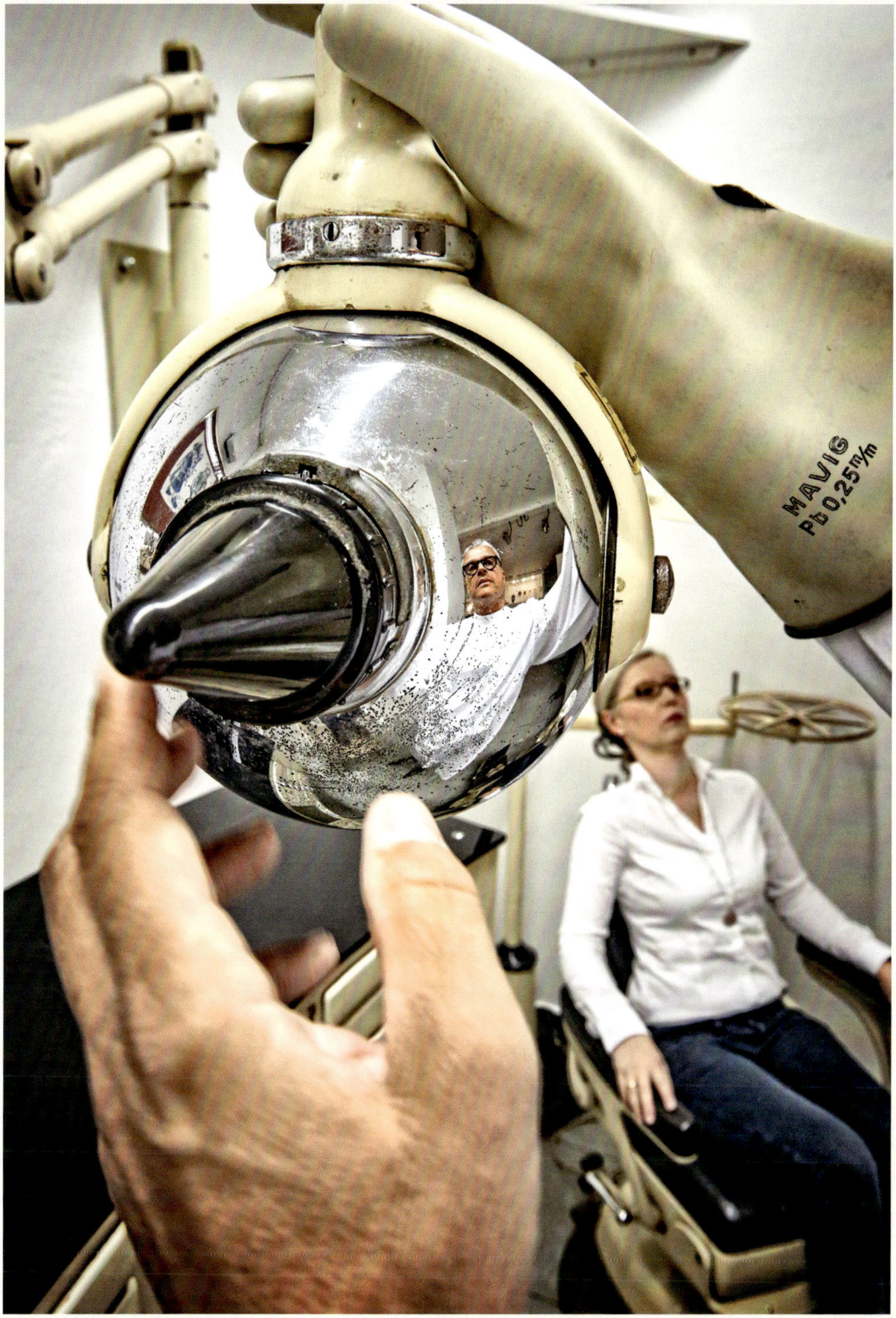
MAVIG
Pb 0,25 m/m

1943

Thermische Klimatypen der Erde

Im Gegensatz zu der weit verbreiteten grafischen Illustration von Klimaten auf der Basis monatlicher Mittelwerte in Form kombinierter Balken- und Liniendiagramme findet in Isoplethendiagrammen lediglich ein Klimaelement Berücksichtigung. Die Darstellung erscheint zunächst ungewöhnlich und abstrakt. Da aber nicht Monatsmittelwerte, sondern auf der Basis stündlicher Daten neben dem Jahresverlauf auch Tagesgänge abgebildet werden, ist die Darstellung wesentlich detaillierter und ermöglicht aufgrund der hohen zeitlichen Auflösung weiterführende Erkenntnisse. Die Wandtafel der Thermoisoplenthendiagramme erlaubt in sehr anschaulicher Weise eine vergleichende Charakterisierung der Tages- und Jahresgänge der Temperatur, in Abhängigkeit zur geografischen Lage bzw. zum Jahresgang der Einstrahlungsverhältnisse. Anhand der eher waagerechten Ausrichtung der Isoplethen, also der Linien gleichen Zahlenwertes (Plethos, griechisch: Fülle, Menge) an Orten tropischer Regionen, wird der tageszeitliche Charakter des Temperaturgangs deutlich. Mit zunehmender Breitenlage tritt hingegen der jahreszeitliche Charakter in den Vordergrund, wie sich anhand der zunehmend senkrechten Ausrichtung der Thermoisosplethen gut erkennen lässt.

Die abgebildeten Diagramme wurden 1943 als Beilage eines Beitrags zu den thermischen Klimatypen der Erde in der Fachzeitschrift Petermanns Geographische Mitteilungen von Carl Troll (1899-1976) publiziert. Als Planoausgabe wurde die Diagrammtafel für Lehrzwecke seinerzeit in den Bestand der Kartensammlung des Geographischen Instituts auf-

genommen. Bereits in der genannten Veröffentlichung erarbeitete Carl Troll die besondere Bedeutung der zeitlichen Dynamik der Klimaelemente und setzte damit einen wichtigen Grundstein für seine weiterführenden klimatischen Forschungen während seiner Zeit als Professor für Geographie am Geographischen Institut der Universität Bonn (1938-1966).

Dirk Wundram

Kartenmagazin der Lehrkarten
im Geographischen Institut
der Universität Bonn

Madonna mit Kind

Durch den Bombenangriff auf Bonn am 18. Oktober 1944 wurden auch die kapitalen Stücke der Italienabteilung wie Michelangelos Moses vernichtet. In den Monaten danach blieben die mehr oder weniger beschädigten Exponate der Witterung ausgesetzt, manche wurden auch privatisiert oder gingen verloren, sodass von über 600 Stücken weniger als die Hälfte überlebten. Sie bilden heute, teilweise restauriert, den Kern des Paul-Clemen-Museums mit Gipsabgüssen nach Skulpturen des Mittelalters und der Neuzeit aus Frankreich, Deutschland und Italien. Diese Sammlung dreidimensionaler Anschauungsstücke in Originalgröße ist von didaktisch hohem Wert und schließt zeitlich an die im Akademischen Kunstmuseum gezeigten Abgüsse antiker Bildhauerkunst an.

Das einst dem Florentiner Bildhauer Andrea del Verrocchio (1435-88) zugeschriebene Madonnenrelief wird heute meist als Werk des Francesco di Simone Ferrucci (1437-93) angesehen. Es vertritt einen beliebten und deswegen für die kunsthistorische Lehre wichtigen Typus des Florentiner Marien-Andachtsbildes des späten 15. Jahrhunderts, bei dem das Christuskind, auf einem Kissen stehend, sich freundlich-ernst dem Betenden zuwendet und dessen Meditation über Menschwerdung und Erlösungsopfer Christi bestimmt. Der Interpretation von Körper, Gewand und Gefühlsausdruck liegt genaue Naturbeobachtung zugrunde, mimetische Vollkommenheit ist das hier bevorzugte künstlerische Ausdrucksmittel.

Zu solcher Vollkommenheit tritt der prekäre Zustand unseres Abgusses in so schmerzlichen Kontrast, dass er seinem didaktischen Zweck kaum mehr genügen kann. Der steinfarben gefasste Gips, der noch sein altes Etikett und seine ursprüngliche Aufhängung aufweist, wurde in der Gipsformerei der Staatlichen Museen zu Berlin hergestellt, die das Relief unter der Nummer 2624 bis heute im Sortiment führt. Deutlich sind die Spuren der herablaufenden brennenden Phosphortropfen, einer lang anhaltenden Einwirkung von Regenwasser, von Ruß und Staub auf der Oberfläche zu erkennen. Die älteren und jüngeren Brüche und mechanischen Schädigungen werden bei der Bergung und mehrfachen Ortswechseln entstanden sein. Vor allem als mahnendes *Memento* an Krieg und Zerstörung steht das Werk in einer Vitrine des Paul-Clemen-Museums im Kunsthistorischen Institut.

Georg Satzinger

Gipsabguss,
Original im Museo
Nazionale del Bargello,
Florenz, Inv.-Nr. 226

Uranwürfel

Während des ausgehenden Zweiten Weltkrieges fand die deutsche Kernforschung in einem Felsenkeller unterhalb des Schlosses der kleinen Stadt Haigerloch in Württemberg statt. Im April 1945 unternahmen in dem ehemaligen Bierkeller deutsche Kernphysiker unter Leitung Werner Heisenbergs letzte Versuche am Haigerloch-Versuchsreaktor. Die wichtigsten Materialien wie Schweres Wasser und Uran sowie die notwendigsten Messinstrumente waren dazu Ende 1944 aus einem Laboratorium in Berlin-Dahlem abgezogen worden. Bestandteil des Kernreaktors waren insgesamt 664 Uranwürfel, von denen einer im Mineralogischen Museum ausgestellt ist.

Das Uran stammte aus Uranerzen. In diesem natürlichen Uran macht das spaltbare Uran 235 nur etwa 0,7 Prozent aus. Für die Nutzung in Kernreaktoren muss der Anteil von Uran 235 auf drei bis fünf Prozent gesteigert werden, für eine Atombombe wäre ein Anreicherungsgrad von mindestens 85 Prozent notwendig. Eine kritische Reaktion, die zu einer selbsterhaltenden Neutronenvermehrung führen sollte, wurde nicht erreicht. Um einen funktionsfähigen Kernreaktor zu entwickeln, standen weder weiteres Schweres Wasser noch Uran zur Verfügung. Kurz nach der Durchführung des letzten Versuchs wurde Haigerloch innerhalb der französischen Besatzungszone von der amerikanischen Spezialeinheit »Alsos-Mission« besetzt und die Einrichtungen im Keller demontiert und abtransportiert. Doch das Uran und das Schwere Wasser waren verschwunden. Erst nach längeren Vernehmungen gaben Carl Friedrich von Weizsäcker und Karl Wirtz den Amerikanern das Versteck bekannt: In einem Kartoffelacker waren Hunderte von Uranwürfeln vergraben, das Schwere Wasser war in Benzinfässer gepumpt worden, die in einer alten Mühle lagerten.

Der in einem Tresor ausgestellte Uranwürfel wurde dem Mineralogischen Museum am 26. Oktober 1954 von der »Scientific Research Devision of the Military Security Board« in Koblenz übergeben. Auch das Original des Begleitbriefs befindet sich im Mineralogischen Museum.

Renate Schumacher

Uranwürfel,
Kantenlänge 5 cm

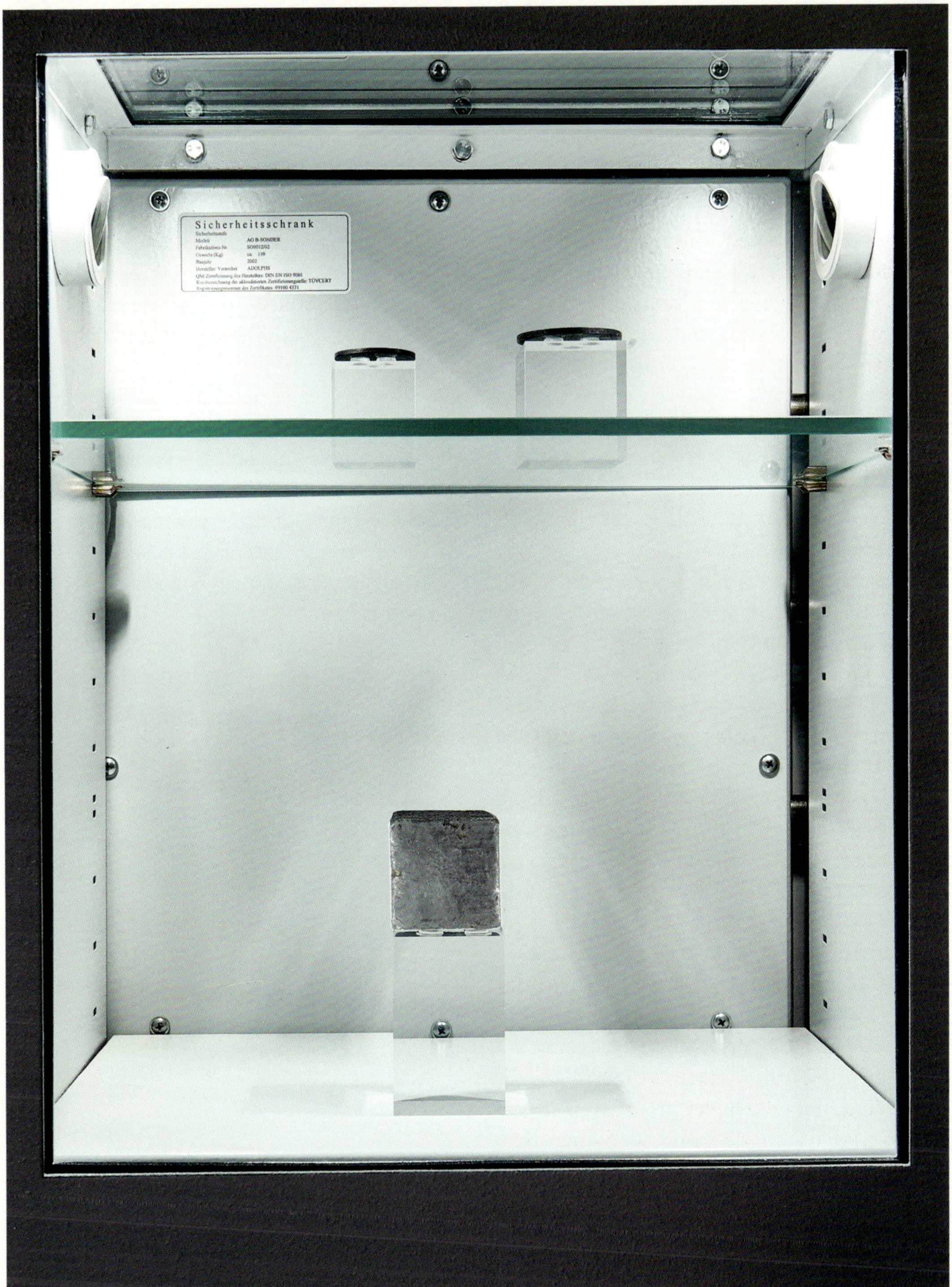
Sicherheitsschrank
Modell AG B-SONDER
Fabrikations-Nr. SO0012/02
Baujahr 2002
ADOLPHS
QM-Zertifizierung des Herstellers: DIN EN ISO 9001
TÜVCERT

Studentenkarten

Trotz vieler Zerstörungen durch Bombenangriffe hatten beherzte Professoren schon im Frühjahr 1945 kurz nach dem Eintreffen alliierter Truppen mit der Reorganisation der Bonner Universität begonnen. Schon im Wintersemester 1945/46 konnte der Universitätsbetrieb wieder aufgenommen werden, wenn auch mit vielen Provisorien und Behelfsunterkünften. Neben der Frage des Wohnraums für Studierende und Professoren war die Ernährung eines der Hauptprobleme. Die Randlage am südlichen Ende der britischen Besatzungszone hatte Bonn seit Kriegsende von der südlichen Eifel mit ihrer umfangreichen Agrarproduktion abgeschnitten. Nahrungslieferungen wurden von den Briten bevorzugt in die Ballungsräume in Köln und im Ruhrgebiet geliefert, was die Versorgungslage zunehmend verschlechterte. Besonders schlimm wurde es in dem außergewöhnlich harten Winter 1947/48. Nun begann auch das Ausland, die bedenkliche Lage der deutschen Bevölkerung zur Kenntnis zu nehmen. Mehr und mehr Hilfsangebote trafen ein, die trotz der Verbrechen der Deutschen im zurückliegenden Krieg das Los gerade der jungen Menschen erleichtern wollten. Die amerikanischen Mennoniten setzten sich für Studentinnen und Studenten ein, indem sie die Grundbestandteile für Suppen zur Verfügung stellten, die in den Mensen ausgegeben werden konnten. Das Schwedische Rote Kreuz organisierte verschiedene Hilfsaktionen, etwa das Sammeln von getragenen Schuhen oder Kleidern, die an deutsche Studierende ausgegeben wurden, und sorgte ebenfalls für Essen in den Mensen. Alle diese Dinge mussten organisiert werden, darunter auch die Essensausgabe in Deutschland. Die Lösung war die Ausgabe von Berechtigungskarten, die zur Ausgabe einer bestimmten Menge von Essen berechtigten. Solche »Menno-Karten« oder Ausweise für »Schwedenspeisungen« sind nur selten aufgehoben worden.

Das Universitätsmuseum erhielt einen ganzen Satz als Schenkung, dazu auch eine einfache Pappkarte, die als Ausweis für einen reservierten Platz in der ersten Reihe eines Hörsaals diente und an Kriegsversehrte ausgegeben wurde.

Thomas Becker

Studentenkarten für Mensa und Vorlesung

Pappe, handschriftlich, Siegelstempel mit dem Wappen der Rheinprovinz, 9 x 6 cm

Zwei Berechtigungskarten Schwedenspeisung und Hooverspeisung, Pappe, gedruckt, jeweils 15 x 10 cm

Studentenspeisung
(Hooverspende)
Schwedenspeisung
W.S. 46/47
Platzkarte!
Ernst H. HAUX

Stuckreste des Muschelsaals

1947

Das Poppelsdorfer Schloss wurde am 4. Februar 1945 durch alliierte Bomber stark zerstört. Der damals schönste Saal des Mineralogischen Museums fiel diesem Angriff zum Opfer: der sogenannte Muschelsaal oder Grottensaal, in dem sogar ein Brunnen plätscherte. Die Wände waren mit prächtigem Stuck aus Muschel- und Schneckenschalen sowie aus Korallen ausgestattet. Nach Ende des Zweiten Weltkriegs wurden einige Stuckreste bei Ausgrabungen im Botanischen Garten gefunden. Ende der 1990er Jahre übergab der Botanische Garten dem Mineralogischen Museum freundlicherweise eines der Fundstücke für eine Vitrine zur Geschichte des Poppelsdorfer Schlosses, früher Schloss Clemensruhe genannt. Die Bezeichnung geht auf den Kurfürsten Clemens August zurück. Das Schloss diente als Ort für Festlichkeiten, wofür Clemens August die Decken und Wände einiger Räumlichkeiten mit Stuck ausstatten ließ. Den Grotten- oder Muschelsaal gestaltete Peter Laportierie, ein Franzose aus Bordeaux, ab etwa 1746.

Die Zerstörung des Poppelsdorfer Schlosses war so stark, dass der Wiederaufbau zunächst umstritten war. Doch Oberbaurat Bernhard Gelderblom, Baumeister an der Rheinischen Friedrich-Wilhelms-Universität, setzte sich, mit Unterstützung der im Poppelsdorfer Schloss beheimateten Institutsdirektoren, Professor August Reichensperger (Zoologie) und Professor Karl-Hermann Scheumann (Mineralogie-Petrologie), mit dem Wiederaufbau durch. Die beauftragten Firmen wurden von dem Studententrupp der Universität tatkräftig unterstützt. Die Teilnahme soll Voraussetzung für die Zulassung zum Studium bzw. zur Anerkennung des Studiensemesters gewesen sein. Der Wiederaufbau des Poppelsdorfer Schlosses dauerte bis etwa 1959. Zwischen 1950 und 1956 erwarb das Mineralogische Museum einige bedeutende Mineralsammlungen und zählte dadurch wieder zur bedeutendsten seiner Art in Deutschland. Am 12. Juli 1956 fand die Neueröffnung statt – allerdings ohne den Stuck. Der Muschelsaal war unwiederbringlich verloren.

Renate Schumacher

Zwei etwa faustgroße Stücke aus dem Poppelsdorfer Schloss, gefunden im Botanischen Garten

Sedum
Allium
molly

Parlamentarische Giraffen

Am 1. September 1948 trafen sich die Mitglieder des Parlamentarischen Rates der neu gegründeten Bundesrepublik Deutschland im Lichthof des Museums Alexander Koenig zur feierlichen Eröffnungssitzung. Wenige repräsentative Gebäude in Bonn hatten den Zweiten Weltkrieg halbwegs unbeschädigt überstanden. Das Museum Koenig wurde bis Mai 1949 Versammlungsort des Parlamentarischen Rates.

Der zentrale Lichthof des Museums, in dem Präparate und Skelette großer Säugetiere aus Afrika und Asien gezeigt wurden, musste für den Festakt zur Verabschiedung des Grundgesetzes zunächst geräumt und dann mit Rednerpult, Bestuhlung und Platz für ein Orchester versehen werden. Alle Tiere wurden in die Seitengänge verschoben, nur die Giraffengruppe nicht – der Kopf des stehenden Tieres war höher als die steinernen Durchgänge. Die Giraffen blieben also im Lichthof und wurden so weit wie möglich in die hintere rechte Ecke verschoben, eingerüstet und mit dunklen Stoffbahnen verkleidet. Von der Galerie des ersten Stockwerkes aus konnte man einen Blick in den Sichtschutz werfen. Rückblickend meinten später einige Politiker sich zu erinnern, dass die Giraffen dem Parlamentarischen Festakt beigewohnt hätten; sie waren zwar anwesend, aber verhüllt. Die Giraffen und das Museum sind aus der Gründungsgeschichte der Bundesrepublik Deutschland nun aber nicht mehr wegzudenken.

Die beiden Nubien-Giraffen stammen aus einer Region am Weißen Nil, in der heute keine Giraffen mehr leben. Sie sind aus zoologischer Sicht Zeugen für ein historisches Vorkommen dieser inzwischen seltenen Giraffen-Art.

Rainer Hutterer

Lebensechte Dermoplastiken, stehende männliche und liegende weibliche Nubien-Giraffe *Giraffa camelopardalis*, erlegt im März 1913, Süd-Sudan

Höhe der stehenden Giraffe ca. 5 m

Inv.-Nr. ZZFMK-MAM-2002.0029 und ZZFMK-MAM-2002.0030

Porträt eines griechischen Denkers

Im Jahr 1949 wurde der Porträtkopf eines griechischen Gelehrten des 4. Jahrhunderts v. Chr. für das Akademische Kunstmuseum Bonn erworben. Es handelt sich um einen der frühesten Neuzugänge nach dem Zweiten Weltkrieg. In den Nachkriegsjahren war das vorrangige Ziel, das Museumsgebäude instand zu setzen; an Neuerwerbungen wurde nur selten gedacht.

Das Bildnis zeigt einen Mann fortgeschrittenen Alters, wie das sich lichtende Haar und die Falten an Stirn, Augen und Wangen zeigen. Der ernste Gesichtsausdruck lässt ihn als besonnene und würdevolle Persönlichkeit erscheinen. Derartige Porträts waren im 4. Jh. v. Chr. weit verbreitet, um berühmte Redner, Dichter und Philosophen zu ehren. Die namentliche Benennung der Porträts stellt heute oft ein Problem dar. In manchen Fällen gibt eine Inschrift die Identität preis. Vergleichbar gestaltete Bildnisse sind dann entsprechend zu bezeichnen. In unserem Fall ist kein Vergleichswerk mit Inschrift bekannt. In der Forschung gibt es dennoch Versuche, in dem Mann eine bekannte Persönlichkeit des antiken Athen zu erkennen. Vorgeschlagen wird der Redner Hypereides (390/89-322 v.Chr.), von dem es in der Antike ein Porträt gab. Diese Vermutung beruht darauf, dass ein vergleichbarer Kopf in Compiègne ein Doppelporträt mit einer Frau bildet. Beide sind ohne Inschrift, doch ist überliefert, dass Hypereides vor Gericht durch eine seiner Verteidigungsreden die schöne Hetäre Phryne vor der Verurteilung bewahrte. Die Benennung als dieses illustre Liebespaar ist reizvoll, doch wissenschaftlich nicht belegbar. Alternativ wird der Kopf als der berühmte Redner Isokrates (436-338 v. Chr.) gedeutet. Das einzige mit Namen versehene Isokratesbildnis weist jedoch Unterschiede in der Gestaltung auf. So ist der Kopf wohl eines der vielen anonymen griechischen Porträts und bleibt Objekt für die sich stets weiterentwickelnde archäologische Forschung.

Kornelia Kressirer

Gipsabguss nach Original, Marmorporträt eines Gelehrten, Kopenhagen, Inv.-Nr. 1638

Nationalmuseum Inv.-Nr. 8011, Schloss Steengard (Dänemark), zuvor Italien, frühes 2. Jh. n. Chr., griech. Original spätes 4. Jh. v. Chr.

Gürtelblech

Zum 1. August 1950 vermerken die Karteikarten der Vor- und Frühgeschichtlichen Studiensammlung den Erwerb eines Konvoluts von insgesamt 25 Artefakten »aus einer Berliner Privatsammlung«. Als Erwerbsquelle wird »Dr. Habelt« angegeben. Rudolf Habelt war Student und Absolvent des Bonner Vorgeschichtsinstituts unter seinem Gründungsdirektor Kurt Tackenberg. Im Jahr 1942 wurde er mit einer Arbeit über neolithische Großsteingeräte aus Braunkohlequarzit im Trier-Luxemburger Gebiet promoviert. In Archäologenkreisen bekannt wurde Habelt nach dem Krieg durch den Aufbau seines gleichnamigen Fachverlages und Antiquariats in Bonn.

Neben dem Bronzeblech weisen Fibeln der Spätbronze- und Früheisenzeit (12.-7. Jh. v. Chr.) in den mediterranen Raum. Ein älterkaiserzeitliches Spektrum ist u.a. durch Fibeln des 1./2. Jh. n. Chr. vertreten. Einen chronologisch jüngsten Komplex bilden Gürtelbestandteile aus Buntmetall sowie drei Eisenwaffen der Merowinger- und Karolingerzeit (6.-9. Jh. n. Chr.). Das schwach gebogene und nur etwa 1 mm dünne Bronzeblech besitzt eine langrechteckige Grundform mit abgerundeten Ecken. An den Längsseiten sowie der erhaltenen Schmalseite belegen regelmäßige Lochungen eine Befestigung vermutlich auf einem Ledergürtel. Die Schauseite weist Reliefverzierung mit Voluten und Palmetten auf. Zwei parallele, gegenläufige Doppelvoluten werden durch einen Palmettenkranz miteinander verbunden; kleinere Palmettenbündel liegen in den Zwickeln der Voluten.

Das Bronzeblech ist Teil einer Gürtelform, die im 5. und 4. Jh. v. Chr. insbesondere in Unteritalien, seltener in Mittelitalien und auf Sizilien getragen wurde und die üblicherweise mit den Samniten in Verbindung gebracht wird. Charakteristisch ist ein um den gesamten Körper laufendes, breites Bronzeblech sowie verzierte, hier fehlende Haken, die in die Lochpaare auf dem Blechende der entgegengesetzten Seite eingehängt waren. Darstellungen auf Vasenmalereien zeigen, dass diese Gürtel zusammen mit Helmen, Dreischeibenpanzern und Beinschienen zur klassischen Ausstattung samnitischer Krieger gehörten.

Ernst Pohl

Mediterrane Provenienz »aus einer Berliner Privatsammlung«

Einseitig abgebrochen, Länge 23,5 cm, Breite 7,6 cm, Inv.-Nr. IVB 1950-001

Behandlungseinheit Adjutor

Der zahnärztliche Behandlungsplatz »Adjutor« wurde von Professor Gustav Korkhaus entwickelt, mit Unterstützung der Firma Siemens, und im Jahre 1951 der Öffentlichkeit vorgestellt. Der Name stammt aus dem Lateinischen und bedeutet so viel wie »Gehilfe«. Korkhaus, der von 1948 bis 1966 als Direktor die Universitätszahnklinik leitete, war nicht nur in seinem Fachgebiet, der Kieferorthopädie, wissenschaftlich aktiv und weltweit etabliert, sondern konzipierte auch mit diversen Firmen Weiterentwicklungen von zahnärztlichen Instrumenten.

Der »Adjutor« war weltweit der erste Behandlungsstuhl, bei dem ergonomische Aspekte in die Grundkonzeption eingeflossen sind. So waren die Materialschränke im Originalzustand auf im Boden verlaufenden Schienensystemen verschiebbar und zur leichteren Erreichbarkeit über den Patientenstuhl platzierbar. Die Einheit war ursprünglich für den Einsatz in der Kieferorthopädie konzipiert, kam jedoch später in allen Teilbereichen der Zahnmedizin zum Einsatz. Ende der 1950er Jahre wurde ein entsprechendes System mit Luftdruckturbine als Ergänzung der in Griffweite angebrachten Winkelstücke und Instrumente auf den Markt gebracht.

Korkhaus stattete den 1960 eingeweihten Neubau der Zahnklinik hauptsächlich mit diesen Behandlungsstühlen aus. Speziell im Bereich der Kieferorthopädie kamen in der Kinderbehandlung Modelle in freundlicheren Pastell-Tönen zum Einsatz. Der hier gezeigte Stuhl stand bis in die 1990er Jahre im großen Hörsaal des Zentrums für Zahn-, Mund- und Kieferheilkunde. Auf ihm nahmen viele Hundert Patienten Platz für diagnostische Ausführungen der Studenten und Professoren vor versammeltem Auditorium.

Ernst-Heinrich Helfgen

Zahnärztlicher Behandlungsstuhl der Fa. Siemens mit Instrumentenschränken

Länge 150 cm, Höhe 115 cm, Breite 90 cm

Das doppelköpfige Kalb

Nachdem 1847 die »Höhere Landwirtschaftliche Lehranstalt« in Bonn-Poppelsdorf gegründet worden war, hielten namhafte Professoren Vorlesungen zu landwirtschaftlichen und forstwirtschaftlichen Themen aus Sicht der Zoologie. Bereits 1861 dozierte der Biologie-Professor Dr. J. Sachs über Insektenkunde, künstliche Fischzucht, Seidenbau und Bienenzucht. Die Lehre wurde zunehmend durch Forschungstätigkeiten ergänzt. Dies zeigte sich auch darin, dass die vorhandene Lehrimkerei zunehmend zu einer Forschungsimkerei entwickelt und immer mehr Bienenvölker vorgehalten wurden. Letzteres war im dichtbesiedelten Poppelsdorf dann bald nicht mehr möglich, sodass ab 1952 nach und nach in die Institutsgebäude auf Gut Melb umgezogen wurde. Prof. Goetze lehrte aber auf Gut Melb nicht nur zu bienenkundlichen Themen; daher wurden zahlreiche Präparate und Anschauungsmaterialien aus der zoologischen Sammlung mit nach Gut Melb umgezogen. Dabei wurden auch Krankheiten oder Fehlentwicklungen immer wieder in der Lehre thematisiert. Der präparierte Schädel eines »doppelköpfigen« Kalbes diente in den Lehrveranstaltungen als Anschauungsmaterial, das zeigen sollte, wie sich Fehler in der Individualentwicklung phänotypisch darstellen können. Auf diese Weise dient eine »Laune der Natur« bis heute dazu, jungen Studenten Wissen anschaulich zu vermitteln.

Andrée Hamm

Präparierter Tierkopf,
Hinterhauptsrand bis Stirn 20 cm,
Abstand Nasenspitzen ca. 28 cm

keru – Zeremonialbecher aus Holz

Der Begriff *keru* leitet sich aus dem Quechua ab und bezeichnet einen konkav geformten Becher meist aus Holz oder Keramik. Die Becher wurden hauptsächlich bei Opferkulten zum Trinken von Maisbier *(chicha)* verwendet oder wurden für die Besieglung von Bündnissen hergestellt, wobei immer fast identische Paare zum Austausch zwischen den Bündnispartner dienten.

Dieser *keru* zeigt stilisierte pflanzliche Darstellungen im unteren Bereich und geometrische Darstellungen mittig. Im oberen Bereich sind figürliche Reiterdarstellungen zu sehen, die die spanischen Eroberer, auf ihren Pferden sitzend, zeigen und auf dem Holzgefäß verewigt wurden.

Gefertigt in der Neuen Welt und mindestens ein Jahrhundert vor der Universitätsgründung in Bonn entstanden, ist dieses »Objekt« nicht gerade das, was man auf den ersten Blick mit einer 200-jährigen Universitätsgeschichte und dem Jahr 1953 in Verbindung bringen würde.

Über den Verbleib von seiner Herstellung bis Mitte des 20. Jahrhunderts können wir nur spekulieren, die Zeit hat einen Schleier über die Jahre gelegt, aber wir können mit Sicherheit sagen, dass sich im Jahr 1953 etwas »im Leben« dieses Bechers tat.

Im Inneren des *keru* sind viele kleine Anhaftungen von Zeitungspapier einer peruanischen Zeitung aus dem Jahr 1953 zu finden. Spuren eines Verpackungsvorgangs, die sich aufgrund von Ausharzungen des Holzes, in einzelnen Fetzen des Papiers, wie stumme Zeitzeugen über die Jahre fest mit dem Material verbunden haben. Der *keru* wurde 1953 transportiert und vermutlich in diesem Zuge an einen neuen Eigentümer übergeben. In seinem Besitz trat er einige Jahre später seine Reise in die Alte Welt an. Dort kam der *keru* durch viele glückliche Fügungen 2011 als Leihgabe in die Archäologisch-ethnographische Studiensammlung der Abteilung für Altamerikanistik der Philosophischen Fakultät der Universität Bonn, die spätere Bonner Altamerika-Sammlung, und ist seitdem dort und in Ausstellungen deutschlandweit zu sehen.

Jennifer Lübke

Zeremonialbecher aus Holz, sogenannter *keru*, polychrom bemalt, Inka-Kultur, Peru Kolonialzeit, 17.-18. Jahrhundert, private Leihgabe, Montage im BASA-Magazin

Eisenkiesel auf Hämatit

Im Februar 1945 wurden das Poppelsdorfer Schloss und die dort ansässigen Institute bei Luftangriffen schwer getroffen. Große Teile der Sammlung des Mineralogischen Museums waren glücklicherweise zuvor ausgelagert worden. In den folgenden Aufbaujahren sollten die Verluste durch Anschaffungen neuer Objekte und ganzer Sammlungen ausgeglichen werden.

Im Oktober 1954 erreichten das damalige Mineralogisch-Petrologische Institut und Museum 113 Kisten mit Mineralen als Dauerleihgabe von den Farbenfabriken Bayer A.-G., heute Bayer AG. Es handelte sich um jene Sammlung, die auf die Sammelleidenschaft des früheren Generaldirektors der Bayer AG, Geheimrat Carl Duisberg (1861-1935) zurückging. Er lenkte bis 1925 maßgeblich die Geschicke des Konzerns. In dieser Zeit entwickelte sich das Chemieunternehmen zum Weltkonzern. Er war maßgeblich am Umzug des Konzerns von Barmen/Wuppertal nach Leverkusen (1900) sowie an der Gründung der Interessengemeinschaft Farbenindustrie AG (1916) beteiligt. Neben Verdiensten um den Konzern und den dortigen Arbeitsbedingungen waren im ersten Weltkrieg unter Duisbergs Leitung Zwangsarbeiter im Unternehmen eingesetzt und chemische Kampfstoffe entwickelt worden. Carl Duisberg zählte zu den Gründern der Gesellschaft der Freunde und Förderer der Rheinischen Friedrich-Wilhelms-Universität Bonn, GeFFrUB; diese Gesellschaft ging später in der Universitätsgesellschaft Bonn auf.

Das Mineralogische Museum wurde, zusammen mit dem Mineralogisch-Petrologischen Institut, 1956 wiedereröffnet. Bis heute können die Objekte der für das Museum so wichtigen Duisberg-Sammlung in der Dauerausstellung besichtigt und studiert werden. Ein Beispiel ist der hier abgebildete Eisenkiesel auf Hämatit aus Cleator Moor im Nordwesten Englands.

Anne Zacke

Eisenkiesel auf Hämatit,
Sammlung Duisberg,
Cleator Moor,
Cumbria / England

Gewicht 200 g,
Größe 6 x 8 x 4 cm,
Montage

Die fossilierte Seelilie

Die Seelilie *Pterinocrinus ehrlicheri* ist ein typisches Fossil aus dem ca. 400 Millionen Jahre alten Hunsrückschiefer. Der Hunsrückschiefer gilt heute als eine der herausragendsten Fossilfundstellen für das Erdaltertum. Kleinste Details sind an den Fossilien zu sehen und sogar innere Organe können in Einzelfällen erhalten sein. Viele der Organismen, die aus dem Hunsrückschiefer beschrieben wurden, sind die weltweit einzigartigen Belege für einen längst vergangenen Lebensraum. Der Körperbau vieler Organismen ist mit dem heutiger Tiere nicht vergleichbar. In rund 100 Millionen Jahre älteren Ablagerungen aus dem Kambrium von Kanada und China finden sich die nächsten Verwandten. Die Erforschung dieser Fundstelle reicht bis ins 19. Jahrhundert zurück und ist auch heute noch lange nicht abgeschlossen. Das Steinmann-Institut Bonn hat in der Erforschung der Fossilien aus dem Hunsrückschiefer eine sehr lange Tradition.

Einer der Pioniere auf dem Gebiet der Hunsrückschiefer-Forschung war Walter Maximilian Lehmann (1880-1959). Lehmann kam erst spät zur Paläontologie. Er leitete ein eigenes Unternehmen der Feldbahnbranche, bevor er sich dem Studium der Naturwissenschaften widmete. Sein Interesse galt in erster Linie der Röntgentechnik. Seine Promotion wurde von dem Geowissenschaftler Georg Julius Ernst Gürich (1859-1938) begleitet, der Lehmann immer wieder Hunsrück-Fossilien für die Röntgenexperimente zur Verfügung stellte. So wurde seine Leidenschaft für den Hunsrückschiefer geweckt.

Lehmann sammelte, präparierte und veröffentlichte dann selbst über viele Jahre Fossilien aus dem Hunsrückschiefer. Seine Sammlung, die heute Teil des Goldfuß-Museums ist, umfasst mehr als 3500 Stücke, von denen mehr als 1500 Stücke geröntgt sind. Über die Seelilie *Pterinocrinus ehrlicheri*, schrieb Lehmann 1955 in seiner Publikation: »Das Stück ist sehr gut erhalten und darf mit zu den schönsten Crinoiden des Hunsrückschiefers gerechnet werden.« Lehmann benannte das Stück nach dem damaligen Bonner Kurator Dr. Ehrlicher.

Gabriele Kühl

Pterinocrinus ehrlicheri Lehmann,
Hunsrückschiefer,
STIPB-Lehmann-22

Zahnärztliche Euphorian-Einheit

Die hier präsentierte Euphorian-Einheit der Firma Ritter aus dem Jahr 1956 zeigt trotz des immer noch ursprünglichen Stuhl-Designs eine technische Weiterentwicklung mit zusätzlichem Ergonomiegewinn und neuem Sitzkomfort während der Behandlung.

Integriert war zur Antriebsübertragung ein Doriot-Gestänge, das bereits 1893 vom Pariser Zahnarzt Constant Doriot vorgestellt und ab 1957 durch verbesserte Antriebsarten ersetzt wurde. Der abgebildete Stuhl wurde der Gustav-Korkhaus-Sammlung freundlicherweise von einem niedergelassenen Kollegen gestiftet. Nachfolgende Modelle wiesen bereits die noch heute etablierte Form eines komplett einstellbaren Liegestuhls ohne Übergang zwischen Sitz- und Fußfläche auf.

Die Firma Ritter ist der älteste Hersteller von industriell gefertigten Zahnarztstühlen und wurde im Jahr 1887 von Frank Ritter in New York gegründet. Der 1889 konzipierte Behandlungsstuhl »Columbia« wurde auf der Weltausstellung 1893 mit der Goldmedaille ausgezeichnet. Mit der 1917 entwickelten Behandlungseinheit, der sogenannten Ritter-Unit, katapultierte sich die Firma endgültig in eine Spitzenposition. Hier wurden erstmals der eigentliche Behandlungsstuhl und die wichtigsten Behandlungsinstrumente in unmittelbarer Reichweite arbeitsökonomisch zusammengeführt. Ab 1920 kam zu jeder Behandlungseinheit ein Dentalröntgengerät hinzu. Nach dem 2. Weltkrieg wurden die Behandlungsplätze vor allem in den 1950er Jahren in verschiedenen Modellen weiterentwickelt. Behandlungsstühle von Ritter waren auch in Deutschland bis in die 1970er Jahre sehr beliebt und weit verbreitet.

Ernst-Heinrich Helfgen

Zahnärztliche Behandlungseinheit der Fa. Ritter mit Turm-Anordnung der wichtigsten Instrumente

Länge 140 cm, Höhe 85 cm, Breite 55 cm

Ikonografische Quechua-Schrift

Viele Objekte der Bonner Altamerika-Sammlung erblicken im Rahmen von Ausstellungen hin und wieder das Tageslicht, aber es gibt auch manche, die im Depot seit Jahrzehnten ruhen und träumen – vielleicht von ihrer fernen Herkunft am Amazonas oder in den Anden, vielleicht von den Menschen, die sie lebendig werden ließen und deren Alltag sie mitgestalteten. Rätselhaft erscheinen einige dieser Objekte und sie geben ihre Geschichte oft nicht ohne Weiteres preis.

Die Tonscheibe, auf der in Form einer Spirale Menschen, Tiere und Gegenstände angebracht sind, stammt aus dem andinen Hochland und wurde von einer Quechua-Gruppe hergestellt. Im Jahr 1957 wurde sie Teil der Sammlung. Von außen nach innen ist auf der Scheibe ein dreidimensionaler Text in Quechua zu lesen. Die indigene Sprache ist regelmäßiger Bestandteil des Curriculums am Institut für Altamerikanistik der Uni Bonn.

Der Text beginnt mit der Figur eines Priesters, der einen für die Tiwanaku-Kultur typischen vierzackigen Hut trägt. Als Nächstes folgt die Darstellung einer hohen Säule, auf der ein Stück Stoff liegt. Dies ist als eine Art Rebus zu verstehen. Das Quechua-Wort für Stoff oder Kleid, »p'acha«, ähnelt in seinem Klang dem Wort »pacha«, also Raum-Zeit oder Welt. Das Stück Stoff befindet sich »hoch oben« auf einer Säule. Aus den ersten beiden Elementen der Tonscheibe ergeben sich also die Worte: »Yayayku Janajpachapi« oder auf Deutsch: »Vater Unser im Himmel«.

Diese Leseweise mag zunächst weit hergeholt erscheinen. Den Herstellern der Tonscheibe sollte sie jedoch vor allem als Gedächtnisstütze zum Rezitieren der christlichen Gebete dienen. Nach Ansicht bolivianischer Forscher könnte es diese Form der ikonografischen Schrift in den Anden bereits vor der Kolonialzeit gegeben haben. An der Universität in Cochabamba wusste man um die Existenz einer Tonscheibe in Bonn, weshalb das Vater Unser nach langer Zeit des Träumens 2013 wieder ans Tageslicht geholt werden konnte und 2016 Teil einer Ausstellung war.

Lena Muders

Glasierter Ton, Wolle, Federn, Pflanzenteile, Bolivien, Departamento Chuquisaca, San Lucas, Erwerb durch Prof. Dr. Miranda, 1957

Durchmesser 26,5 cm, Höhe ca. 8 cm

Aufnahme in der Namen-Jesu-Kirche, Bonn

1252

Rassel der Guaraní-Kaiowá

Die Rassel wurde vom brasilianischen Ethnologen Egon Schaden in São Paulo erworben. 1958 schenkte er sie zusammen mit weiteren Ethnographica der Bonner Altamerika-Sammlung. Sie stammt vom indigenen Volk der Kaiowá. Gemeinsam mit den Mbya und den Ñandéva bilden die Kaiowá eine der drei Hauptgruppen der Guaraní.

Die Rassel verweist auf die reichen mythologischen Vorstellungen der Guaraní. Als Rhythmusinstrument findet sie bei Tänzen und religiösen Ritualen Verwendung. Ein Motiv der Guaraní-Religion ist die Suche nach dem »Land ohne Übel«, dem Paradies. Schon im frühen 16. Jahrhundert finden sich Quellen, die von den Wanderungen der Guaraní auf der Suche nach dem Paradies berichten. Durch Fasten, wie auch durch die von Rasseln begleiteten Gebetstänze, sollte der eigene Körper leicht werden, um auf diese Weise in das »Land ohne Übel« zu gelangen. Dort war man von den Plagen dieser Welt, wie Krankheit und Tod, aber auch von der steten Verschlechterung der eigenen Lebenssituation, wie sie vor allem der zunehmende Landraub durch die weißen Eroberer hervorrief, erlöst.

Ethnologen wie Curt Unckel Nimuendajú, Egon Schaden, Hélène Clastres und Friedl Grünberg stießen bei ihren Feldforschungen auch im 20. Jahrhundert immer wieder auf die mythisch begründete Hoffnung einzelner Guaraní-Gruppen, über Tanz und Gebet das Paradies zu erreichen. Egon Schaden, Nachfahre deutscher Auswanderer, setzte sich in Brasilien für die Erforschung und Respektierung indigener Lebensvorstellungen ein. Zugleich engagierte er sich für den Austausch zwischen Brasilien und Deutschland. 1967 war er Gastprofessor an der Universität Bonn.

Michael Kraus

Kalebasse, mit Samenkörnern gefüllt, mit wachsdurchtränkten Baumwollfäden an Holzstab befestigt

Durchmesser 14 cm

Im Bild: Lena Muders bei der Absolventenfeier 2016 auf der Bonner Hofgartenwiese

1959

Fossiler Sonnenstern

Im Jahr 1863 veröffentlichte der Paläontologe Ferdinand Roemer die Beschreibung eines der schönsten Fossilien aus den devonischen Schiefern des Hunsrücks, des 16-armigen Sonnensterns *Helianthaster rhenanus*. Roemer, von 1848 bis 1855 Privatdozent an der Universität Bonn, war ab 1855 Professor für Geologie, Paläontologie und Mineralogie an der Universität Breslau.

Einem seiner Assistenten, Georg J.E. Gürich, gelang es, den wissenschaftlichen Mitarbeiter einer Röntgenröhrenfabrik, Walter M. Lehmann, für die Hunsrückschiefer-Fossilien zu interessieren und ließ ihn Röntgenaufnahmen dieser außergewöhnlichen Versteinerungen anfertigen. In den 1930er Jahren verfeinerte und etablierte Lehmann diese neue Untersuchungsmethode für die Hunsrückschiefer-Forschung. 1934 richtete er sich ein eigenes Laboratorium für die Röntgenaufnahmen an den Fundstellen bei Kirn im Hunsrück ein. Lehmann stellte bei seinen Untersuchungen fest, dass sich die Röntgentechnik sehr gut dazu eignet, die fossilen Organismen im Gestein schwer präparierbarer Stücke sichtbar zu machen. Lehmann nutzte zur Präparation nicht die bis dahin gebräuchliche, verlustreiche Methode mit Messingbürsten, sondern legte die Fossilien mit Präpariernadeln und Schabern in mühsamer und zeitaufwendiger Arbeit frei. Später untersuchte Walter M. Lehmann als Schwerpunkt seiner paläontologischen Arbeit umfassend die Asterozoen aus den Hunsrückschiefern. Seine Hauptarbeit an den Seesternen wurde zwar schon während des Zweiten Weltkrieges abgeschlossen, konnte allerdings erst 1957 veröffentlich werden.

Ab 1941 hatte Lehmann einen Lehrauftrag für physikalische Untersuchungsmethoden in den Geowissenschaften der Universität Bonn erhalten. Zu diesem Zeitpunkt ging auch seine Sammlung von Hunsrückschiefer-Fossilien in den Besitz des Geologischen Instituts in Bonn über. Nach dem 2. Weltkrieg konnte Lehmann seine Röntgenapparatur im Mineralogischen Institut weiterbetreiben. 1948 wurde er zum Honorarprofessor am Geologischen Institut. Lehmann starb 1959 und das Institut erwarb über 2800 Röntgenaufnahmen.

Jene Röntgentechnik, die Lehmann für die Hunsrückschieferfossilien entwickelt hatte, wurde am Steinmann-Institut im Jahr 2009 durch einen Mikro-Computertomografen abgelöst.

Alexandra Bergmann

Helianthaster rhenanus,
STIPB, Bild: Georg Oleschinski

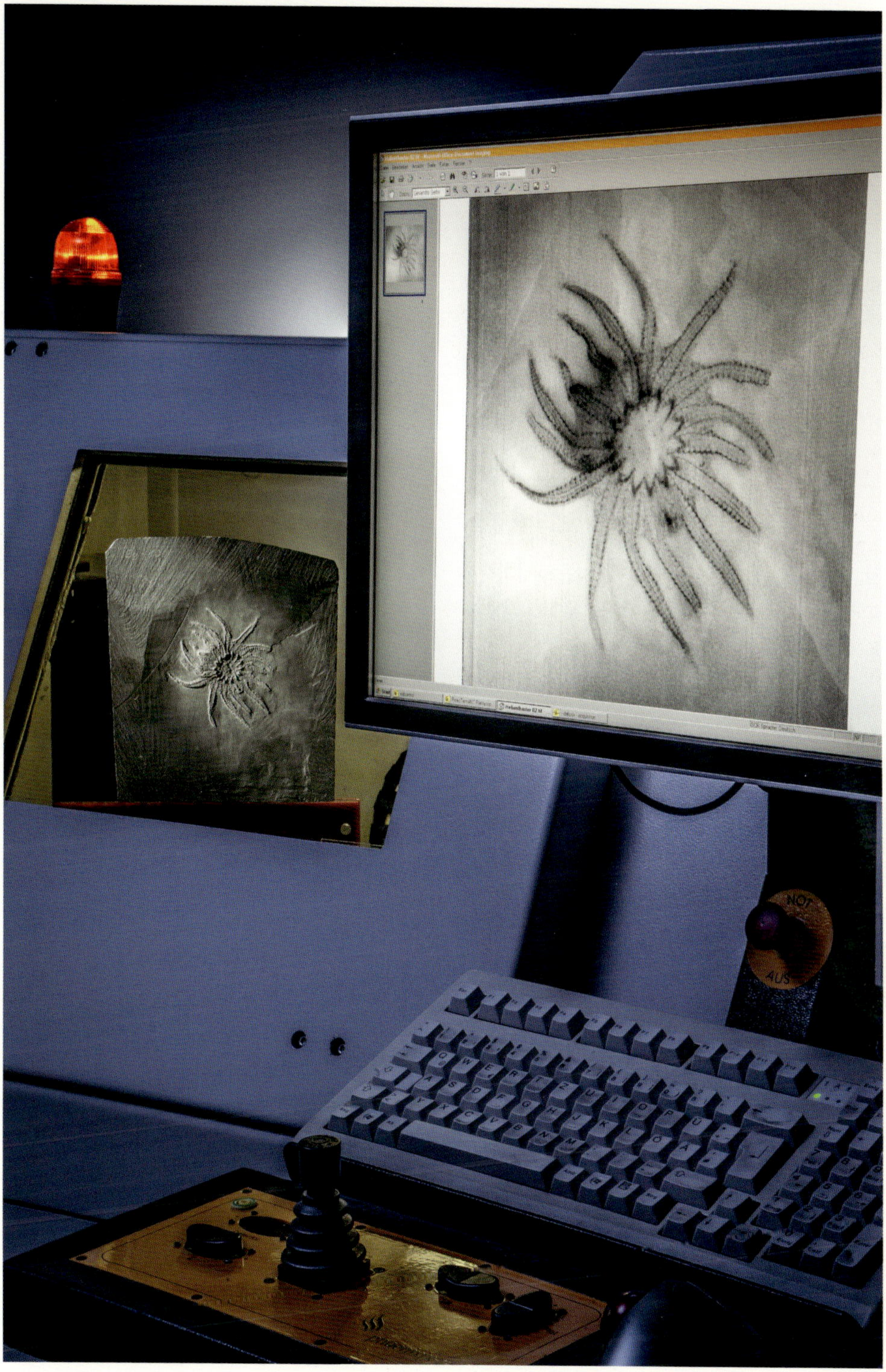
NOT
AUS

Schlüssel der Universitätszahnklinik Bonn

Der Schlüssel wurde für den Haupteingang der zwischen 1956 und 1960 gebauten Universitätszahnklinik in Auftrag gegeben. Am Tag der Einweihung, dem 18. November 1960, übergab der bauausführende Architekt, Woldemar von Holy, diesen Schlüssel an den damaligen Klinikdirektor Prof. Gustav Korkhaus. Im kunstvoll aus Bronze gegossenen Schlüsselkopf kann man das Universitätshauptgebäude zusammen mit einem echten Zahn, einer stilisierten Extraktionszange und dem Datum der Einweihung erkennen. Das bis heute in den baulichen Grundstrukturen unveränderte Gebäude der Universitätszahnklinik war zur damaligen Zeit die modernste und innovativste zahnärztliche Ausbildungsstätte in Deutschland. Der Neubau wurde notwendig, nachdem die Zahnklinik am Römerplatz durch einen Bombenangriff am 18. Oktober 1944 vollständig zerstört worden war. In der Folgezeit wurden zunächst Nebenräume der Landwirtschaftlichen Fakultät und ab 1946 zwei Privathäuser in der Koblenzer Straße gemietet und genutzt. Durch das Gesetz zur Neuordnung der Zahnheilkunde aus dem Jahr 1952 stiegen die Studentenzahlen erheblich und ein größeres Gebäude wurde notwendig. 1954 wurde das Raumprogramm für den Neubau der Klinik von der Landesregierung genehmigt; 1956 wurde auf dem Gelände der alten Hautklinik mit den Baumaßnahmen begonnen. 1960 war der Klinikneubau fertiggestellt. Das Einweihungsdatum wurde durch den abgebildeten Schlüssel eindrücklich für die Nachwelt festgehalten.

Ernst-Heinrich Helfgen

Schlüsselkopf des Schlüssels für den Neubau der Zahnklinik, mit Universitätshauptgebäude, Extraktionszange und extrahiertem Zahn

Höhe 15,5 cm

18. XI.
1960

Ein Bücherfund aus dem Besitz Tolstois

Wer sich im 18. und frühen 19. Jahrhundert über Persien informieren wollte, griff zur Gesamtausgabe der berühmten Persischen Reise des Jean Chardin (1643-1713). Das Werk galt bis zu Beginn des 19. Jahrhunderts »als ein unübertroffenes Hauptwerk über Persien [...]. Seine Beschreibungen umfassen das Klima wie Beschaffenheit des Bodens und Besonderheiten der einzelnen Siedlungen, Tiere und Pflanzen, Steine und Metalle, Sitten und Gebräuche der Perser« (Henze). Die Kupfer zeigen u.a. Stadtansichten, profane Bauwerke, Tempelanlagen, Schrifttafeln, Trachten und Zeremonien.

Bei der Ausgabe im Bestand der Bibliothek für orientalische und asiatische Kunstgeschichte ergaben sich neben den bereits bekannten Provenienzen einige bemerkenswerte Entdeckungen. So konnte für die »Voyages du chevalier Chardin« aus dem Jahre 1735 eine Herkunft aus der Privatbibliothek des russischen Schriftstellers der Romantik, Alexei Konstantinowitsch Tolstoi (1817-1875), nachgewiesen werden. Er war ein Cousin von Leo Tolstoi. Kurz nach seiner Geburt trennten sich die Eltern und er wurde von seiner Mutter und seinem Paten, dem Schriftsteller Alexei Alexejewitsch Perowski, Pseudonym Antoni Pogorelski, gemeinsam großgezogen. Durch seinen Patenonkel, den er auf seinen Reisen ins Ausland begleitete, lernte er unter anderem Johann Wolfgang von Goethe kennen. Angeregt und gefördert von dieser künstlerischen Umgebung begann Tolstoi früh mit dem Schreiben.

Das Buch trägt eine französische Widmung aus dem Jahr 1836. Möglicherweise verbirgt sich dahinter der berühmteste dänische Schriftsteller Hans Christian Andersen (1805-1875). Dass einem romantischen Schriftsteller ein Werk über eine Orientreise geschenkt wurde, ergibt sich vielleicht durch die Bedeutung des Orientalismus für die europäische Romantik, für die nicht zuletzt auch Goethes von persischer Dichtung inspirierter »West-östlicher Divan« wegweisend war.

Oliver Kessler

Jean Chardin (1643-1713): Voyages du chevalier Chardin, en Perse, et autres lieux de l'Orient [...]. Amsterdam, aux dépens de la compagnie 1735.

4 Bände mit 2 gestochenen Frontispizen, 4 gestochenen Titelvignetten, 5 gestochenen Textvignetten sowie 78 meist gefalteten Kupfertafeln und 1 gestochenen Faltkarte

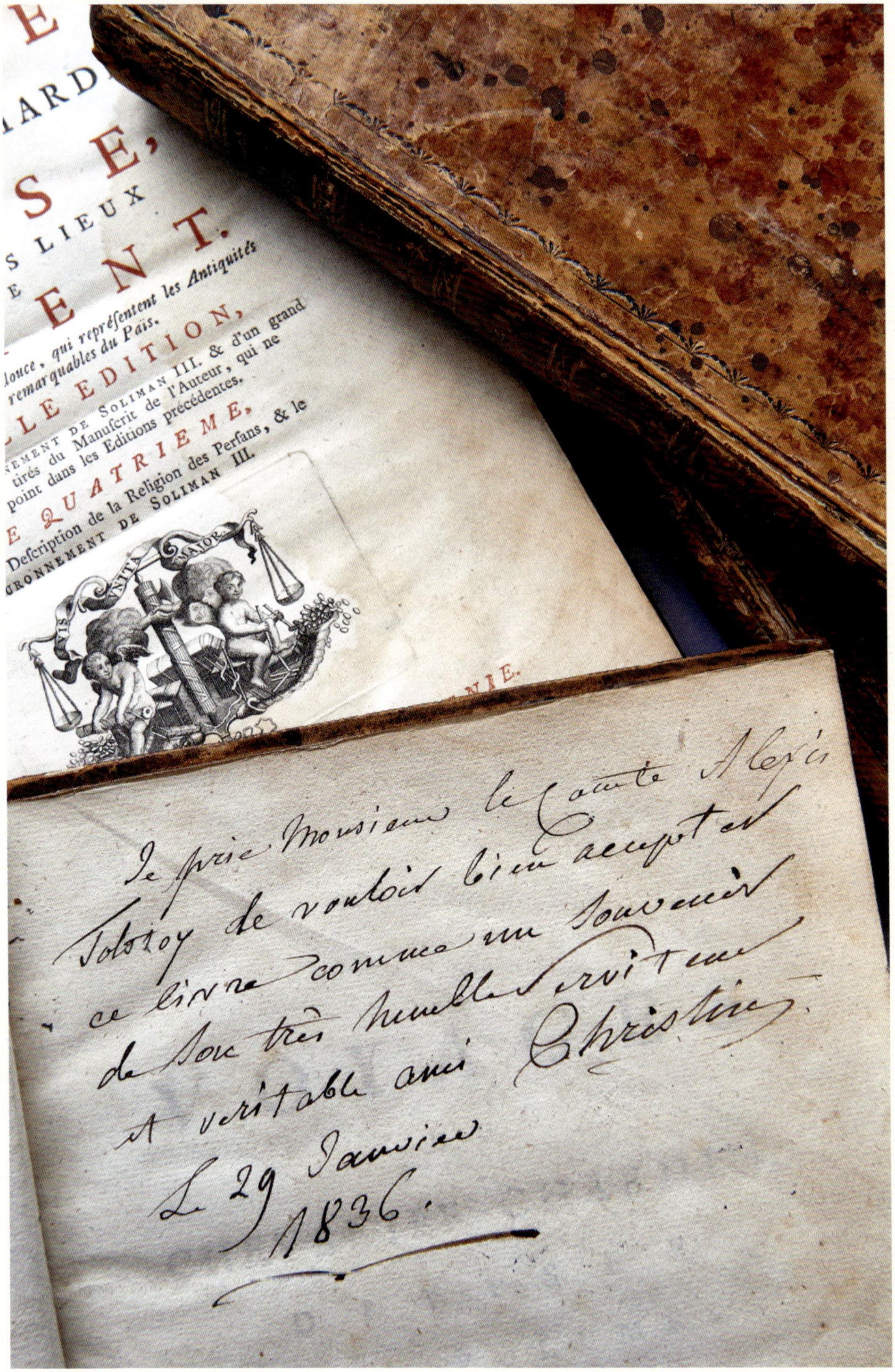
Je prie Monsieur le Comte Alexis
Tolstoy de vouloir bien accepter
ce livre comme un souvenir
de son très humble serviteur
et véritable ami Christine.
Le 29 Janvier
1836.

Gläser aus der Abfallgrube

Bei Bauarbeiten im Westtrakt des kurfürstlichen Schlosses wurden im März 1962 unter den bestehenden Gebäuden römische und neuzeitliche Kulturschichten angetroffen. Neben Funden und Befunden einer römischen Militärziegelei aus dem ersten bis dritten Jahrhundert wurde auch der Ausschnitt einer Abfallgrube der frühen Neuzeit ausgegraben. Aus dieser stammen die hier vorgestellten Gläser. Erhalten haben sich die Unterteile eines hellen Kelchglases mit geripptem Nodus sowie Reste eines Römers mit Beerennuppen und eines Maigeleins aus grünem Waldglas. Die Gläser sowie die aus der Grube geborgene Keramik waren im späteren sechzehnten und in der ersten Hälfte des siebzehnten Jahrhunderts in Gebrauch.

Damit gehört die Abfallgrube in die Zeit vor der Errichtung des heutigen Schlosses, das Kurfürst Joseph Clemens ab 1697 planen ließ. Es entstand auf den heute noch erhaltenen Kellern des 1689 größtenteils zerstörten Vorgängerbaus. Eine Beschreibung dieses älteren Schlosses kennen wir aus dem Tagebuch des Jesuiten Daniel Papebroich, der 1660 zwischen dem rechtwinklig zur Stadtmauer verlaufenden »Alten Bau«, der Kurfürst Salentin von Isenburg (1567-77) zugeschrieben wird, und dem sogenannten Ferdinandbau unterschied, den Kurfürst Ferdinand von Bayern (1612-50) errichten ließ.

Die Abfallgrube lag südwestlich des »Alten Baus« und damit außerhalb des eigentlichen kurfürstlichen Schlosses. Auf den um 1588 von Franz Hogenberg und 1646 von Matthäus Merian geschaffenen Ansichten lag dort ein Hofareal, das durch zwei Gebäude und eine Hofmauer mit Tordurchfahrt eingefasst war. Die ausgegrabenen Funde belegen, dass diese Hofanlage vermutlich noch nicht zum Schlossbereich gehörte, da die geborgenen Funde zwar auf einen gewissen Wohlstand hinweisen, aber nicht die Prachtentfaltung eines kurfürstlichen Haushalts zeigen.

Christoph Keller,
Ernst Pohl

Gläser aus der Abfallgrube unter dem kurfürstlichen Schloss an der Stelle, an der sie gefunden wurden (heute Bibliothek der Romanistischen Abteilung)

Kelchglas, Höhe 6,8 cm,
Römer, Höhe 7,0 cm,
Maigelein, Höhe 3,6 cm,
Inv. IVB 1961/063-065,
Montage

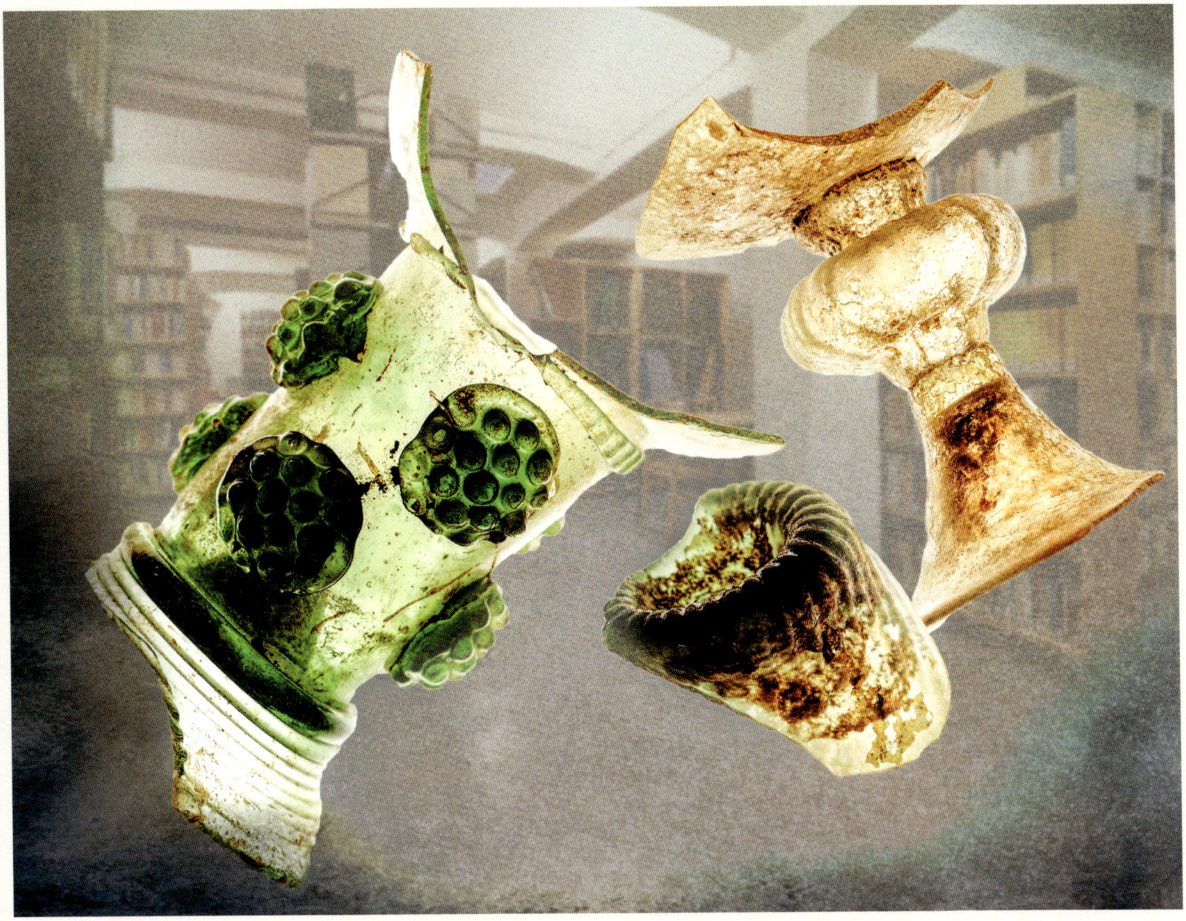

Absatzbeil aus Portugal

Zwischen 1958 und 1965 führte das Institut für Vor- und Frühgeschichte unter seinem Direktor Otto Kleemann archäologische Untersuchungen im Umfeld eines römerzeitlichen Verhüttungsplatzes im Ahrweiler Stadtwald durch. Im ersten Jahr noch mit einer ausschließlich aus Bonner Studierenden bestehenden Grabungsmannschaft tätig, organisierte Kleemann ab 1959 mehrere internationale Studentenlager, zu denen gelegentlich auch in- und ausländische Gastwissenschaftler eingeladen waren. Zu ihnen zählte Anfang der 1960er Jahre auch ein portugiesischer Kollege, Prof. Adriano Vasco da Fonseca Rodrigues. Er kam zweimal nach Bonn und brachte zu beiden Besuchen »Gastgeschenke« für das Institut mit. Durch eine erste Schenkung gelangten im November 1961 mehrere Steinartefakte und eine gelochte Keramikscherbe nach Bonn. Einem zweiten Besuch vom August 1963 verdankt die Sammlung ein Konvolut von Nachbildungen dreier Bronzebeile portugiesischer Fundplätze. Das Original der hier gezeigten Nachbildung gehört zu einer Gruppe schlanker, dünner und einseitig gearbeiteter Beile mit seitlicher Öse, deren Oberseite auf der Schneide durch drei Längsrippen gekennzeichnet ist. Nur vier Exemplare, die den Typ Arganil bilden, weisen dabei eine breitere und kürzere Mittelrippe mit Endknopf auf.

Der Nordwesten der Iberischen Halbinsel ist durch zahlreiche Kupfer- und Zinnlagerstätten gekennzeichnet, die seit vorgeschichtlicher Zeit abgebaut wurden. Die große Menge der hier gefundenen Beile wird dabei mit dem Bergbau, aber vor allem mit der hierfür notwendigen Holzbeschaffung in Verbindung gebracht. Während für die meisten Beilformen ein Einsatz als Werkzeug in den Minen oder in der Holzindustrie diskutiert wird, dürften die schmalen, einseitig gearbeiteten Exemplare eher die Funktion eines hobelartigen Werkzeugs gehabt haben.

Ernst Pohl

Nachbildung eines Objekts der jüngeren atlantischen Bronzezeit

Depotfund 10. Jahrhundert v. Chr., bei Arganil, Zentralportugal

20,1 x 3,7 x 1,2 cm,
Inv. IVB 1964/001

Bienenkorb

Schon früh im Altertum hat der Mensch erkannt, dass der Honig, der süße Saft des Lebens, nicht nur äußerst wohlschmeckend, sondern auch sehr gesund und damit ein kostbares naturbelassenes Lebensmittel ist. Kannte man früher nur die Wirkung und konnte sich die Gründe dafür nicht unbedingt erklären, so weiß man heute, dass es die Kombination aus vielen Inhaltsstoffen ist, die dafür verantwortlich zeichnet. Vor allem die verschiedenen Zuckerarten, die ohne zu belasten vom Körper aufgenommen werden können, machen ihn zu einem wahren Energiespender für Kinder, Kranke, Sportler, schwer Arbeitende oder Gestresste. Die zahlreichen Inhaltsstoffe wie Vitamine, Enzyme, organische Säuren und antibakterielle Substanzen sorgen für die Stärkung des Herz- und Kreislaufsystems, eine gesunde Verdauung und einen erholsamen Schlaf. Außerdem tragen Spurenelemente wie Kalzium, Natrium, Kalium etc. zu einer ausgewogenen Ernährung bei.

Um 1 kg Nektar zu sammeln, aus dem dann später der Honig reift, müssen die Arbeiterinnen eines Bienenvolkes bis zu 60.000-mal den Stock verlassen und drei bis fünf Millionen Blüten anfliegen!

Die Tatsache, dass die Honigbiene eine Höhlenbrüterin ist und als solche ihre Nester natürlicherweise in hohlen Baumstämmen oder in trockenen, dunklen Felsspalten anlegt, machte die Honigernte bereits für die frühen Honigjäger und Honigjägerinnen – alte Zeichnungen sind 12.000 Jahre alt und älter – sehr mühselig und auch gefährlich. Aus diesem Grund gingen bereits die alten Ägypter vor 4000 Jahren dazu über, Bienen in liegenden Tonröhren zu halten und daraus sogenannten Scheibenhonig zu ernten. Der älteste Nachweis der Verwendung sogenannter Klotzbeuten – vom Menschen ausgehöhlte Baumstammstücke – geht auf über 3000 Jahre zurück. Zu Beginn der Neuzeit im Barock wurden den Bienen dann aufwendig geschnitzte Holzfiguren als Behausung angeboten. Eine ebenfalls sehr ursprüngliche und heute noch in der Lüneburger Heide praktizierte Form der Imkerei ist die Heideimkerei. Bei dieser Form der Imkerei benutzen die Imker aus Stroh, Bast, Kuhdung und Holz gefertigte Körbe, die falsch herum aufgestellt von den Bienen als Behausung, als »Beute« genutzt werden. Die Maske um das Flugloch herum sollte die Bienen vor Unheil schützen. Der abgebildete Korb gelangte in den 60er Jahren aus der Lüneburger Heide in die Bonner Lehrveranstaltungen. Mögen die Bienen dem Menschen nicht ihrerseits einen Korb geben, damit wir noch lange Honig genießen können.

Andrée Hamm

Bienenkorb, hier Bonnkorb

Höhe 40 cm, Breite 42 cm,
Volumen 22 Liter

Weiblicher Mumienschädel

Diesen mumifizierten Kopf einer altägyptischen Frau hat Prof. Gustav Korkhaus nach einer Gastprofessur an der Universität Kairo Ende der 1950er Jahre als Abschiedsgeschenk für seine Sammlung erhalten. Die Ägypterin wurde ungefähr 40 Jahre alt und lebte im ersten oder zweiten Jahrhundert vor Christus. Als Fundort wird das Gräberfeld des alten Dorfes Gizeh angegeben. Hervorzuheben ist der gute Erhaltungszustand, der offenbar auf eine hochwertige und teure Einbalsamierung zurückzuführen ist, die nur höheren Kreisen vorbehalten war. 1965 veröffentlichte Korkhaus in der Schweizerischen Monatsschrift einige dentale Befunde des Kauorgans dieser Mumie. Seinen Artikel »Zahn- und Kieferbefunde an einer ägyptischen Mumie« leitete er mit folgenden Worten ein: »Vor einigen Jahren konnte ich den wohlkonservierten Kopf einer ägyptischen Mumie für das Museum meiner Klinik in Besitz nehmen, nachdem mich während eines längeren Aufenthaltes als Gastprofessor in Kairo die Wunderwelt am Nil, die geheimnisvollen Stätten der altägyptischen Hochkultur, unwiderstehlich in ihren Bann gezogen hatten. Die nähere wissenschaftliche Auseinandersetzung mit diesem Kopf war mir daher ein besonderes Anliegen.« Die damals angefertigten Röntgenaufnahmen zeigten ein endständig reduziertes Restgebiss mit einer starken, generalisierten Abnutzung aller Zähne, was zu einer reaktiven Neubildung des Zahnbeins geführt und teilweise Eröffnungen der Zahnnerven zur Folge hatte. Hinzu kamen ausgedehnte Entzündungsprozesse des Zahnhalteapparates im Bereich der Knochenstrukturen um die Zahnwurzeln. Die Befunde sind epochentypisch und klassenabhängig auf eine silikat- und kohlenhydratreiche Kost zurückzuführen.

Ernst-Heinrich Helfgen

Kopf einer ägyptischen Mumie,
Ptolemäer-Zeit (ca. 100 v. Chr.),
Höhe 24 cm

Goldenes Buch der Universität Bonn

Das Buch wurde anlässlich der 125-Jahr-Feier der Universität Bonn im Jahr 1943 als Gästebuch angeschafft. Auf der ersten Seite prangte ein Reichsadler mit einem Eichenkranz in den Klauen. In diesem Kranz war ein Hakenkreuz abgebildet. Da diese erste Seite aus Pergament war, wurde nach Ende des NS-Regimes das Hakenkreuz einfach mit einer scharfen Klinge abgeschabt und das Buch weiter als Gästebuch verwendet. Die Universität der Bundeshauptstadt wurde von zahlreichen Staatsgästen besucht, die sich jeweils in das Goldene Buch eintrugen, darunter auch der damalige Kronprinz Akihito von Japan oder die englische Königin Elisabeth II. Auch von der Universität geehrte Personen trugen sich ein, darunter die Bundespräsidenten, die stets zu Ehrensenatoren der Universität Bonn ernannt wurden. So geschah es auch am 26. Oktober 1966 mit dem Bundespräsidenten Heinrich Lübke. Ein gutes Jahr später, im bewegten Jahr 1967, hieß es dann, Lübke habe während der NS-Zeit Bauzeichnungen für Baracken im Auftrag jenes Architekten- und Ingenieurbüros Schlempp angefertigt, das auch Barackenbaupläne für Konzentrationslager erstellte.

Im Februar 1967 erschienen Bonner Studierende im Rektorat und verlangten den Rektor zu sprechen. Magnifizenz sei unterwegs, erklärten die verzagten Vorzimmerdamen und boten den Studenten an, in seinem Büro auf den Rektor zu warten. Dort fanden sie das Goldene Buch der Universität und blätterten vor bis zum Eintrag über die Verleihung der Ehrensenatorenwürde an Bundespräsident Heinrich Lübke. Sie zückten einen Kugelschreiber und fügten der Unterschrift Lübkes, wie sie es selber formulierten, die »korrekte Berufsbezeichnung« hinzu. Seither steht auf dieser Seite unter Lübkes Unterschrift »KZ Baumeister«.

Thomas Becker

In Leder gebunden, Papier,
erste Innenseite Pergament,
handschriftliche Eintragungen
von 1943 bis 1967,
Format 21 x 68,5 cm

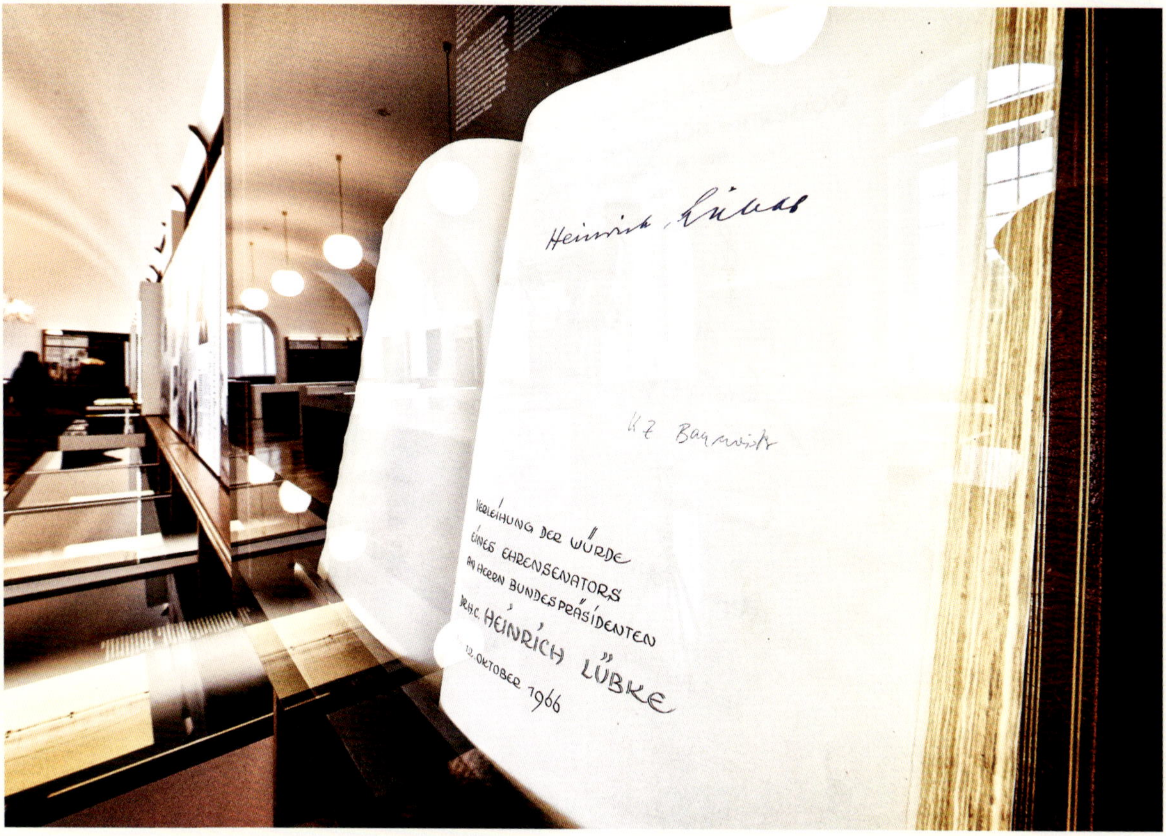
VERLEIHUNG DER WÜRDE
EINES EHRENSENATORS
AN HERRN BUNDESPRÄSIDENTEN
DR.H.C. HEINRICH LÜBKE
12. OKTOBER 1966

Warren-Platner-Stuhl

Als die Innenarchitektur des Arithmeums gestaltet wurde, waren von Beginn an Sitzmöglichkeiten für die Besucher vorgesehen. Doch bei der konkreten Planung stellte sich dann die Frage, welche Sitzmöbel sich für den Ausstellungsbereich besonders gut eignen würden. Gründliche Studien der Stuhldesign-Klassiker des 20. Jahrhunderts führten zu der Entscheidung, diverse Stühle in die Ausstellung zu integrieren. Dadurch ist eine kleine und feine Designsammlung entstanden, welche die Ausstellungsräume des Arithmeums sinnvoll ästhetisch ergänzt und belebt. Einer der Stühle, die Besucher des Arithmeums bereits von außen sehen können, ist der Stuhl Modell Nr. 1725A von Warren Platner. Seine Ästhetik aus verchromten Stahlstäben mit rotem Sitzpolster wirkt funktional, aber doch verspielt.

Warren Platner, 1919 in Baltimore geboren, studierte an der Cornell University Architektur, bevor er nach seinem Abschluss 1941 für einige der bedeutendsten Architekturbüros der USA arbeitete. 1955 wurde er mit dem Prix de Rome für Architektur ausgezeichnet, später arbeitete er mit Eero Saarinen an den Entwürfen für den Dulles International Airport und das Lincoln Center.

Sein Ruhm gründet vor allem auf seiner ikonischen Möbelserie aus den 1960er Jahren und herausragenden Interieurs. Nach seiner Tätigkeit bei den Designlegenden Raymond Loewy, Eero Saarinen und I.M.Pei begann sich Platner 1965 an seinem Wohnort Connecticut, damals das Zentrum der amerikanischen Drahtindustrie, mit der Gestaltung von Möbeln aus Stahldrahtgestellen zu beschäftigen. Dabei entwickelte er zunächst Drahtmodelle im Maßstab 1:4, bei denen er die Drähte zur Erzielung eines Moiré-Effektes zu dichten Lagen zusammenfügte. Das Konstruktionsprinzip, das dem eines Korbmachers entspricht, in die Produktion zu übertragen, stellte sich als sehr anspruchsvoll heraus, da die skulpturale Basis aus Hunderten von Stäben bestand und mehr als 1000 Schweißnähte erforderte. Die Mitte der 1960er Jahre für Knoll International entwickelte Möbelkollektion, zu der auch 1725A gehört, beeindruckte auch durch seine sehr aufwendige Herstellung und wurde zu einem großen Erfolg.

Ina Prinz

Designerstuhl von Warren Platner, Modell Nr. 1725A

Verchromter Stahl, Schaumstoffpolster mit Wollmischbezug

Höhe 74,8 cm, Breite 72 cm, Tiefe 59 cm, Gewicht 12 kg

Zuse Computer Z25

Konrad Zuse, der Vater des Computers in Deutschland, hat bereits 1938 ein erstes, noch rein mechanisches Computermodell gebaut, die Z1. Selbst Maschinenbauingenieur, war Zuse von der Idee fasziniert, mittels frei programmierbarer Maschinen zeitraubende Rechenaufgaben von Ingenieuren zu erledigen. Er perfektionierte seine Computer, wandte sich dabei zunächst der Elektromechanik und dann der Elektronik zu und konnte eine eigene Firma, die Zuse KG, gründen. Dort wurde als eines der letzten Modelle ab 1963 der Transistorrechner Zuse Z25 in 128 Exemplaren gebaut. Heute sind nur noch zwei Exemplare davon erhalten und das Arithmeum ist besonders stolz darauf, den Besuchern die Zuse Z25 immer noch voll funktionsfähig vorführen zu können.

Auch wenn im Vergleich zu heutigen Rechnern die Leistung der Z25 sehr gering ist und die Eingabe über ein binäres Bedienungspult elementar wirkt, so hat die Z25 durchaus ihren Reiz. Dieser frühe Computer ließ sich in vielen Gebieten der Wissenschaft und der Technik sowie in der kommerziellen Datenverarbeitung einsetzen. Mit dem im Arithmeum ausgestellten Modell wurden seinerzeit in der Universität Essen beispielsweise Messdaten für das Landesamt für Vermessungswesen berechnet. Zusätzlich zur Eingabe von Nullen und Einsen am Bedienpult konnte ein modifizierter Fernschreiber angeschlossen werden, sodass jeder Befehl auch mittels eines Buchstabenkürzels über eine Tastatur an die Maschine weitergegeben werden konnte.

Die notwendigen Rechnungen führte das Rechenwerk auf Anweisung des Steuerwerks aus. Einzelne Befehle und Daten, aber auch Programme konnten in dem 12.288 Worte fassenden Ferritkernspeicher abgelegt werden. Zuse hatte bei seinen Computern stets die sogenannte Von-Neumann-Architektur angewandt, bei der Daten und Befehle im selben Speicher abgelegt und von dort aus beide modifiziert werden konnten. Zudem bestand die Möglichkeit, Magnettrommelspeicher anzuschließen. Umfangreichere Programme und Datenmengen wurden auf Lochstreifen, die als externes Speichermedium dienten, festgehalten. Diese wurden durch einen in den Fernschreiber integrierten Lochstreifenstanzer erstellt und durch einen -leser wieder in den Speicher der Maschine übertragen. Man konnte diese auch als externe Peripheriegeräte anschließen.

Ina Prinz

Transistorrechner mit Megahertztechnik, Eingabekonsole, Logik: Transistoren, Speicher: Ferritkernspeicher, zusätzlicher Magnet-Trommelspeicher

Zentraleinheit: Höhe 80 cm, Breite 113 cm, Tiefe 112,5 cm

Trommelspeicher: Höhe 80 cm, Breite 113 cm, Tiefe 112,5 cm

Bedienkonsole / Tisch: Höhe 68,5 cm, Breite 176 cm, Tiefe 109 cm

Gewicht 1 Tonne, Inv.-Nr. FDMC 100

Speicher
Rechenwerk
Steuerwerk
Das Bedienungspult der

Die Jahreszeiten-Klimate der Erde

Die Wandkarte illustriert die Klimaklassifikation nach Carl Troll und Karlheinz Paffen, dessen Konzeption und Illustration als Weltkarte erstmals 1964 in der Zeitschrift *Erdkunde* (Heft 1, S. 5 ff.) erfolgte, aber letztlich eine konsequente Weiterentwicklung älterer Überlegungen und Publikationen von Troll darstellt. Der Klassifikation liegen charakteristische Jahresgänge von Einstrahlung, Temperatur und Niederschlag zugrunde und sie berücksichtigt damit die besondere Bedeutung der Saisonalität dieser Klimaelemente für Flora und Fauna, sowie den wirtschaftenden Menschen.

Neben der Hochgebirgsforschung und der Landschaftsökologie war die Klimatologie stets eines der Kernforschungsfelder von Carl Troll (1899-1975), der von 1938-1966 als Professor für Geographie am Geographischen Institut an der Universität Bonn tätig war. Die klimatologischen Forschungen wurden von Wilhelm Lauer, Schüler und Nachfolger von Carl Troll, fortgeführt. Basierend auf empirischen Daten, den Klimastationsdaten, und der realen Vegetation als Bezugsgrundlage, wurde gemeinsam mit Peter Frankenberg und Daud Rafiqpoor eine neue Klassifikation der Klimate der Erde auf der Grundlage der ökophysiologischen Merkmale der realen Vegetation entwickelt. Ihre besondere wissenschaftliche Bedeutung, neben der quantitativen Basis, besteht in der Integration sowohl klimagenetischer als auch klima-effektiver Elemente.

Die vorliegende Wandkarte wurde für Lehrzwecke erworben und befindet sich im Bestand der Kartensammlung des Geographischen Instituts. Alle dort vorgehaltenen Wandkarten stehen bis heute für die Lehre zur Verfügung. Durch den vermehrten Einsatz digitaler Medien in der Lehre wächst dieser Kartensammlung eine zunehmend historische und nicht zuletzt auch archivarische Funktion zu.

Dirk Wundram

Wandkarte,
Druck auf kaschierter
Leinwand, 1968/69,
Format 225 x 160 cm

Jahreszeitenklimate der Erde
C.TROLL und KH.PAFFEN 1968
© Geographische Verlagsgesellschaft Velhagen & Klasing und Hermann Schroedel, Berlin 1969 Bestellnummer 51138
1:16000000

Riesen-Koralle aus dem Bergischen Land

Durch glückliche Umstände gelang in den 1970er Jahren dem Bonner Paläontologen Prof. Heinrich Ristedt die Bergung eines riesigen Korallenstocks aus dem Devon. Im Dolomit-Steinbruch der Gebrüder Pack bei Lindlar-Linde im Bergischen Land war Ristedt dieses Meeres-Fossil aufgefallen. Diese Koralle steht heute vor dem Eingang des Hofgebäudes Nussallee 8 des Steinmann-Institutes in Bonn-Poppelsdorf.

Korallen sind im Mitteldevon (ca. 385 Millionen Jahre) des Rheinischen Schiefergebirges häufig zu finden, allerdings ist die Größe dieses nach Dr. Alfons Glinski im Jahr 1955 als *Argutastrea (Pseudohexagonaria) philomena* benannten Exemplars ungewöhnlich. Dieses Fossil ist das größte Exemplar seiner Art im gesamten Rheinischen Schiefergebirge. Lange Zeit stritten deshalb die Wissenschaftler über die systematische Zuordnung, bis Dr. Stefan Schröder, Universität zu Köln, im Jahr 2014 anhand von Schliffen die Anatomie der Koralle untersuchen und die Art exakt bestimmen konnte.

Riffbildende Korallen sind heutzutage meist auf tropische bis subtropische Meere bei Wassertemperaturen unter 20 Grad Celsius zwischen 30° nördlicher Breite und 30° südlicher Breite beiderseits des Äquators beschränkt. Das Rheinische Schiefergebirge liegt jedoch heute ungefähr auf 50° nördlicher Breite. Die Kontinentalverschiebung sorgte über die Jahrmillionen dafür, dass das Gebiet des Rheinischen Schiefergebirges von ca. 20° südlich des Äquators im Devon in seine heutige Position verschoben wurde. Korallen sind heute weltweit durch die Umweltverschmutzung, durch die Erderwärmung und die Versauerung der Meere durch die Zunahme von Kohlendioxid in ihrer Existenz bedroht.

Die Erforschung fossiler Korallen hat in Bonn eine lange Tradition. Beginnend mit Prof. Georg August Goldfuß (1782-1848) erreichte sie vor allem unter dem Paläontologen Prof. Clemens Schlüter (1835-1906) mit zahlreichen Veröffentlichungen eine große, internationale Anerkennung.

Georg Heumann

Riesekoralle,
80 cm hoch, 150 cm tief,
180 cm breit, Gewicht ca. 3,5 t

Bild: Georg Oleschinski

1971

New Version of ›Indicated Solids‹ of 1949

Ein Meisterwerk aus der Sammlung geometrisch-konstruktiver Kunst des Arithmeums, die inzwischen zu den drei größten und qualitätvollsten Sammlungen dieser Kunstrichtung in Europa zählt, ist das Werk »Indicated Solids« von Josef Albers.

Josef Albers, 1888 in Bottrop geboren, war einer der bedeutendsten Wegbereiter der geometrisch-konstruktiven Kunst. In seinem Werk und seiner Lehrtätigkeit – ab 1920 am Bauhaus, ab 1933 am Black Mountain College an der Yale University in den USA – vereinte er Intuition und Methodik, um die Grundlagen des Sehens zu ergründen. Albers konzentrierte sich auf die elementare Auseinandersetzung mit der Farbe und ihrem optischen Energiepotenzial und ihrem Einfluss auf die Wahrnehmung von Form und Linie zur Strukturierung des Bildraums.

Um 1950 entwickelte der Künstler wesentliche Grundlagen zu seinen Farb- und Formstudien. Zu ihnen gehört auch die Komposition des für das Arithmeum erworbenen Gemäldes »New Version of ›Indicated Solids‹ of 1949«. Dieses Gemälde diente als Vorlage für strukturelle Studien, in denen Albers Ausdrucksmöglichkeiten von Linie und Fläche im Raum durchspielte. 1950 entstanden dann erste Versionen der berühmten Serie »Homage to the Square«, von der das Arithmeum ebenfalls zwei Werke unterschiedlicher farblicher Aussage und Größe besitzt.

Streng reduziert auf Grautöne ist die Komposition von »Indicated Solids« komplexer angelegt als die der »Homage to the Square«-Bilder. Während Albers dort vor allem »the Interaction of Color« (auch dieses Studienalbum in der Sammlung des Arithmeums) immer wieder neu untersuchte, ging es ihm bei seinen strukturellen Studien um räumliche Seherfahrungen, die er auch in Form von Reliefs realisierte.

Die Bedeutung der Figur in »Indicated Solids« für das Gesamtwerk von Josef Albers bezeugen diverse Wiederaufnahmen des Motivs, nicht nur in dieser Ölversion, sondern auch in der Mappe »Formulation: Articulation« (1972, ebenfalls Sammlung Arithmeum). Interessanterweise benutzte Albers das Motiv der »Indicated Solids« 1976 auch für seine letzte Serie, die den bezeichnenden Titel »Never Before« trägt. Mit diesem Werk erreicht Albers, dem Betrachter das Sehen als solches bewusst zu machen. Er teilt hier seine fast kindliche Freude an den elementaren Erfahrungen des Sehens und überträgt diese auf den Betrachter.

Ina Prinz

Geometrisch-konstruktives Kunstwerk, »New Version of ›Indicated Solids‹ of 1949« von Josef Albers, Öl auf Hartfaserplatte (Masonite)

Höhe 74,3 cm, Breite 81,2 cm, Inv.-Nr. Arith 161

Artikulator Galetti

Der Galetti-Artikulator blickt auf eine vergleichsweise lange Geschichte zurück, die noch immer nicht beendet ist, denn noch heute bieten einige amerikanische Firmen das Gerät an. Das hier abgebildete Modell befindet sich seit 1972 im Besitz des Zentrums für Zahn-, Mund- und Kieferheilkunde der Universität Bonn. Bevor es in die Gustav-Korkhaus-Sammlung aufgenommen wurde, wurde der Artikulator vorzugsweise in der Kieferorthopädie zur schnellen Modellanalyse zwecks Beurteilung des Zusammenbisses eingesetzt.

Der entscheidende Vorteil gegenüber anderen Artikulatoren besteht in der Befestigung der Gipsmodelle von Ober- und Unterkiefer durch eine spezielle Klemmmechanik ohne die Verwendung eines Gipses. So können die Modelle noch im Beisein des Patienten der Bissanalyse zugeführt werden. Die Kontrolle von Hilfsmitteln zwecks Zuordnung von Ober- und Unterkiefermodellen oder die Herstellung derartiger Hilfsmittel kann in gleicher Weise ohne Zeitverzögerung erfolgen. Notwendige Korrekturen nach der Einprobe von Zahnersatz oder kieferorthopädischen Apparaturen sind nach Korrektur der Zuordnung der Modelle ebenfalls sofort möglich. Die Materialkombination von Aluminium und Messing soll die notwendige Festigkeit und Präzision im Bereich der Stellschrauben mit einer für den täglichen Gebrauch gewünschten, leichten Bauweise vereinen.

Bereits im Jahr 1931 hatte Mario Galetti seine Erfindung in Italien zum Patent angemeldet. Weitere Patentanmeldungen in Deutschland und den USA folgten 1936. In der heutigen Zeit würde man hierzu eher Carbon oder Titan verwenden. Dennoch zeigt die 86-jährige Historie des Gerätes in beeindruckender Weise das innovative Potenzial, das noch nicht ausgeschöpft ist.

Ernst-Heinrich Helfgen

Möglichkeit der schnellen Befestigung von Gipsmodellen,

16 x 13 x 9 cm

1973

Honigschleuder, Honigpumpe

Bis 1971 war Professor Hermann Wurmbach Leiter des Institutes für Landwirtschaftliche Zoologie und Bienenkunde. Sein Lehrbuch der Zoologie, bekannt als »Der Wurmbach«, ist jedem Zoologie-Studenten geläufig. Auch dessen Nachfolger Professor Drescher sowie Doktoranden und Studierende befassten sich mit Zucht und Paarungsbiologie der Honigbiene, später auch mit »Naturschutz und Landschaftsökologie« sowie Wildbienenforschung, mit der Förderung der Bienenhaltung in Entwicklungsländern und nicht zuletzt auch mit der Bedrohung der Bienenvölker durch die Varroa-Milbe.

Wer sich wie Wurmbach in den 1970er Jahren auch für Bienen interessierte und dazu öfter zu Besuch in das Bonner Uni-Institut kam, das war Wurmbachs Schwiegersohn: der Künstler Josef Beuys von der Kunstakademie in Düsseldorf. Beuys ging sozusagen »in die Lehre« bei Professor Drescher, der den interessierten und auch redseligen Künstler durch die Imkerei führte, ihm Geräte erklärte und viele Fragen beantwortete.

Inspiriert durch die Bienen beziehungsweise eine alte mechanische Honigschleuder, mit der seinerzeit der Honig aus den Waben geschleudert wurde, entwickelte Beuys sein Kunstwerk namens »Honigpumpe«. Es handelte sich um eine über mehrere Räume verteilte technische Anordnung, bei der 2 Schiffsmaschinen 150 Kilogramm Honig durch ein 173 Meter langes umlaufendes Schlauchsystem pumpten. Neben der Honigpumpe rotierte eine Kupferwalze in 100 Kilogramm Margarine. Die Honigpumpe steht für den Blutkreislauf in den Universitäten und der Gesellschaft. Das ganze Gebilde wird erst vervollständigt durch die Menschen im Raum. Die Honigpumpe ist eine Soziale Plastik: Sie ist eine Metapher für das Kommunikationssystem, das die Sprache, Diskussion und Dialog ermöglicht. »In scientia dulce«: In der Wissenschaft liegt die Süße.

Andrée Hamm

Honigschleuder / Honigpumpe,
19. Jahrhundert,
hergestellt von L. Zimmermann,
Niederlaasphe

Höhe 120 cm, Durchmesser 50 cm,
Gewicht 34 kg

Papyrus der Petition des Ophieus

1974

»An Apollonios, den Strategen des Apollonopolites Heptakomias, von Ophieus, der auch Mersis heißt, Sohn des Horos, von denen im Dorfe Naboo.«

So beginnt das Beschwerdeschreiben des Ägypters Ophieus alias Mersis an den Vorsteher des Distrikts, Apollonopolites Heptakomias Apollonios, das Letzterer in seinen Verwaltungsakten archivieren ließ. Alle Vorgänge, Eingaben, Bescheide u.ä. wurden auf lange Papyrusrollen kopiert und abgelegt. Aus Apollonios' Privat- und Dienstarchiv sind für die Jahre 113-119 u.Z. etwa 225 griechische Papyri bekannt, die heute über zahlreiche Museen verteilt sind.

Die Bonner Stücke, allen voran der Papyrus Nr. 02, wurden 1974 von dem damaligen Bonner Assistenten und späteren Ordinarius für Alte Geschichte an der Universität Kiel, Horst Braunert, und seiner Kollegin Ursula Buske erstmals veröffentlicht. Die Texte bieten Einblicke in die Verwaltungs- und Sozialstruktur Ägyptens in der spät-trajanischen und frühhadrianischen Kaiserzeit, daneben aber auch in die dramatischen Ereignisse des jüdischen Aufstandes 116/7 u.Z.

Das Schreiben des wütenden, zu Steuerschuldtilgung aufgeforderten Ophieus stammt möglicherweise noch aus dem Jahr 115 u.Z. Wie zahlreiche Ägypter hatte sich auch Mersis, der Sohn des Horos, mit Ophieus einen griechischen Namen zugelegt, den es vornehmlich in griechisch geschriebenen Dokumenten zu führen galt. Um seiner Klage Unverwechselbarkeit zu verleihen, gab er hier nun gleich seine beiden Namen an. Der Verweis auf einen früheren Strategen, Artorius Priscillus, zeigt dabei die in römischer Zeit noch hinzutretende Komponente der Übernahme gerade auch römischer Namen durch Gräkoägypter. Daneben bietet auch die Beteuerung des Ophieus alias Meris, dass er nichts mit dem steuerpflichtigen Land zu tun habe, sondern seines erwarb von der Ägypterin »Senpamous, Tochter des Pamon, die wohlhabend ist in diesem Nomos-Distrikt«, Einblicke auf die soziale und wirtschaftliche Position und Unabhängigkeit antiker Frauen. Auch vermeintlich kleinteilige und lokalbezogene Ereignisse und Schilderungen bieten also weit darüber hinaus reichende Informationen, welche die Papyrologie in ihrem Materialreichtum so einzigartig machen.

Andreas Blasius

Papyrus,
Höhe 20,8 cm, Breite 17,7 cm,
Inv.-Nr. P. Bonn Inv. 02

Bild: Thomas Mantel

Nepalesisches Heruka-Thangka

Thangkas sind ursprünglich aus Tibet stammende buddhistische Rollbilder und können nicht als Kunst im europäischen Sinne bezeichnet werden. Sie werden nicht primär für die ästhetische Betrachtung hergestellt, sondern sind in der Regel ein Medium zur rituellen Interaktion mit einer durch das Rollbild präsenten, anwesenden buddhistischen Gottheit. Zugrunde liegt die Vorstellung, dass die Rollbilder die Gottheiten nicht abbilden, sondern verkörpern. Aus diesem Grund finden sie in nahezu allen Ritualen und religiösen Aktivitäten im tibetischen Buddhismus Verwendung. Schon die bloße Anwesenheit der Gottheit in Form eines Thangkas kann Unheil abwenden, einen Ort reinigen und ein Haus oder einen Tempel zur Heimstätte der Gottheit werden lassen.

Das Rollbild zeigt im Zentrum eine tibetische Heruka-Gottheit. Der Heruka, deutsch: Bluttrinker, wird von einer lodernden Flammenaureole umgeben und besitzt drei Köpfe mit grimmigem Gesichtsausdruck, weit aufgerissene Augen und spitze Fangzähne, sowie sechs Arme und vier Beine. Im ersten unteren Händepaar hält er seine Gefährtin, eine sogenannte Dākinī-Göttin, die ihn in enger tantrischer sexueller Vereinigung umarmt. Der Heruka gehört zur Gruppe der sogenannten »zornvollen Gottheiten« des tibetischen Buddhismus. »Zorn« ist hier nicht als aggressive und zerstörerische Emotion zu verstehen: durch den Zorn symbolisierte Energien sind vielmehr zur Erleuchtung ebenso notwendig wie die friedvollen. Die Nyingma-Schule des tibetischen Buddhismus kennt acht wichtige Heruka-Gottheiten, die auch im tibetischen Totenbuch eine zentrale Rolle spielen. Auf den ersten Blick wirkt das Thangka ohne jegliche Struktur, fast chaotisch, doch wie bei allen Rollbildern ist die Ikonografie in Wirklichkeit geordnet und hierarchisch. Ein Thangka kann genauso »gelesen« werden wie ein Text. Das hier gezeigte Thangka wurde der Abteilung für Asiatische und Islamische Kunstgeschichte großzügigerweise von Dr. Johannes Gröner geschenkt. Er hatte es zur Zeit der Hippie-Bewegung Mitte der siebziger Jahre des 20. Jahrhunderts auf einer längeren Asienreise in Nepal erworben. Dort war es wohl zu touristischen Zwecken hergestellt worden.

Markus Schoenenborn

Baumwolle, tibetische Gebetsformel auf der Rückseite

141 x 94 cm,
zentrales Bild 93 x 71 cm

Olivetti Modell Divisumma 18

Spielte bei den historischen Rechenmaschinen, die im Arithmeum zu finden sind, die ästhetische Komponente stets auch eine entscheidende Rolle, so galt dies für die elektronischen Rechner nicht zwangsläufig. War die Ästhetik bei den vorindustriellen Maschinen wichtig, um Potentaten und mögliche Förderer vom Bau von Rechenmaschinen zu überzeugen, auch wenn diese selbst den Zahlen und der Mathematik nicht besonders zugetan waren, so spielte erst im 20. Jahrhundert das Aussehen der Maschine wieder eine Rolle, als der Käufer die Wahl zwischen nahezu funktionsgleichen Produkten hatte.

Die italienische Firma Olivetti erkannte das Potenzial des Designs von Rechnern sehr früh und setzte sich durch ansprechend gestaltete, doch stets funktionale und bedienungsfreundliche Modelle von der Konkurrenz ab, auch wenn diese teilweise deutlich früher entsprechende Geräte produziert hatte.

Die Olivetti Divisumma 18, ein elektronischer Rechner mit Druckwerk, ist ein Paradebeispiel dieser Idee. Zum einen erinnert ihr Name an die bewährten elektromechanischen Vierspeziesrechner aus den 1950er und 1960er Jahren, doch unter der Haube stecken weitgehend elektronische Chips. Nur das Druckwerk arbeitet teilweise mechanisch. Das Modell wurde als »tragbarer elektronischer Rechner mit elektrosensitivem Drucksystem« ab 1973 angeboten. Tragbar, weil der Rechner – neben dem Netzanschluss – mit aufladbaren Batterien betrieben werden konnte. Eine Ladung sollte für fünf Stunden reichen. Die Recheneinheit ist in MOS-Technik ausgeführt. Es gibt einen Konstanten- und einen Druckspeicher. Die Dezimalstellen können vorgewählt werden. Das Tastenfeld ist wasserdicht in eine Gummihülle eingegossen, einerseits, um das Eindringen von Staub zu verhindern, andererseits, weil so die Haptik sehr modern und fortschrittlich anmutete. Das Gerät kostete 1976 DM 950,-. Es gab dazu das Parallelmodell Divisumma 28, das bei gleicher Ausstattung nur mit Netzteil betrieben werden konnte.

Der italienische Architekt und Designer Mario Bellini, der die Divisumma 18 gestaltete, hat sich neben architektonischen Projekten, wie beispielsweise dem Erweiterungsbau des Louvre für die Abteilung islamische Kunst gemeinsam mit Rudy Ricciotti, vor allem auch mit der Gestaltung von Büromaschinen einen Namen gemacht.

Ina Prinz

Elektronischer Rechner mit Druckwerk, Mario Bellini

Höhe 5,5 cm, Breite 31 cm, Tiefe 12,5 cm, 1, 3 kg, Inv.-Nr. FDM 7310, Montage

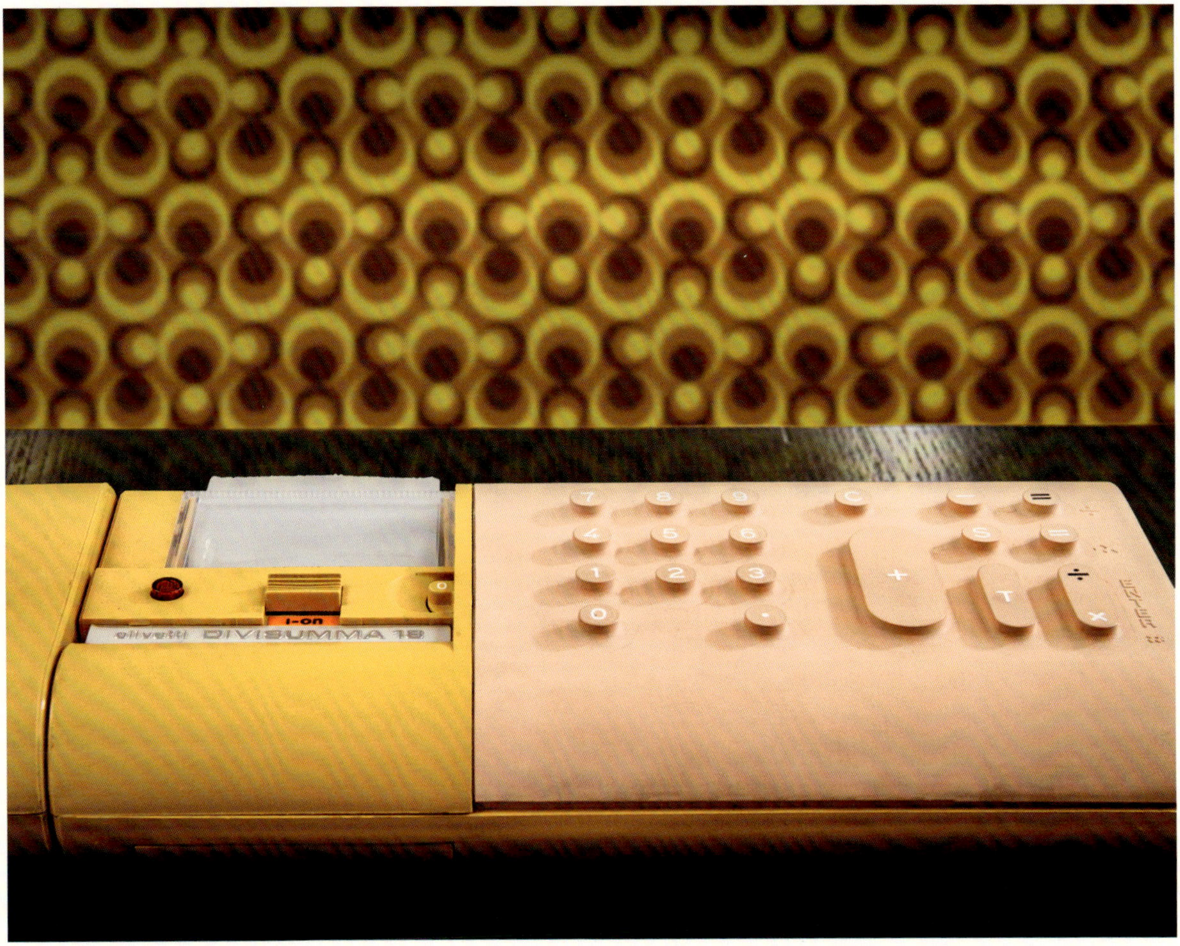
olivetti DIVISUMMA 18

Maluwana der Wayana

Der Deckenschild, *Maluwana* genannt in der Sprache der brasilianischen Apalai und Wayana, wurde 1977 für den Sammler Manfred Rauschert hergestellt und mit Acrylfarben bemalt. Zwischen 1951 und 2001 hielt sich Rauschert wiederholt dort auf. Von Hermann Trimborn beauftragt, stellte Rauschert die Apalai-Wayana-Sammlung für die Bonner Altamerika-Sammlung zusammen. Die Apalai und Wayana sind eng verwandte karibsprachige Gruppen in den Guyanas.

Zunächst erwecken die Bilder auf dem kreisrunden Deckenschild die Aufmerksamkeit. In der Mitte ist er mit einem Loch für den zentralen Hauspfahl versehen. Die anthropo- und zoomorphen Wesen und Formen mit ihrer besonderen Farbigkeit sind ausgesprochen ästhetisch und reizvoll. Deckenschilde verwendeten die Wayana für den Schutz des zentralen Gemeinschaftshauses. Auf dem Schild werden die Figuren zu Geschöpfen eines ganzen Kosmos. Da sind die Wassergeistermonster, die die Wayana erschaffen haben, menschenfressende Raupen, die als Transformationen der Geisterwelt von den Menschen gefürchtet werden, sowie Fisch-Vogel-Mischwesen, Schildkröten, Schmetterlinge und Spinnen. Der gezackte äußere Ring des Schilds, der mit dem weiblichen Geschlecht assoziiert wird, und der mit Punkten bemalte innere Ring um seine Öffnung, die auf den zentralen, als Phallus gedachten Pfahl des Hauses gesetzt wird, bilden ein außerordentlich dichtes Bild der Kosmologie der Wayana. Der äußere Ring soll das Dorf gegen Angriffe abgrenzen und Schutz vor den Geistern bieten. Selbst bei *Maluwana* wie dieser, die für Touristen oder für den Sammler hergestellt wurden, verlieren angeblich die Wassergeister und Raupen ihre Handlungsmacht nicht. So können auch wir in ihnen einen Schutzschild für unser gemeinsames Haus, die Universität Bonn, sehen.

Karoline Noack

Maluwana, Draufsicht, Holz, farbig bemalt, Durchmesser 84 cm, Montage

Altair 8800 Computer

Nachdem lange Zeit die Entwicklung der ersten Computer in Form von Großrechnern nur einem kleinen Kreis von Fachleuten und Wissenschaftlern Nutzen brachte, begann in den 1970er Jahren langsam bei der technikinteressierten Bevölkerung das Interesse an Computern zu wachsen. Das hatte seinen Grund in der Erfindung des Mikroprozessors und der Entdeckung der Möglichkeiten dieses deutlich kleineren und vielseitigen Logikbauteils für Computer. War die Logik früher Computer zuvor mit Relais, Elektronenröhren und Einzel-Transistoren realisiert worden, bedeutete der Mikroprozessor nun nicht nur eine Verkleinerung, sondern auch eine massive Preisreduktion. Hatte in den 1950er Jahren das Mieten einer einzigen Stunde Rechenzeit auf einem Großrechner mehrere Tausend DM gekostet, konnte nun erstmals ein Computer als sogenannter Heimcomputer für den Privatmann gebaut werden.

Erste Entwürfe für Heimcomputer wurden mit dem Intel 8080 gemacht. Trotz vergleichbarer Konkurrenz wurde der Altair 8800, ein Rechnerbausatz zu 395 Dollar, ein Verkaufsschlager. Die Firma MITS (Micro Instrumentation and Telemetry Systems), die unter Ed Roberts in dessen Garage in Albuquerque ihren Anfang nahm, verstand es mithilfe des Mitbegründers Forrest M. Mims die Vermarktung über die Zeitschrift Popular Electronics anzukurbeln. So gingen schon am ersten Tag 200 Bestellungen ein – eine Menge, die Roberts für den Verkauf eines Jahres kalkuliert hatte. Das war ein Riesenerfolg.

Roberts hatte kosmetisch beschädigte Intel-8080-CPUs zu knapp einem Viertel des regulären Einkaufspreises erwerben können. Daraus baute er das Basismodell auf. Es bestand aus der Platine für die CPU mit dem Intel 8080, einer Platine für den Arbeitsspeicher mit 256 Byte sowie drei weiteren Platinen und war über zusätzliche Steckplätze erweiterbar. Roberts verwendete erstmals einen S-100-Bus zur Steckverbindung.

Von einem heutigen Computer war der Altair, der nach einem Stern aus der Fernsehserie Raumschiff Enterprise benannt wurde, noch weit entfernt. Bastler und Hobbyelektroniker konnten sich für die binäre Programmierung über Kippschalter und die Anzeige des Ergebnisses in Binärzahlen über Leuchtdioden begeistern. Ohne zusätzlichen Programmspeicher musste der Nutzer nach jedem Neustart seine Programme wieder von Neuem eingeben. Ein funktionstüchtiger Altair 8800 kann im Schaudepot »Frühe Computer und PCs« des Arithmeums besichtigt werden.

Ina Prinz

Computer mit Intel 8080 Mikroprozessor, binäre Eingabe über Kippschalter, Ausgabe LED-Lämpchen

Höhe 18,7 cm, Breite 44 cm, Tiefe 44,5 cm, 9 kg, Inv.-Nr. FDMC 153, Montage

OFF
ON

Aphrodite in den Gärten

Literarische Quellen aus der Antike sind oftmals mit dem heute bekannten Skulpturenbestand in Zusammenhang zu bringen, sodass reizvolle Identifizierungen, Benennungen und Kontextualisierungen gelingen können. So berichten Plinius und Pausanias von einem Heiligtum der »Aphrodite in den Gärten«, welches im Ilissos-Tal außerhalb Athens zu lokalisieren ist. Ein zweites Heiligtum der »Aphrodite in den Gärten« befand sich an den Hängen der Akropolis. Pausanias erwähnt zudem verschiedene Statuen der Göttin, die im Freien, also wohl in einer Gartenlandschaft, aufgestellt waren. U.a. angeregt durch die Vasenmalerei, die ab der 2. Hälfte des 5. Jhs. v. Chr. vielfach Aphrodite inmitten von Hügeln und Gärten zeigt, widmete sich Ernst Langlotz (Bonner Professor und Direktor des Akademischen Kunstmuseums von 1941 bis 1963) einem Statuentypus, welchen er als Bild der »Aphrodite in den Gärten« deutete.

Hierzu nutzte er die einmalige Möglichkeit, die Abgüsse der Forschung bieten und rekonstruierte im Gipsabguss – und somit dreidimensional – das von ihm vorgeschlagene griechische Urbild. Hierfür setzte er Abgüsse verschiedener römischer Kopien zusammen, die jeweils meist unvollständig überliefert sind. Der von Langlotz herangezogene Körper der auf einem Klismos sitzenden weiblichen Gestalt befindet sich im Museum in Verona. Die Frau ist im Oberkörper zurückgelehnt, die Beine sind nach vorne ausgestreckt mit überschlagenem rechten Fuß – rund 10 römische Marmorkopien dieses Körpers der sog. Aphrodite Olympias sind bekannt. Die noch fehlende linke Brustpartie und den linken Arm setzte Langlotz als Abguss der Kopie in Paris, Musée Rodin, ein. Der von Langlotz aufgesetzte Kopf schließlich ist der sog. Sappho-Kopf, heute in Oxford, ein Typus, der dank römischer Kopisten ebenfalls zahlreich überliefert ist.

Auch Nikolaus Himmelmann, Direktor des Akademischen Kunstmuseums von 1966 bis 1994, widmete sich 1979 dem Thema und der Bonner Rekonstruktion. Die Deutung der erlangten Gesamtkomposition als »Aphrodite in den Gärten« ist bis heute umstritten, und auch die Verbindung des Kopftypus Sappho mit dem Körper der sitzenden Göttin findet nicht allseitige Zustimmung. Erst derartige Rekonstruktionen im Abguss ermöglichen allerdings eine Bewertung der postulierten Zusammengehörigkeit und eine Beurteilung in der Dreidimensionalität.

Nele Schröder-Griebel

Nachbildung, Gips, Akademisches Kunstmuseum, Inv. 1596 / 1606

Körper in Verona, Museo Archeologico al Teatro Romano

Brust / linker Arm in Paris, Musée Rodin

Kopf in Oxford, Ashmolean Museum

Americas

Das Werk von Leon Polk Smith (1906-1996) wurde 2001 im Arithmeum in einer Retrospektive vorgestellt. Neben Kunstausstellungen mit Werken der eigenen Sammlung hat sich das Arithmeum zum Ziel gesetzt, wichtige Positionen der geometrisch-konstruktiven Kunst in Einzelausstellungen vorzustellen.

Leon Polk Smith, der als ein Begründer der sogenannten Hard-Edge-Malerei gilt, war dafür prädestiniert. Von figurativen Tuschezeichnungen über eine erste konstruktive Phase, die stark von Mondrian und de Stijl inspiriert ist, bis hin zur Hard-Edge-Malerei und seinen Constellations waren seine Werke in dieser Retrospektive vertreten. Aus nahezu allen Phasen konnte das Arithmeum Werke für die eigene Sammlung erwerben.

In seiner Hard-Edge-Malerei, in der sich jeweils nur zwei Farben auf einer großflächigen Leinwand an einer scharf gezogenen Grenzlinie gegenüberstehen, sind Farbe und Form stets eine untrennbare Einheit. Ihre Polaritäten werden deutlich hervorgehoben und dennoch spiegelt ihre Gesamtheit eine natürliche und harmonische Einheit. Seinen natürlichen und ganzheitsbezogenen Denkansatz lernte Leon Polk Smith vom Stamm der Chickasaw-Indianer, deren Nachkomme er war.

Der 1906 in Chickasha, einem Indianerreservat, geborene Künstler fand erst spät zur Malerei. Nach der Schulzeit arbeitete er zunächst in Oklahoma im Straßenbau, bevor er sich entschloss, am East Central State College zu studieren und Lehrer zu werden. In den Sommermonaten nahm er an Weiterbildungen am Teachers College der Columbia University in New York teil. 1938 erwarb er den Master of Arts in den Fächern Kunsterziehung und Psychologie. Hier schrieb er sich auch erstmals in der Kunst-Klasse ein.

Ab 1968 arbeitete er an den sogenannten Constellations. Diese Werke bestehen aus drei bis fünf Leinwänden verschiedener Formen, die er zu einem Gesamtbild montierte. Das 1980 entstandene Werk »Americas« aus der Sammlung Arithmeum gehört zu dieser Werkgruppe. Es besteht aus drei Leinwänden, die exakt aneinandergesetzt ein Kreissegment bilden, das nach unten von schwarzen, über die Bildgrenzen hinausragenden Leisten begrenzt wird. Die Farben Rot und Blau lassen Assoziationen an die amerikanische Flagge zu, die Form hingegen erinnert an die Darstellung eines aufsichtig wiedergegebenen, angeschnittenen Kegels, vielleicht auch eines Tipis.

Ina Prinz

Geometrisch-konstruktives Kunstwerk / Hard-Edge, »Americas« von Leon Polk Smith

Acryl auf Leinwand auf Holz, Höhe 275 cm Breite 520 cm, Inv.-Nr. Arith 140

Letzter Feldhamster aus Bonn

Der Feldhamster war früher in Mitteleuropa eine Charakterart der Agrarsteppe. Als Konkurrent in der Landwirtschaft wurde er systematisch von Bauern und professionellen Hamsterfängern verfolgt und zu Hunderttausenden getötet; sein buntes Fellchen wurde als Innenfutter von Pelzmänteln verwendet. Auch in Nordrhein-Westfalen war der Feldhamster verbreitet, vor allem in den Lößebenen der Niederrheinischen Bucht westlich des Rheins, von wo aus Ausbreitungswellen bis nach Bonn reichten. Landwirtschaftlich genutzte Flächen im Bonner Norden und auf dem Messdorfer Feld boten damals ausreichende Lebensräume, bevor zunehmender Flächenverbrauch sie zerstörte. Auch in den Randlagen von Köln, Frechen, Dormagen und Aachen gab es noch Hamsterpopulationen. Eine Bestandsanalyse in Nordrhein-Westfalen (NRW) durch Wissenschaftler des Museums Koenig führte in den 90er Jahren zu dem erschreckenden Befund, dass der Feldhamster bereits 80% seines früheren Areals im Land eingebüßt hatte. Ähnliche Trends wurden dann auch aus anderen Bundesländern gemeldet. Ein gut gemeintes Schutzprogramm des Landes NRW wurde politisch mit Wahlkampfparolen wie »Hamster oder Arbeitsplätze?« torpediert. Genützt hat das Schutzprogramm nichts. Der Feldhamster ist heute in NRW bis auf eine winzige Restpopulation bei Zülpich ausgestorben.

Im Bonner Raum wurde der letzte Hamster im Herbst 1980 am Rande des Messdorfer Feldes in einem Kleingarten gefunden. Das Tier wurde noch einige Zeit im Museum Koenig lebend gehalten und beobachtet, wo es im September 1981 starb. Von der früheren Existenz des buntesten Säugetieres Deutschlands zeugen in Bonn heute nur noch die Belege in den Sammlungen des Museum Koenig.

Rainer Hutterer

Cricetus cricetus,
Schädel eines adulten Männchens, lebend gefangen am 6. August 1980, Messdorfer Feld, Bonn-Duisdorf

In Gefangenschaft gestorben am 20. September 1981

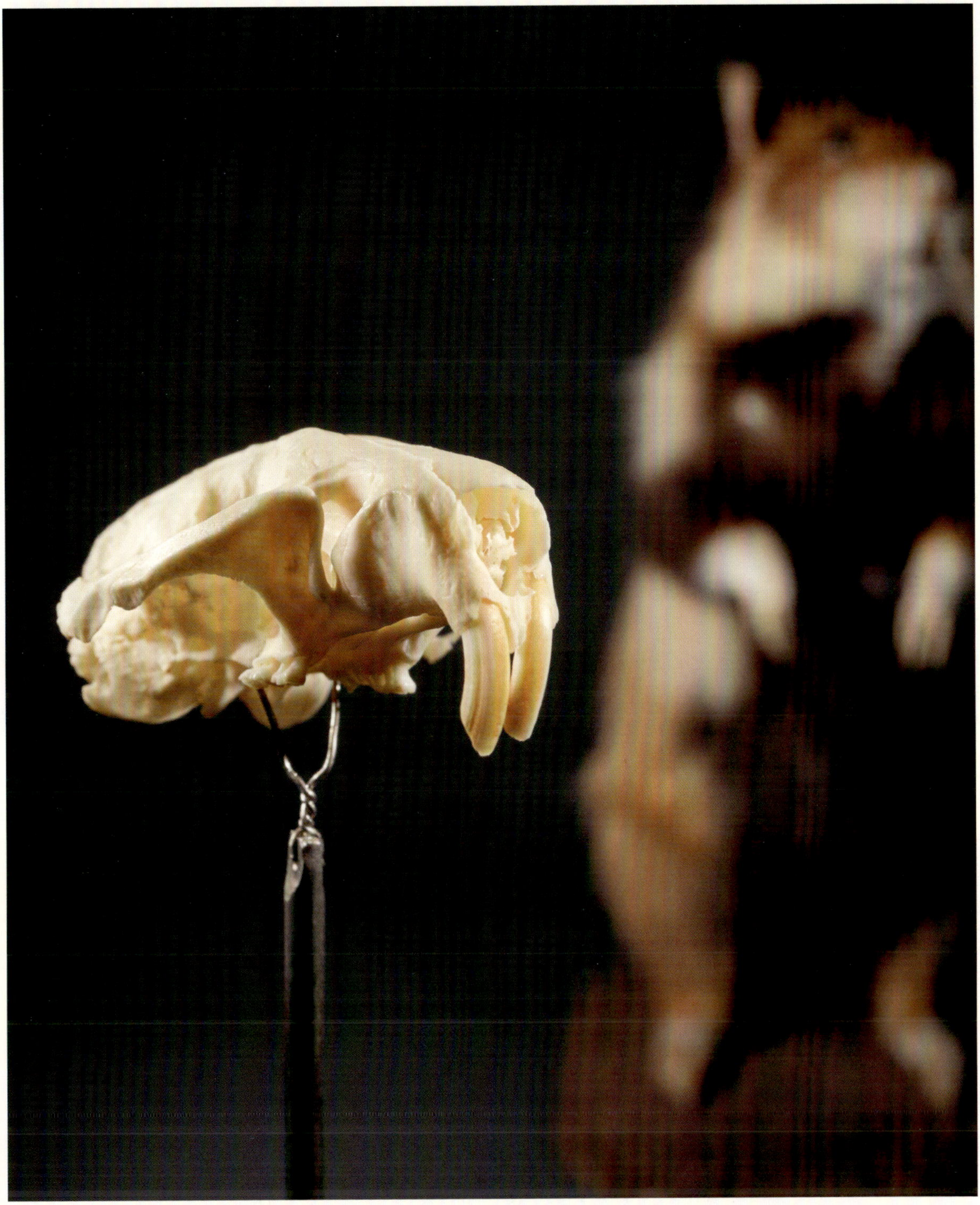

1982

Seychellennusspalme

Die Seychellennusspalme stammt von den Seychellen und nicht von den Malediven, wie der lateinische Name »maldivica« vermuten ließe. Sie existiert nur auf den Inseln Praslin und Curieuse dieses Archipels. Diese Palmenart wird bis 20 Meter hoch. Sie gehört zu den Fächerpalmen und ihr Blatt kann sehr groß werden: Der Blattstiel bis 3,6 m lang und die Spreite 5,5 x 3,6 m. Die Blätter sind sehr hart und ausdauernd. Sie verbleiben nach dem Verwelken am Stamm und es dauert sehr lange, bis sie durch ihr Gewicht abreißen und zu Boden fallen. Abgefallene Blätter bilden eine fast undurchdringliche Schicht, die das Aufkommen anderer Jungpflanzen verhindert. Es gibt weibliche und männliche Pflanzen. Besonders sind an der Seychellennusspalme ihre Blüten, Früchte und Samen.

Die weiblichen Blüten sind die größten bei den Palmen. Nach der Bestäubung entstehen bis 50 Zentimeter lange Früchte, die riesige Samen enthalten. Diese sind die größten im Pflanzenreich und können bis 50 Kilogramm schwer werden. Wenn sie reif sind, fallen sie herab und können durch ihr Gewicht die dichte Lage der abgestorbenen Blätter durchschlagen. Dann entsteht keine Keimwurzel wie bei den meisten anderen Blütenpflanzen, sondern ein sogenannter Suspensor, ein wurzelähnliches Gebilde, das sich durch die toten Blätter schlängelt bis es den Boden erreicht hat. Erst hier entsteht die Keimwurzel und die Entwicklung eines Sämlings beginnt. Die Samen sind sehr charakteristisch geformt. Angespülte Samen von anliegenden Küsten wurden im Mittelalter mit Gold aufgewogen. Sie zählen als Trinkgefäße noch heute zu den größten Kostbarkeiten europäischer Adelshäuser. Die Seychellennusspalme in den Botanischen Gärten der Universität Bonn ist mit fast 13 Meter Höhe eine der größten in Europa und stößt mit seinen Blättern bereits an das Dach des Gewächshauses.

Wolfram Lobin,
Cornelia Löhne

Lodoicea maldivica, im Gewächshaus der Botanischen Gärten der Universität Bonn

Magierkanne

Seit den 1970er Jahren erfuhr die Spätantike in der althistorischen Forschung eine neue Bewertung: Man sah darin nun nicht mehr den Verfall der klassischen Antike, sondern eine Epoche, in der sich u.a. durch den wachsenden Einfluss des Christentums, durch das Aufblühen des oströmischen Reiches unter der Führung Konstantinopels sowie durch das Eindringen germanischer Kultur wesentliche Transformationen vollzogen, die schließlich ins abendländische Mittelalter mündeten. Die Frankfurter Ausstellung »Spätantike und frühes Christentum« war eine der ersten in Europa, die diese neue Forschungsperspektive einem breiten Publikum präsentierte.

Zu dieser Schau konnte das Franz Joseph Dölger-Institut eine wohl aus dem östlichen Mittelmeerraum stammende Messingkanne zur Verfügung stellen. Sie gehörte zum Nachlass des Christlichen Archäologen und Byzantinisten Alfons Maria Schneider (1896-1952), den dessen Witwe 1965 dem Dölger-Institut überlassen hatte. Zu erkennen ist ein Figurenfries mit zwei gegengleich komponierten Szenen. Henkel und Boden der Kanne fehlen.

Die nach links laufende Szene zeigt, hier abgebildet, die Huldigung der drei Magier vor dem Jesuskind, welches auf dem Schoß Mariens sitzt. Im Laufe des Mittelalters wurde diese Geschichte langsam zur Anbetung der Heiligen Drei Könige ausgeschmückt. Als vierte Gestalt wurde der Prophet Balaam angefügt.

Die zweite Szene stellt die drei Magier in Begleitung eines Engels vor Herodes dar, wie das Evangelium nach Matthäus berichtet (Mt 2, 7f). Die aus Hose, Tunika und phrygischer Mütze bestehende persische Tracht weist auf ihre Herkunft aus dem Osten. Zwischen den Magiern und dem thronenden Herodes ist zudem ein Kultbild zu erkennen, das im Rahmen paganer Kultpraxis üblicherweise verehrt wurde. Auf diese Weise wird Herodes als gottloser, götzendienerischer Herrscher charakterisiert, während die Magier ihre Verehrung allein dem wahren Herrscher, also Jesus Christus zukommen lassen.

Susanne Heydasch-Lehmann

Oben: Aufschnitt der Magierkanne

Links: »Magierkanne«, Huldigung der Magier vor dem Jesuskind, aus dem Nachlass Alfons Maria Schneider

Messing, 7. Jahrhundert, Höhe 20,4 cm, Durchmesser 13,3 cm, Inv.-Nr. 151

Apple Macintosh Plus

Das Arithmeum hat im Jahr 2016 ein neues Schaudepot mit frühen Computern und PC eröffnet. Dieser Bereich, der bis dato in der Ausstellung des Arithmeums ausgespart wurde, kann nun in Depoträumen in direkter Nähe zum Arithmeum besichtigt werden. Auch hier wird Wert auf die Funktionstüchtigkeit der Objekte gelegt. Eine Auswahl der inzwischen mehr als 3000 Exponate wird in Spezialführungen mit originaler Software demonstriert. Neben den Anfängen, wie einer D11, einem frühen Minicomputer in der Größe eines Großfamilienkühlschranks, den ersten elektronischen Tischrechnern und Heimcomputern sowie einer vollständigen Serie der ersten IBM PC, können hier auch die ersten Apple-Computer bewundert werden.

Nach dem legendären Einplatinencomputer Apple 1 von Steve Wozniak aus dem Jahr 1976, der mit allen Originalbauteilen funktionstüchtig vorgeführt wird, findet sich die vollständige Chronologie der Apple Computer in dieser Ausstellung.

Besondere Highlights sind die Apple Lisa und der Apple Macintosh Plus. Auch wenn die Lisa 1983 als erster Personal Computer, der zum IBM PC in Konkurrenz treten sollte, über eine Maus und ein Betriebssystem mit grafischer Benutzeroberfläche verfügte, war sie aufgrund des hohen Verkaufspreises von rund 10.000 US Dollar kein kommerzieller Erfolg. Dieser stellte sich erst 1984 durch den deutlich preisgünstigeren, aber technisch vergleichbaren Apple Macintosh ein. Der »Mac« war lange Zeit der größte Erfolg von Apple.

Der Macintosh Plus hat als Prozessor einen Motorola 68.000 mit 8 MHz Taktfrequenz. Sein Gehäuse entspricht dem des Macintosh 128k mit eingebautem 9-Zoll-Bildschirm (512×342 Pixel, monochrom). Er besitzt 1 MB Arbeitsspeicher und konnte auf 4 MB aufgerüstet werden, das ROM hat 128 KB. Es gibt eine SCSI-Schnittstelle, an die insbesondere externe Fest- und Wechselplatten, aber auch SCSI-Ethernetadapter angeschlossen werden können.

Das Gehäuse trägt auf der Innenseite die Unterschriften der Entwickler, die dort mittels Ätzverfahren verewigt wurden. Da dies nur für die ersten Exemplare gilt, freut sich das Arithmeum besonders darüber, ein solches Exemplar zu besitzen.

Ein Wermutstropfen des beliebten Apple Macintosh Plus war der fehlende Lüfter. Lüftungsschlitze am Gehäuse sollten den Rechner über eine Art Kamineffekt kühlen. Stellte der Nutzer diese zu, überhitzte der Mac und Teile der Hardware konnten schmelzen.

Ina Prinz

Personal Computer, mit Maus und Betriebssystem mit grafischer Benutzeroberfläche

Höhe 34,5 cm, Breite 25 cm, Tiefe 28 cm, 7350 g, Inv.-Nr. FDMC 33, Montage

Sirognathograf nach Lewin

Der seit 1985 hergestellte Sirognathograf der Firma Siemens ist eines der ersten Geräte, die die dreidimensionale Bewegung des Unterkiefers in Relation zum Oberkiefer elektronisch erfassen, speichern und wiedergeben konnten. Das System basiert auf einer Entwicklung von Lewin aus dem Jahre 1972 und verwendet das Prinzip der messbaren Positionsänderung eines Magneten in einem elektrischen Feld. In diesem Fall wird der Magnet an den unteren Schneidezähnen befestigt. Die Aufzeichnung erfolgt über eine Vorrichtung mit acht am Kopf des Patienten fixierten Hallsonden. Mittels Additions- und Subtraktionsverfahren werden durch die elektronische Datenverarbeitung die gemessenen Signale als Referenz der Magnetposition durch einen Differenzverstärker auf einem Oszilloskop sichtbar gemacht. Die Bewegungen des Unterkiefers konnten zusätzlich durch einen Plotter in Relation zu den drei Raumebenen auf Millimeterpapier festgehalten werden.

Das System zeigt einen bedeutenden Schritt von der rein mechanischen Aufzeichnung der Unterkieferbewegung mithilfe von sog. Gesichtsbögen zu den heute etablierten, elektronischen Aufzeichnungssystemen mit einer deutlich verbesserten Darstellung durch kontinuierliche Weiterentwicklungen im Bereich der PC-basierten, grafischen Darstellung.

Ernst-Heinrich Helfgen

Sirognatograph der Fa. Siemens, Gerät zur elektronischen Aufzeichnung von Bewegungen des Unterkiefers auf der Grundlage von Magnetfeldmessungen, Signalwandler 38 x 30 x 21 cm

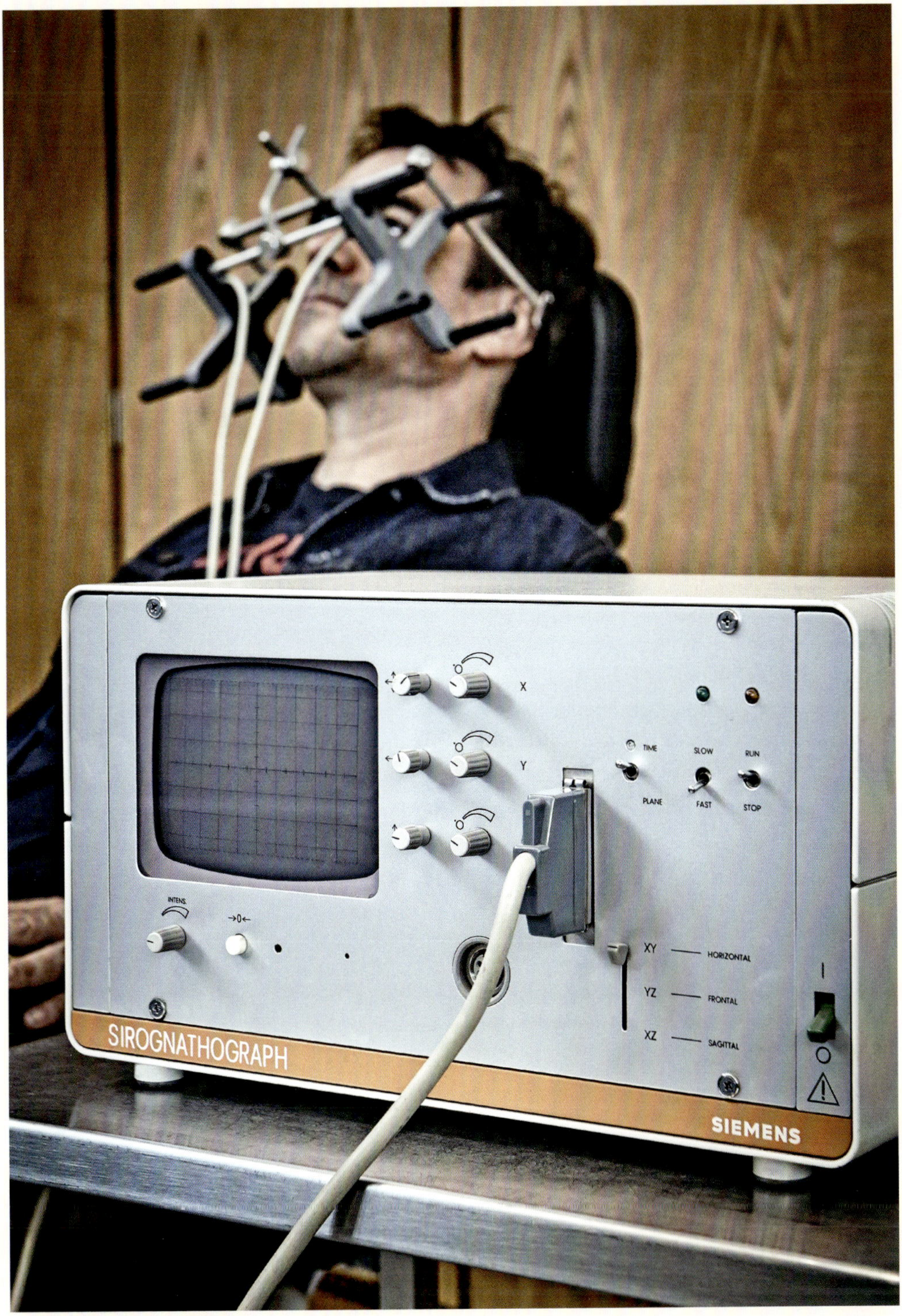
X
Y
TIME
PLANE
SLOW
FAST
RUN
STOP
INTENS.
XY
HORIZONTAL
YZ
FRONTAL
XZ
SAGITTAL
SIROGNATHOGRAPH
SIEMENS

Erinnerungsteller aus Waseda

Dieser Teller war eines der Gastgeschenke des Waseda-Symphonie-Orchesters, das im Februar 1986 ein Konzert in der Aula der Universität Bonn gegeben hat. Im Anschluss an das Konzert gab der damalige Rektor der Universität einen Empfang, bei dem ihm dieser Teller überreicht wurde. Kraniche symbolisieren in Japan ein langes, glückliches Leben. Mit der japanischen Waseda-Universität verbindet die Universität Bonn bis heute eine intensive Partnerschaft.

Gedenk-, Dankes- und Erinnerungsteller stammen – neben einem saarländischen – zumeist von asiatischen Gästen aus China, Japan und Malaysia. Während Teller Platz lassen für Schrift und Bild, bleibt auf Medaillen nicht viel Raum. Und doch wurde nichts im Lauf der 200-jährigen Geschichte von Besuchen, Empfängen und Geschenken so oft an den Rektor übergeben wie Medaillen, in allen Größen und Materialien.

Die Waseda-Universität übergab neben dem hier abgebildeten Teller im Jahr 1986 auch Manschettenknöpfe, eine Krawattennadel sowie eine Schmuckpalette. Die Rektoren pflegen ihre Geschenke zu archivieren und so verrät das Depotbuch des Universitätsarchivs weiter, dass auch Bierkrüge, Dolche und Wappenschilder, Siegel, Tücher, Schals und Schmuck verschenkt wurden.

Klaus Herkenrath

Porzellanteller,
quadratisch,
24 x 24 cm, Höhe 2 cm

Samurai-Helm

Die Samurai haben heute einen umfassenden Einzug in die populäre Kultur gehalten. Das Wort »Samurai« leitet sich vom japanischen Verb »*saberu*« ab, das wörtlich übersetzt etwa so viel wie »dienen« bedeutet. Die Samurai waren der japanische Schwertadel, eine Kriegerelite, die das politische Geschick des japanischen Inselreichs sieben Jahrhunderte bestimmten. Die Samurai kämpften untereinander während der japanischen Feudalzeit (15.-16. Jh.) in blutigen Bürgerkriegen um die Vorherrschaft.

Aus dieser Zeit stammt der Samurai-Helm, welcher der Abteilung für Asiatische und Islamische Kunstgeschichte als Teil der Sammlung von Ingrid Gahl-Schoeller im Jahre 2013 als Schenkung überlassen wurde. Der Helm ist ein sogenannter »*Suji Bashi Kabuto*«, und wie bei Helmen diesen Typs üblich besteht er hauptsächlich aus Eisen. Der *Suji Bashi Kabuto* wird zu den Multiplattenhelmen gezählt, da er aus vielen einzelnen Metallplatten besteht, die durch charakteristische Rippen oder Grate voneinander getrennt sind, die auch dazu dienten, Schwerthiebe abzulenken. Der Helm ist nicht mehr vollständig, denn es fehlen der Nackenschutz, der Zierrat an der Front des Helms, der Federbausch sowie die bei diesem Helmtyp häufig getragene Gesichtsmaske. Der Helm wurde in Kampfhandlungen getragen, was an der etwa zehn Zentimeter langen Einkerbung an der linken Seite vorne zu sehen ist. Sie wurde wohl von einem Schwerthieb verursacht, durch den auch die Metallgrate verbogen wurden.

Auf den *fukigaeshi* genannten Seitenklappen des Helms befindet sich das Clansymbol (jap. *kamon*) des Nanbu-Clans mit den zwei, am Kopf sich berührenden Kranichen. Der Nanbu-Clan beruft sich darauf, vom Minamoto-Clan abzustammen, der den ersten Shōgun des japanischen Inselreiches stellte. Die Clanlinie der Nanbu existiert noch heute. So war das Oberhaupt Nanbu Toshiaki von 2004 bis 2009 amtierender Priester des umstrittenen Yasukuni-Schreins in Tōkyō, in dem aller im Krieg gefallener Soldaten Japans seit der Meiji-Restauration (ab 1868) gedacht wird.

Markus Schoenenborn

Eisen, Messing, Bambus,
wahrscheinlich 15.-16. Jh.,
Durchmesser 36 cm,
Montage

1988

Matthäus vom Straßburger Münster

Mit Abgüssen mittelalterlicher Skulpturen aus dem Straßburger Münster umfasst die von Paul Clemen gegründete Abgusssammlung des Kunsthistorischen Instituts Hauptwerke der neuen gotischen, durch besondere Verlebendigung gekennzeichneten Skulptur aus dem deutschsprachigen Südwesten. Zu ihnen zählt auch der lebensgroße Matthäus vom Gerichtspfeiler in der Mitte des südlichen Querarms des Münsters. Matthäus ist dort Teil eines Jüngsten Gerichts, das aus weiteren nahezu vollplastisch zwischen die Pfeilerelemente verteilten Skulpturen gebildet wird. Das Bildprogramm wendet sich in dieser ungewöhnlichen Form appellativ an die vom Querhausportal Eintretenden. Es ist daher als Innenraumskulptur endzeitlicher Ausrichtung in gewissem Sinn ein Gegenstück zu dem in etwa zeitgenössischen Westchor des Naumburger Doms, von dessen berühmten Stifterfiguren ebenfalls einige als Abgüsse im Besitz des Museums sind.

Die für ihren erhöhten Standort auf Untersicht hin proportionierte Figur des Matthäus verbindet einen elegant gelängten Körper mit einem großen bärtigen Kopf, der einen eindrucksvoll entschlossen-erleuchteten Gesichtsausdruck aufweist. Auf die Botschaft des Heiligen weist auch sein durch Faltenzüge betontes Spruchband hin.

Matthäus gehört zu denjenigen Abgüssen, die Prof. Heijo Klein in seinen ab 1988 veranstalteten Seminaren durch Studierende aus ihrem Depotdasein befreien ließ, in das sie durch die Kriegszerstörung der Clemen'schen Sammlung geraten waren. Unter seiner Anleitung wurden die Figuren gereinigt sowie erfasst. Danach konnten sie bei der Ausstellung »Meisterwerke mittelalterlicher Skulptur aus der Abgußsammlung des Kunsthistorischen Instituts der Universität Bonn« im neuen Stadtmuseum Siegburg gezeigt werden.

Harald Wolter-von dem Knesebeck

Gipsabguss vom Gerichtspfeiler des Straßburger Münsters (Kathedrale Notre-Dame), zweites Viertel des 13. Jahrhunderts

Höhe: 203 cm, Inv.-Nr. 240

Zyprogeometrischer Teller

Die originalen Antiken im Akademischen Kunstmuseum sollen Studierenden und Öffentlichkeit vor allem einen Überblick über die Artefakte bieten, die von der Bronzezeit bis in die christliche Spätantike an unterschiedlichsten Orten vor allem rings um das Mittelmeer entstanden sind. Obwohl fast jedes der Objekte ein Unikat ist, sind nur wenige wirklich einzigartig, sodass sie besondere kultur- und/oder kunstgeschichtliche Bedeutung haben. Um ein solches Stück handelt es sich bei dem zyprischen Teller, der anlässlich der Emeritierung des damaligen Direktors Prof. Dr. Nikolaus Himmelmann (1929-2013) der Sammlung geschenkt worden war. Das Objekt wurde 1996 von Michalis Aspris in den Bonner Jahrbüchern erstmals wissenschaftlich publiziert.

Das Besondere an diesem Teller ist der Webstuhl, der zusammen mit zwei Vögeln und einigen schwer deutbaren, geometrisierten Gegenständen in Rot und Schwarzbraun auf den ansonsten hellockerfarbenen Ton der Außenseite gemalt ist. Aufgrund der Farbigkeit und der charakteristischen Stilisierung der Malerei sowie seiner Form gehört der Teller zur Bichrome-III-Ware der späten Stufe Zypro-Geometrisch III: Seine in der zyprischen Keramik einzigartige Darstellung ist also älter als alle Webstuhlbilder in der antiken griechischen Kunst. Zwischen dem Tuchbaum oben und den Kettfäden unten, die jeweils zu mehreren mit einem Gewicht beschwert sind, erkennt man ein bereits fertig gewebtes Stoffstück mit Zonen aus immer wieder anderen geometrischen Ornamentbändern.

Die beiden Henkel sind absichtlich so angebracht, dass der Teller, der wegen des leicht konvexen Bodens nicht stabil steht, bei richtigherum orientiertem Bild aufzuhängen war. Die Darstellung verweist in den Bereich des Wohnhauses, wo die Herrin und Ehefrau ihren Ehrgeiz da hinein zu setzen hatte, durch ausreichende Stoffproduktion die Versorgung der Familie mit Kleidung und anderen Textilien sicherzustellen.

Frank Rumscheid

Keramik, Durchmesser 26 cm,
ca. 800-750 v.Chr.,
Fundort unbekannt, Inv.-Nr. 3107,
Montage

Griechisches Ostrakon

»Da befahl Pharao: ›Man soll ihm eine Schreibpalette bringen, lasst ihm (aber) keinen Papyrus bringen!‹. Man brachte ihm eine Palette, jedoch keinen Papyrus; da schrieb er auf die Scherben der Töpfe die Worte …« – oder: ›Not macht erfinderisch‹.

Ob der Gebrauch von Tonscherben als Schriftträger tatsächlich ursprünglich auf einen Mangel an Papyrus zurückgeführt werden kann, wie es die Anekdote in der Lehre des Chascheschonki (Kol. IV, Z. 14f., nach Übers. H.J.Thissen) plausibel macht, muss letztlich offenbleiben. Gerade in der griechisch-römischen Zeit Ägyptens wurde dieses billige Alternativmaterial landesweit mit großem Eifer genutzt – auch wenn der Recycling-Aspekt keine zentrale Rolle dabei spielte. Papyrus war teuer und im Vergleich zu gebrannten Tonscherben deutlich fragiler. Der Beschreibstoff wurde allerdings auch durch Zerstörung gewonnen: So weist das hier vorliegende, 1990 von dem ehemaligen Assistenten Horst Braunerts, John Shelton, erstveröffentlichte Exemplar in seiner leichten Wölbung der glatten Außenseite und angesichts der Drehrillen an der Innenseite auf ein Vorleben als Teil eines auf der Töpferscheibe hergestellten Gefäßes aus rötlich braunem Nilton hin. Die geschwärzte Innenseite zeigt den früheren Einsatz als Kochgeschirr an. Da die Scherben unterschiedlich in Form und Größe gerieten, dienten sie vor allem für kurze Notizen, Listen und Nachrichten – auch als Quittungsblock.

Ein solcher Fall liegt auch hier vor. Der als Beamte »Zuständige für die Hafensteuer von Syene« Antonius Malchaios schrieb hier »Ich hab' abgezeichnet«. Das Griechische ist dabei ebenso missglückt, wie seine Unterschrift wackelig ist. Malchaios konnte vermutlich nicht viel mehr als seinen Namen auf Griechisch schreiben. Das eigentliche Schriftstück stammt von anderer Hand, sicher aus der ihm unterstellten Schreibkanzlei. Ob Kalasiris, der die Quittung für gezahlte Zollgebühren auf seine Waren erhielt, diesen Text seinerseits lesen konnte, bleibt ebenfalls offen. Wichtig war, wie noch bei heutigen Steuerunterlagen, dass er sie hatte.

Andreas Blasius

Tonscherbe, deren Inhalt dem einer Quittung gleicht

Höhe 9,8 cm, Breite 7,8 cm, Inv.-Nr. O.Bonn Inv. 06

Bild: Thomas Mantel, bearb. von Volker Lannert

Quittung

1991

Schädel der Galápagos-Riesenratte

1992 jährte sich die Entdeckung Amerikas durch Christoph Kolumbus zum 500sten Mal. Aus diesem Anlass erlaubten die Behörden Ekuadors bereits 1991 einigen Wissenschaftlern des kanarischen Naturkundemuseums in Teneriffa, eine Expedition zu den streng geschützten Galápagos-Inseln durchzuführen. Die Ergebnisse sollten dann im Jubiläumsjahr vorgestellt werden. Bei der Begehung eines unterirdischen Lava-Tunnels auf der Insel Santa Cruz fanden die Wissenschaftler zahlreiche Knochenreste, die zur Bearbeitung an das Museum Koenig in Bonn gingen. Zwischen beiden Instituten bestand damals eine enge Zusammenarbeit, weshalb ein Teil des Materials in Bonn deponiert werden konnte. Unter diesen Knochenresten befanden sich sensationell gut erhaltene Schädel der ausgestorbenen Galápagos-Riesenratte *Megaoryzomys curioi* (Niethammer, 1964), die nun eine bessere morphologische Definition der Art durch Rainer Hutterer und Pedro Oromí erlaubten.

Benannt wurde die Art bereits 1964 von dem Bonner Zoologie-Professor Jochen Niethammer (1935-1998) anhand eines winzigen Kieferfragmentes, das als Beimischung in Eulengewöllen der Galápagos-Schleiereule gefunden wurde, die der deutsche Ornithologe Professor Eberhard Curio, damals Mitarbeiter am Max-Planck-Institut für Verhaltensphysiologie in Seewiesen, gesammelt hatte.

Diese nur von der Galápagos-Insel Santa Cruz bekannte Riesenratte ist vermutlich in historischer Zeit ausgestorben, nachdem Menschen die Inseln besiedelt und Haustiere, Hausratten und Hausmäuse eingeschleppt hatten. Genaue Daten sind allerdings noch nicht bekannt; hier besteht weiterer Forschungsbedarf.

Rainer Hutterer

Oberschädel von *Megaoryzomys curioi*

Cueva del Cascajo, Holozän von Santa Cruz, Galápagos, Ekuador

Sammlung P. Oromí, 1991

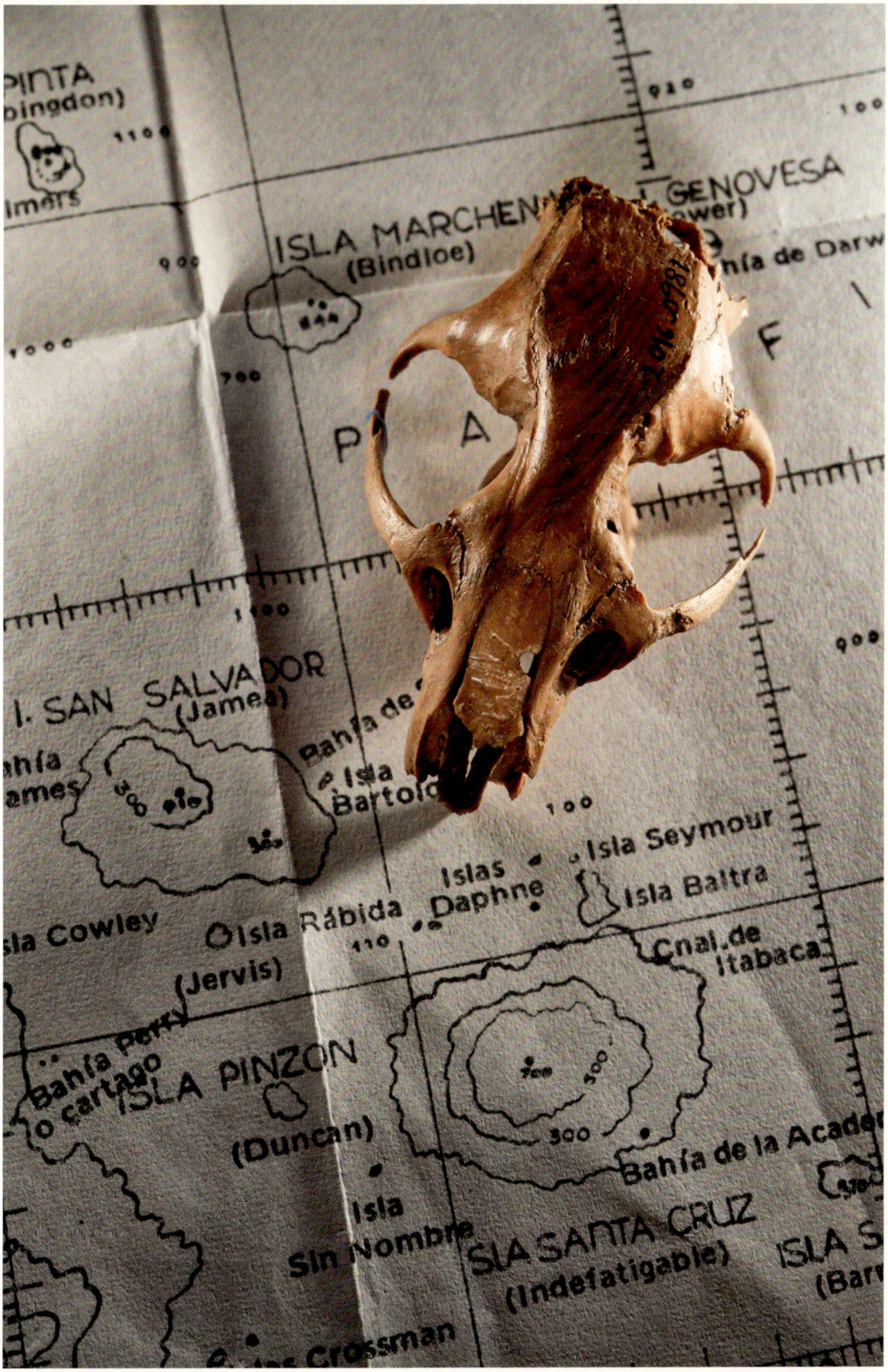
PINTA
ISLA MARCHENA
(Bindloe)
GENOVESA
I. SAN SALVADOR
Isla Seymour
Islas
Daphne
Isla Baltra
Isla Cowley
Isla Rábida
(Jervis)
Cnal. de
Itabaca
ISLA PINZON
(Duncan)
Isla
Sin Nombre
ISLA SANTA CRUZ
(Indefatigable)

Eine aztekische Göttin in Bonn

1992 schenkte die Eutiner Landesbibliothek der Abteilung für Altamerikanistik die Fiberglaskopie einer aztekischen Skulptur, die heute das Foyer der Abteilung für Altamerikanistik schmückt. Der Originalstein aus Andrasit wurde 1978 in Mexiko-Stadt entdeckt und datiert in die Herrschaftszeit von Axayacatl (ca. 1469-1482). Aktuell begrüßt die darauf abgebildete Mondgöttin Studierende, Mitarbeiter und Besucher der Abteilung und der Bonner Altamerika-Sammlung. Auf Aztekisch lautet ihr Name Coyolxauhqui, deutsch: die mit Schellen Geschmückte. Jeden Tag erinnert sie mich an den Beginn meines Studiums in Bonn. Sie ist für mich das Ikon der Abteilung, seit ich sie zum ersten Mal im obersten Stockwerk in der Römerstraße erblickte. Erklomm man einst die ehemaligen Institutsräumlichkeiten über die hundert-und-mehr Stufen, erschien am Ende der Treppenflucht das Bildnis der in Stücke gerissenen Coyolxauhqui. Laut aztekischem Mythos wurde sie von ihrem Bruder, dem Sonnengott Huitzilopochtli zerstückelt, nachdem sie dem im Mutterschoß befindlichen Bruder nach dem Leben trachtete. Dieser Mythos ist nicht nur eine Metapher für den ewigen Kampf zwischen Sonne und Mond, sondern das Manifest für aztekische *beliefs* zum Menschenopfer.

Die Wirkmächtigkeit der Coyolxauhqui dauert an: Jeder, der sich an der Aussprache ihres aztekischen Namens versucht, wird scheitern, verzweifelt Vokale und Konsonanten vertauschen oder falsch aussprechen und nur noch von der Coyol-Dingsbums sprechen – zumindest so lange bis sie oder er zum ersten Mal einen Aztekischkurs besucht und das fesselnde Studium der Altamerikanistik in Angriff nimmt: *Coyolxauhqui is watching you*!

Christian Prager

Fiberglasabformung einer flachzylindrischen aztekischen Skulptur aus Tenochtitlán (Mexiko-Stadt)

Tiefe 35 cm, Durchmesser 300 cm, Original von 1470

Im Bild: Katrin Metzger, Lena Muders, Christian Prager, Montage

Śrī Kalpasūtram

Das *Śrī Kalpasūtram*-Manuskript ist Teil der 2012 eröffneten Pianarosa Jaina Library für Jainismus der Abteilung für Asiatische und Islamische Kunstgeschichte (AIK). Die Familie des Jainismus-Experten Paolo Pianarosa (1949-2010) stiftete diese Sammlung nach dessen Tod der AIK. Studien zum Jainismus besitzen an der Universität Bonn eine lange Tradition. Bereits Bonns bekanntester Indologe, Hermann Jacobi (1850-1937), beschäftigte sich mit dieser Religion. Der Jainismus entstand in Indien als Reformbewegung etwa zeitgleich mit dem Buddhismus im 6. Jh. v. Chr. Ziel der Religion ist die Erlösung aus dem Geburtenkreislauf, die durch einen asketischen Lebensstil erlangt werden soll. Der Jainismus erreichte nicht die Popularität des Buddhismus, ist dafür aber bis heute durchgehend in Indien vertreten.

Die Form des 1993 erschienenen Manuskripts aus zusammengeschnürten Papierseiten mit Kartondeckeln orientiert sich an alten indischen Manuskripten. Diese wurden auf Palmblättern, mit Deckeln für Ober- und Unterseite, verfasst und ebenfalls zusammengebunden. Neben dem Manuskript besitzt die AIK auch eine englische Übersetzung des *Śrī Kalpasūtrams* von 1848, welche das älteste Werk der Sammlung zum Jainismus ist.

Das *Śrī Kalpasūtram* erzählt die Lebensgeschichte der 24 Jinas (spirituelle Lehrmeister) von denen der letzte, Mahāvīra, die Grundlagen des heutigen Jainismus lehrte. Seine Lebensgeschichte beginnt bereits vor seiner Geburt mit der Empfängnis durch seine Mutter Triśalā. Die erste Farbabbildung des Manuskripts zeigt Königin *Triśalā*, die schlafend auf dem Bett liegt. Über ihr sieht man eine Reihe aus 14 Symbolen. Diese stehen für 14 glücksverheißende Träume, welche die Geburt Mahāvīras und dessen außergewöhnliches Schicksal verkünden. Der Gedanke, dass Träume die Geburt wichtiger Persönlichkeiten ankündigen, ist auch in vielen südasiatischen Religionen und im Westen bekannt.

Sandra J. Schlage

Papier-Manuskript,
39 Seiten mit Farbabbildungen,
Buchdeckel aus Karton

Sprache: Ardhamāgadhi,
Schrift: Devanāgarī,
30 x 14,5 cm

कल्पसूत्र
थेरे अज्ज वियत्ते भारद्दाए गुत्ते णं पंच समण-सयाइं वाएइ, थेरे अज्ज-सुहम्मे
समण-सयाइं वाएइ, थेरे मंडियपुत्ते वासिट्ठ-गुत्ते णं
चित्र नं. १
सूत्र नं. १४-१५
मूळ
माहणीए जालंधरस - गुत्ताए कुच्छिंसि गब्भत्ताए वक्कंतं पासइ.
चित्तमाणंदिए, नंदिए, परमाणंदिए
कासवगुत्तेहिं, दोहिअ हरिवंस - कुल-समुप्पन्नेहिं गोयमसगुत्तेहिं, तेवीसाए तित्थयरेहिं
विइक्कंतेहिं समणे भगवं महावीरे चरमतित्थयरे पव्वतितिथगर
नयरे उसभदत्तस्स माहणस्स
सस्सिरीए चउद्दस महासुमिणे पासित्ता णं पडिबुद्धा समाणी हट्ठतुट्ठ-चित्त-माणंदिआ
पीइमणा, परम-सोमणसिया, हरिस-वस-
श्री महावीर जिनेन्द्राय नमः ।

Tropische Prachtbiene

1994 hat Prof. Dr. Dieter Wittmann nach zwei längeren Forschungsaufenthalten in Brasilien, die Leitung des Institutes für Landwirtschaftliche Zoologie und Bienenkunde an der Universität Bonn übernommen. Ein Fokus seiner Arbeiten lag wie schon bei seinen Vorgängern auf den Bienen. Neben der Honigbiene waren zahlreiche heimische Wildbienen und nicht zuletzt die tropischen Bienen Gegenstand seiner Forschung. Zahlreiche Belegsammlungen tropischer Bienen gelangten aus verschiedensten Forschungsarbeiten in Jordanien, Kenia, in Uganda, Kamerun und Brasilien nach Bonn am Rhein.

Besonders auffällig sind dabei die tropischen Prachtbienen, deren Männchen mit ihren verbreiterten Hinterbeinen Duftstoffe in den Blüten zahlreicher Orchideen-Arten sammeln und daraus als fliegende Parfümeure ein eigenes Parfüm herstellen, mit dem sie die Weibchen anlocken.

Wittmanns Vorgänger im Bereich der Bienenforschung war seit 1964 der Bienenforscher Dr. Wilhelm Drescher. Er hatte bereits 1958 die instrumentelle Besamung von Bienenköniginnen in der Bundesrepublik Deutschland realisiert. Er hatte zahlreiche Forschungsprojekte rund um die Honigbiene Apis mellifera L. geleitet, die dabei zu den Bereichen der Zucht, der Bienenpathologie, der Bestäubung von Kulturpflanzen, des Einsatzes von Pflanzenschutzmitteln u.a.m. zählen. Dreschers Vorgänger war der über sein Lehrbuch der Zoologie berühmt gewordene Prof. Dr. Hermann Wurmbach, auch er war u.a. ein Bienenforscher.

Der erste Lehr- und Demonstrationsbienenstand wird 1858 erwähnt; die damalige Landwirtschaftliche Hochschule war noch nicht Teil der Universität Bonn. Der Biologie-Professor Sachs war es, der dann 1861 die dreistündige Vorlesung »Landwirtschaftlich-Forstwirtschaftliche Insektenkunde, künstliche Fischzucht, Seidenbau und Bienenzucht« hielt. Ihm folgte später Dr. August Pollmann, ein Zeitgenosse Mendels, der 1879 die Bienenrassen Apis mellifera carnica und Apis mellifera cypria beschrieb.

Andrée Hamm

Tropische Prachtbiene unter dem Vergrößerungsglas, Länge ca. 2 cm

Stanhopes Rechenmaschine

Vor 1850 wurden weltweit insgesamt etwa ein gutes Dutzend Vierspeziesrechenmaschinen erfunden und gebaut. Diese – nahezu allesamt Unikate – fanden ihre Heimat in den Schatz- und Wunderkammern der Potentaten oder in den wissenschaftlichen Akademien ihrer Zeit. Von dort gelangten die meisten in öffentliche Museen. Dies geschah auch mit der Rechenmaschine Charles 3. Earls of Stanhope, der gleich drei Exemplare erfand. Zunächst in der Royal Academy vorgeführt und von dieser angekauft, sind sie heute im Science Museum in London zu bewundern. Da sich das Arithmeum zum Ziel gesetzt hat, die Geschichte des maschinellen Rechnens möglichst lückenlos zu dokumentieren, wurden die Vorlagen untersucht, dokumentiert und danach originalgetreue funktionstüchtige Replikate angefertigt. 1995 konnte die erste Rechenmaschine Stanhopes als Replikat in die Sammlung aufgenommen werden.

Doch was war die Motivation des Staatsmannes mit Sitz im Oberhaus, sich mit der Konstruktion von Rechenmaschinen zu befassen? Politik und Ingenieurskünste waren seine beiden Steckenpferde und er freute sich, wenn er Mathematik und Mechanik für seine politischen Absichten verwenden konnte. So benutzte er beispielsweise einmal seine Rechenmaschine, um den Schuldenberg der englischen Regierung zu berechnen.

Stanhope war ein glühender Verehrer der französischen Revolution. Einen Großteil seiner Jugend verbrachte er in Genf. Dort übernahmen sein Vater Philip, ein Mitglied der Royal Society, gemeinsam mit dem Genfer Mathematiker Le Sage seine Erziehung. Der junge Earl, der ab 1763 den Titel Viscount of Mahon trug, begeisterte sich für die Schriften von Locke und Rousseau, für Mathematik und Physik. Er erfand mit siebzehn Jahren ein einfaches mathematisches Instrument, konstruierte ein Pyrometer und löste kurz darauf eine Preisaufgabe über die Gesetze der Pendelschwingung. Später erfand er unter anderem optische Linsen, eine Druckerpresse, einen neuartigen Zement, ein Brandschutzmittel und sogar ein großes Dampfschiff. Der Bau von Rechenmaschinen bildete den Auftakt der eindrucksvollen Ingenieursleistungen Stanhopes. 1775 konstruierte er eine völlig eigenständige Staffelwalzenmaschine. 1777 folgte eine zweite Rechenmaschine mit einem Stellsegment als Übertragungsmechanismus. 1780 entstand eine kleine Addiermaschine.

Ina Prinz

Vierspeziesrechenmaschine,
manuell, wendeläufig,
abgewandelte Staffelwalzen

12-stelliges Einstellwerk /
Resultatwerk /
Umdrehungszählwerk

Höhe 12,1 cm, Breite 45,7 cm,
Tiefe 17,5 cm, 9,4 kg,
Inv.-Nr. FDM 6281,
Montage

1996

Weltkarte der Biodiversität der Pflanzen

Etwa 1,8 Millionen verschiedene Lebewesen sind der Wissenschaft bekannt – aber Hochrechnungen gehen davon aus, dass mindestens 10 Millionen Arten unseren Planeten Erde beleben. Grüne Pflanzen mit »nur« etwa 400.000 Spezies scheinen weniger eine Rolle zu spielen – aber erst die Vielfalt von Pflanzen bestimmt unsere Ökosysteme und ermöglicht unsere Existenz –, neben Sauerstoff zum Atmen liefern sie Energie, Materialien wie Holz, Biotreibstoffe, fossile Kohle und Erdöl, sowie Kleidung, bestehend aus Leinen, Baumwolle oder auch synthetischen Fasern aus Erdöl. Auch unsere gesamte tägliche Nahrung beruht ausschließlich auf der Vielfalt von Pflanzen. Brot, Reis oder Gemüse, Kaffee und Zucker – aber auch Milch und Fleisch sind Produkte, die erst durch grüne Pflanzen als Nahrungsgrundlage aller Nutztiere erzeugt werden. Selbst die Plastiktüte auf Erdölbasis ist schließlich pflanzlicher Herkunft.

Es ist sehr überraschend, dass bis 1996 keine hinreichend genaue Weltkarte der Biodiversität von Pflanzen vorlag – die letzten groben Karten waren bereits vor dem Zweiten Weltkrieg erschienen. Ab 1994 begann Wilhelm Barthlott aus dem damaligen Botanischen Institut der Universität Bonn, unter Mitarbeit von Wilhelm Lauer aus der Geografie, systematisch die Daten großer Florenwerke auszuwerten – und so konnte 1996 die erste Weltkarte der Artenvielfalt von höheren Pflanzen publiziert werden. Pflanzen sind gut bekannt – etwa 90% der Arten sind beschrieben – und ökosystemar der Motor unserer Welt. Deshalb reflektiert die Karte wahrscheinlich recht präzise die gesamte Biodiversität – obwohl die meisten Lebewesen Gliedertiere wie etwa Insekten sind, von denen weit weniger als 10% der Arten bekannt sind.

Die dunkelroten Farben der Weltkarte umgrenzen mit hoher Genauigkeit die Zentren der Artenvielfalt unserer Erde. Hunderte von Folgepublikationen mit Bezug auf diese Weltkarte folgten; heute finden Studenten und Schulkinder diese Karte in beinahe allen großen Lehrbüchern und Schul-Atlanten. Seit 1996 wurde die Weltkarte immer weiter überarbeitet und wird heute unter Einsatz von Geografischen Informationssystemen (GIS) unter anderem zur Modellierung der weltweiten Änderung der Artenvielfalt durch die Klima-Erwärmung eingesetzt.

Wilhelm Barthlott

Wilhelm Barthlott,
Wilhelm Lauer, Anja Placke:
Global Distribution of Species
diversity in Vasular Plants.
Towards a World Map
of Phytodiversity,
Wandkarte, Nees-Institut

Biodiversity: Global Plant Species

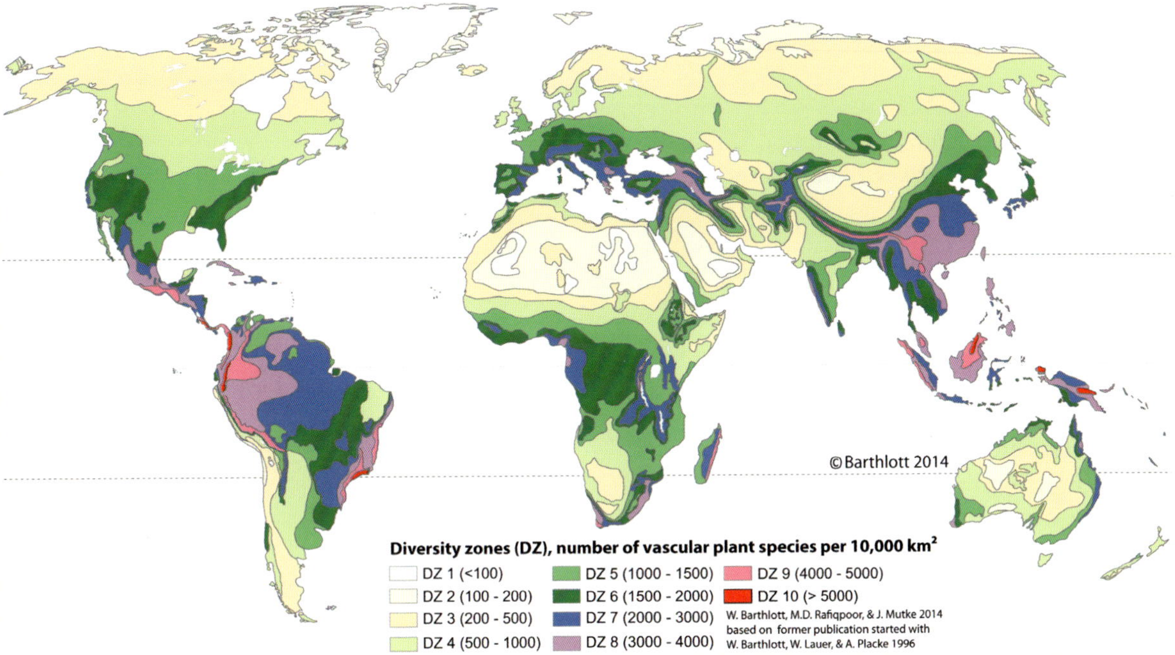

Von Raubkatzen gejagte Hasen

Im Rahmen eines Seminars von Prof. Dr. Sabine Schrenk konnten 1997 im Studienfach Christliche Archäologie sechs Stofffragmente aus der Studiensammlung des Franz Joseph Dölger-Instituts erstmals untersucht und publiziert werden. Sie stammen vermutlich aus Ägypten und waren offenbar in jüngerer Zeit auf einen antiken, aber keinesfalls originalen Trägerstoff aufgenäht worden. Gewebeanalysen und eine Restaurierung ergaben, dass die sechs Stücke zwar nicht richtig zusammengesetzt wurden, aber dennoch zum selben Stück oder zumindest zu Geweben gehören, die in einem sehr engen Zusammenhang standen. Das nach der neuen Aufbringung auf den Trägerstoff deutlich zu erkennende, in Beige- und Braun-Tönen ausgeführte Muster weist eine rahmende Bordüre auf, im Mittelfeld wechseln sich kleinere Medaillons mit Raubkatzen und größere Medaillons mit von Raubkatzen gejagten Hasen ab, und den verbleibenden Raum füllen Vögel und Blattranken. Die nun bekannte Größe des Stoffes lässt darauf schließen, dass er höchstwahrscheinlich als Schmuckstreifen auf dem Ärmel einer Tunika diente.

Analyse und Restaurierung der Stoffe wurden von der 1983 gegründeten Gielen-Leyendecker-Stiftung finanziert. Seit 2008 stellt diese u.a. mit der Philosophischen Fakultät der Universität Bonn auch die Mittel für den Bonner Lehrstuhl für Christliche Archäologie.

Susanne Heydasch-Lehmann

Wirkerei aus Wolle und Leinen, spätantik / frühbyzantinisch, Geschenk von Hugo Brandenburg an Theodor Klauser zum 70. Geburtstag (1964)

Höhe 14,4 cm, Breite 32,1 cm, Inv.-Nr. 61, Montage

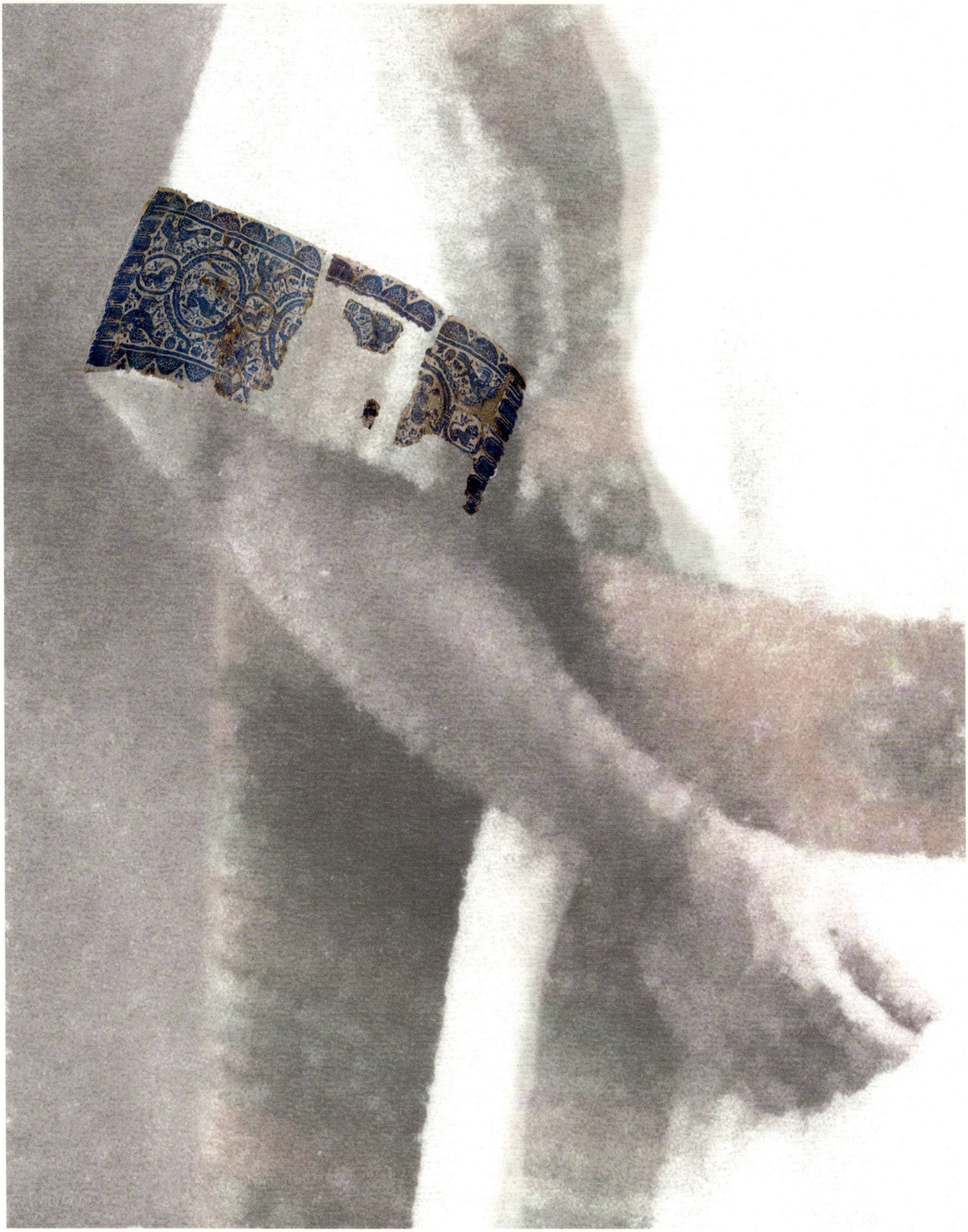

1998

Der Lotus-Effekt

Dass ein Tautropfen kugelrund auf einem Grasblatt stehen bleibt, bestaunt selbst ein Kind; Goethe hat es schon 1824 in seinen »Beiheften zur Morphologie« beschrieben. Aber die verantwortlichen Nanostrukturen und die Physik des Phänomens »Superhydrophobie« waren bis vor wenigen Jahren im Detail unbekannt – genau wie die Tatsache, dass durch den abrollenden Tropfen Schmutzpartikel mitgerissen werden. Die Blätter der Heiligen Lotusblume *Nelumbo nucifera* verrieten in Bonn ab 1985 das Geheimnis, warum sich selbst Dieselruß und Farbpulver mit Regenwasser abwaschen lassen und Alleskleber abrollt.

Es ist ein biologisch-physikalisches Prinzip, das der weltweit operierenden Industrie, die sich mit antiadhäsiven Oberflächen beschäftigte, unbekannt war. Beschrieben wurde es erstmals von Wilhelm Barthlott 1977 in Heidelberg. Ab 1985 wurde es systematisch am Botanischen Institut in Bonn untersucht. Die – zunächst von den Gutachtern mehrfach abgelehnte – Publikation »*The Purity of Sacred Lotus, or Escape from Contamination in Biological Surfaces*« von 1997 wurde dann zwei Jahrzehnte lang viele tausend Male zitiert. Sie führte zu einem Paradigmenwechsel in der Oberflächentechnologie und 1998 zur Nominierung zum Deutschen Zukunftspreis. Der Deutsche Umweltpreis und viele weitere Auszeichnungen folgten. Neue Fachrichtungen wurden geboren und Begriffe wie »Superhydrophobicity« oder »Hierarchical Structuring« entstanden. Der Begriff »Lotus Effekt« wurde im Band »Klima und Umweltforschung an der Universität Bonn« 1992 erstmals publiziert und bringt heute bei Suchmaschinen wie Google etwa 600.000 Treffer.

Lotus-Effekt-Oberflächen finden heute weltweit Anwendungen: von Fassadenfarben bis hin zu Schuhsprays. Die eher belächelte Bionik oder Biomimetics fand weltweite Anerkennung. Entstanden aus der puren Grundlagenforschung an biologischen Nanostrukturen im scheinbar nutzlosen Elfenbeinturm des Botanischen Gartens der Universität Bonn, werden heute börsenrelevante Umsätze mit solchen »biomimetic nanocoatings« getätigt. Angewandte Forschung hat ein bekanntes Ziel im Auge – das völlig unerwartet Innovative kommt meistens aus der universitären Grundlagenforschung.

Wilhelm Barthlott

Die Heilige Lotusblume,
Nelumbo nucifera

Bild: Wilhelm Barthlott

Die Müller

Von 1782 bis 1784 entwickelte der hessische Artillerie-Obrist Johann Helfrich Müller (1746-1830) eine funktionstüchtige Vierspeziesrechenmaschine, um Tafeln über den kubischen Gehalt von Bauholz zu berechnen. Da er den Bau der Maschine nur unter Rückgriff auf das Vermögen seiner Frau bei Uhrmachern in Auftrag geben konnte, suchte er bald nach Fertigstellung einen Käufer für das kostbare Stück. Für 4000 Gulden – eine enorm hohe Summe – erwarb »die Müller« schließlich der Erbprinz von Hessen. Heute befindet sich die Originalmaschine im Landesmuseum in Darmstadt, wo sie von Mitarbeitern des Arithmeums vollständig zerlegt und gereinigt wurde. Jedes der ca. 4000 unterschiedlichen Teile wurde vermessen, gezeichnet und fotografiert.

Die faszinierendste Einrichtung der Rechenmaschine von Müller ist das Rechnen mit verschiedenen Ziffernsystemen. Auf den ersten sechs Stellen des Resultatwerks können die dezimalen Ziffernscheiben ausgetauscht werden. Durch zusätzliche Ziffernscheiben war das Rechnen im 3er-, 4er-, 5er- usw. bis hin zum 12er-System und zur Bruchrechnung möglich. Dadurch waren Zeit- und Gewichtrechnung, Rechnen in verschiedenen Währungen und verschiedene mathematische Anwendungen ohne zusätzliches Umrechnen möglich. Technische Voraussetzungen waren Staffelwalzen zur mechanischen Realisierung der Zahlen mit jeweils 11 Rippen an den ersten sechs Stellen sowie eine eindeutige Trennung von Einstell- und Rechenwerk. Beides bedachte Müller und so war seine Rechenmaschine die erste, die im binären Zahlensystem rechnen konnte – über 150 Jahre vor Erfindung des modernen Computers.

Pünktlich zur Eröffnung des Arithmeums konnte ein funktionstüchtiges Replikat der Rechenmaschine von Müller in die Ausstellung übernommen werden. Das Arithmeum präsentierte bereits 1999 zur Eröffnung die weltweit umfassendste Sammlung historischer Rechenmaschinen, die zwischenzeitlich noch erweitert wurde und nun die frühe Geschichte des maschinellen Rechnens nahezu vollständig zeigt.

Ina Prinz

Vierspeziesrechenmaschine, manuell, richtläufig, Staffelwalzen

14-stelliges Einstellwerk / Resultatwerk / Umdrehungszählwerk, an 6 Stellen austauschbares Stellwertsystem

Höhe 16 cm, Durchmesser 33 cm, 15,6 kg, Inv.-Nr. FDM 6558

Müller
1784

Palästinensische Pilgerampulle

Schon seit dem 4. Jahrhundert ist das Hl. Land mit Jerusalem und Bethlehem als den Wirkungsstätten Jesu ein Ort, der zahlreiche Pilger anzieht. In der Ausstellung »Cradle of Christianity«, Wiege des Christentums, war auch eine sogenannte Pilgerampulle aus Blei ausgestellt, die als Reiseandenken von dort mitgebracht worden war. Solche Ampullen sind in größerer Zahl erhalten und bilden eine homogene Denkmälergattung, deren Darstellungen fast schon als standardisiert beschrieben werden können. Sie waren meist mit Öl gefüllt, das aus den Lampen an den heiligen Stätten stammte, oder das mit dem Kreuzesholz oder mit Reliquien in Berührung gekommen sein soll und seinen Besitzer vor Unheil schützen sollte. Dazu wurden die Ampullen wie Amulette am Körper getragen oder zu Hause aufbewahrt, beispielsweise am Bett.

Auf der Vorderseite des hier vorgestellten Exemplars aus der Sammlung des Franz Joseph Dölger-Instituts ist die Taufe Christi zu erkennen. Christus steht bis zur Brust im Jordan, rechts der Täufer und links ein Engel, der ein Gewand für Christus bereithält. Über dem Kopf Christi erscheint die Taube des Hl. Geistes mit ausgebreiteten Flügeln, darüber die Hand Gottes. Eingefasst wird die Darstellung von einer griechischen Inschrift: »Eulogie des Herrn von den heiligen Stätten«.

Die Rückseite ist schwer zu erkennen, aber aufgrund der Parallelen zu anderen Ampullen lässt sich die Szene eindeutig als die Geburt Christi benennen. Im oberen Teil des Bildes liegt das gewickelte Kind auf einer Krippe, darüber sind der Stern sowie die Köpfe von Ochs und Esel und seitlich Maria und Joseph zu erkennen. Unterhalb der Krippe ist eine bogenförmige Öffnung mit Gittertür wiedergegeben: Dies spielt auf die bauliche Situation in Bethlehem an, wo der Eingang zur Geburtshöhle durch ein solches Tor führte. Der rahmende griechische Text lautet in Übersetzung: »† Emmanuel, Gott mit uns«.

Susanne Heydasch-Lehmann

Palästinensische Pilgerampulle (ohne Flaschenhals), hier Montage, 6./7. Jahrhundert, Geschenk von Theodor Klauser, 1964

Blei-Zinn-Legierung, Durchmesser ca. 4,5 cm, Inv.-Nr. 132

Maske des Pen-ta-hut-hotep

Mit der Eröffnung des Ägyptischen Museums im Jahre 2001 konnte die Maske erstmals einer breiteren Öffentlichkeit permanent zugänglich gemacht werden. Sie stammt aus den Bonner Grabungen, die zwischen 1959-1984 in Ägypten stattfanden. Die Maske ziert das Plakat des Museums und ist Grundlage für das Logo. Die unteren Partien wurden weitestgehend ergänzt und so gestaltet, dass erst bei genauem Hinsehen klar wird, dass nicht mehr alle Teile zum originalen Bestand gehören.

Die Maske mit vergoldetem Gesicht war ursprünglich auf den Mumienbinden des verstorbenen Priesters der Gottheiten Chnum, Satet und Anuket aufgenäht, was an den kleinen Löchern entlang der Außenkante erkennbar ist. Die Maske diente dazu, den Verstorbenen als Lebendigen zu zeigen. Der aufwendige ägyptische Totenkult sollte es dem Verstorbenen ermöglichen, nach seinem Tod im Jenseits weiterzuleben. Eine Grundvoraussetzung für dieses Leben nach dem Tod stellte unter anderem die Versorgung des Verstorbenen mit Nahrungsmitteln und die Erhaltung seines Körpers dar, zu der auch ein lebendig wirkendes Gesicht zählte. Mit den Masken wurden im Alten Ägypten im Gegensatz zu anderen Kulturen jedoch keine individuellen Gesichtszüge des Verstorbenen wiedergegeben, sondern Masken wurden religiösen Erfordernissen folgend frei gestaltet. Gemäß dem Mythos um den ägyptischen Totengott Osiris, der den Tod überwand, war es das Ziel eines jeden Verstorbenen, zu einem göttlichen »Osiris« zu werden. Der Bezug zum Totengott gelangt in der vorliegenden Maske unter anderem

durch die Verwendung von Gold, welches das Fleisch der Götter symbolisiert, und durch den Götterbart zum Ausdruck.

Andreas Dorn

Ägyptische Totenmaske inmitten der neuzeitlichen Medien

Leinwand, stuckiert, bemalt sowie mit Gold überzogen, schwarz, weiss, türkis, Qubbet el-Hawa, Gräberberg bei Assuan / Ägypten, Grab Nr. 207, Spätzeit / Ptolemäerzeit, ca. 380-250 v. Chr.

Höhe 22,8 cm, Breite 18,4 cm, Tiefe 4,0 cm

DAS ALTE ÄGYPTEN ERLEBEN...
- Führungen
- Rallyes
Ägyptisches Museum
- Führungen
- Rallyes
- Workshops
- Kindergeburtstage
DAS ÄGYPTISCHE
The Egyptian
Lage, Eintritt, Öffnungszeiten
Address, Admission, Opening hours
BONN
Ägyptisches Museum

Der Meteorit Neuschwanstein I

Am Abend des 6. April 2002 leuchtete über dem deutsch-österreichischen Grenzgebiet zwischen Innsbruck und Füssen ein spektakulärer Feuerball auf. Dieses Schauspiel wurde auch von den Kameras des Europäischen Feuerkugelnetzes fotografiert, sodass durch die Beobachtung und Aufzeichnung das Aufschlaggebiet der »Feuerkugel« auf der Erde exakt eingegrenzt werden konnte. Zusätzlich meldeten sich Tausende von Zufallsbeobachtern aus ganz Süddeutschland und dem westlichen Österreich bei der Polizei und den Lokalredaktionen. Besonders rund um Garmisch-Partenkirchen berichteten Bürger von klirrenden Fensterscheiben und wackelnden Möbeln, von Explosionen, Trommeln, Prasseln und Donnergrollen. Etwa einhundert Suchtrupps durchkämmten das Gebiet der Füssener Alpen in der Nähe des bayerischen Königsschlosses Neuschwanstein.

In 5,3 Sekunden legte der anfangs etwa 500 Kilogramm schwere Körper eine Leuchtspur von 90,6 Kilometer Länge zurück. Der mit einer Geschwindigkeit von 21 Kilometer pro Sekunde in die Erdatmosphäre eingetretene Körper wurde von der irdischen Lufthülle stark abgebremst und verlor dabei über 90 Prozent seiner ursprünglichen Masse. Es blieb aber immerhin noch ein Rest von ungefähr 20 Kilogramm Material übrig, das dann in etwa 22 Kilometer Höhe in mehrere Teile zerbrach. Drei Bruchstücke von insgesamt 6,2 Kilogramm wurden später gefunden und als »Neuschwanstein I, II und III« benannt, die ersten beiden Funde auf bayerischer Seite, der dritte im österreichischen Tirol. Ein getreuer Abdruck kann nur von einem einzigen autorisierten Sammler und Händler, Dieter Heinlein (Augsburg), angefertigt und Repliken nur bei ihm gekauft werden. Das Mineralogische Museum erwarb im Jahr 2005 einen Abguss für einen Ausstellungsbeitrag. Es handelt sich um eine naturgetreue Darstellung des Meteoriten Neuschwanstein I.

Renate Schumacher

Rechts: Montage

Oben: Replik des »Neuschwanstein No.1« im Mineralogischen Museum, Gefertigt von Dieter Heinlein, Augsburg Gewicht des Originals 1705 g

Hamster(n) im Braunkohle-Tertiär

Eines schönen Herbstes vor etwa 17 Millionen Jahren, zur Miozän-Zeit, legte ein Nagetier seinen Wintervorrat mit Nüssen an. Sein Bau befand sich in einem Dünental an der Küste der Ur-Nordsee, die damals nordwestlich von Köln verlief. Trotz seines Fleißes hat der Nager den Vorrat nicht mehr genutzt, und so blieben die nussgefüllten Kammern und Gänge der Nachwelt als Fossilien erhalten.

Der Bau wurde an einem schönen Maitag im Jahr 1992 von Bonner Paläontologen im Braunkohlentagebau Garzweiler entdeckt. Zuerst waren nur ein paar kleine schwarze Kügelchen im dunklen Sand zu sehen. Diese Kügelchen wurden später als fossile Nüsse bestimmt. Grabungen ergaben, dass Nüsse entweder in großen runden oder länglichen Ansammlungen vorkamen, die später als nussgefüllte Kammern oder Gänge interpretiert wurden. Weil es keinen Farbunterschied zwischen der sandigen Füllung des Baus und dem sandigen Boden gab, wurden die Kammer und Gänge nur durch die fossilen Nüsse sichtbar. Da nur eine Sorte Nuss im Bau vorkommt, war der Vorrat wohl auf einmal geerntet worden, als die Nüsse damals reif geworden waren. Die bis zwei Zentimeter langen Nüsse stammen von einem Buchengewächs der Gattung *Castanopsis*, die heute nur noch an der Westküste von Nordamerika und in Ostasien heimisch ist. Die *Castanopsis*-Nüsse sind den Haselnüssen in Form und Größe ähnlich, aber unterscheiden sich durch ihre Längskanten; es sind drei anstatt zwei wie bei Haselnüssen.

Durch die vorsichtige Freilegung des Baues im Gelände wurde klar, dass es sich um eine komplexe, dreidimensionale Anlage handelte. Der Bau fand sich wohl zwischen zwei Dünen, wo sich ein Boden bildete und sandbefestigende Pflanzen wie der Nussstrauch Wurzeln schlagen konnte. Dem Durchmesser der Gänge zufolge war das grabende Tier etwa so groß wie ein europäischer Feldhamster, also etwa 25 cm lang. Im Nachbartagebau Hambach wurden fossile Knochen eines Hamsters in gleich alten Ablagerungen gefunden. Das Verhalten der fossilen Nusssammler ist sehr ähnlich dem heutiger Hamster, die einen großen Wintervorrat bunkern. 2003 veröffentlichten Bonner Paläontologen den erstaunlichen Fund, der die älteste bekannte Vorratskammer eines Nagetieres ist.

Carole Gee

Klotz aus unverfestigtem dunklem Sand und zahlreichen schwarzen Nüssen

Höhe ca. 15 cm, Breite 25 cm, Tiefe 25 cm, STIPB-Gee-1, Bild und Montage: Georg Oleschinski

Sauters Rechenmaschine

2004 wurde die Rechenmaschine von Johann Sauter aus Esslingen (um 1796) im Depot des Stadtmuseums von Göteborg unter 100.000 Objekten wiedergefunden, dank eines Hinweises durch Professor Timo Leipälä aus Turku. In Göteborg stellte sich nach wenigen Untersuchungen heraus: Diese Rechenmaschine hat eine einzigartige Mechanik, die Repetierwerksmechanik. Bis zu diesem Zeitpunkt galt die Überzeugung, dass das einzige Exemplar der für Rechenmaschinen sehr ungewöhnlichen Repetierwerksmechanik in den letzten Wochen des Zweiten Weltkriegs in Dresden verloren gegangen sei.

Mit der Entdeckung in Göteborg gab es neue Hoffnung, doch noch ein erhaltenes Exemplar dieser aus der Uhrmacherei stammenden Technik in einer Rechenmaschine zu entdecken. Das Einstellwerk mit seinen charakteristischen Lochblechen mit jeweils zehn Löchern für die Ziffern 0-9 zum Ausstechen einer Zahl je Stelle verwies exakt auf diese Mechanik. Erste Untersuchungen des Originals bestätigten dies.

Das Arithmeumsteam wollte die Maschine Sauters zwar verstehen und dokumentieren, aber auch eine Kopie dieses Unikats anfertigen, um es im Arithmeum zu präsentieren. Mit dem Stadtmuseum in Göteborg wurde vereinbart, dass das Original zerlegt, vermessen und repliziert werden darf, dafür im Gegenzug einer gründlichen Restaurierung mit Entfernung aller Korrosionen unterzogen wird, die Funktionsfähigkeit wiederhergestellt wird, alle fehlenden Teile ersetzt werden und ein dreistelliges Plexiglasfunktionsmodell für Göteborg erstellt wird.

Es wurde eine Mammutaufgabe: Über 2500 Einzelteile waren zu restaurieren und zu konservieren. Jedes Teil musste per Hand unter dem Mikroskop nicht-abrasiv gereinigt werden. Zudem musste die Arbeit in einer mobilen Restaurierungswerkstatt in Göteborg durchgeführt werden. Der Ingenieur mit Spezialisierung auf Präzisionsmaschinenbau, Klaus Badur (Hannover), und der Feinmechanikermeister und Restaurator des Arithmeums, Ingo Laubach, stellten als perfektes Team in über dreijähriger Arbeit den fantastisch schönen und funktionstüchtigen Nachbau für die Dauerausstellung des Arithmeum her. Das restaurierte Original ist im Stadtmuseum in Göteborg zu bewundern.

Ina Prinz

Replik der Rechenmaschine
von Johann Sauter, 1796

Metall, Holz, Emaille,
Höhe 12 cm, Durchmesser 18 cm,
Inv.-Nr. FDM 9748,
Montage

Königsgepard

Der sogenannte Königsgepard ist eine seltene Form des Geparden *(Acinonyx jubatus)*, bei der die Flecken stark vergrößert sind und zu breiten schwarzen Längsstreifen zusammenlaufen. Diese Fellfärbung ist so außergewöhnlich, dass die Form früher als eigene Art *(Acinonyx rex)* aufgefasst wurde. Genetische Studien haben aber gezeigt, dass diese Fellfarbe durch eine einzige Mutation erzeugt werden kann. Sie tritt in einem relativ eng begrenzten Areal in Zimbabwe auf; ein Exemplar ist auch in Westafrika bekannt geworden.

In Zoos werden Königsgeparden selten gehalten. Der Zoo Wuppertal zeigte dieses Exemplar bis zu seinem Tod im August 2002. Der Kadaver wurde an das Museum Koenig gegeben, wo er für die wissenschaftliche Säugetiersammlung präpariert wurde. Die Präparation und Gerbung der Haut und die Mazeration und Entfettung des Skelettes erforderten viel Zeit und Handarbeit. So lagen das gegerbte Fell und das saubere Skelett erst drei Jahre später vor. Im Jahr 2005 wurde die südafrikanische Königsgepardin inventarisiert und in die Sammlung des Zoologischen Forschungsmuseums Alexander Koenig integriert.

Rainer Hutterer

Fell, Schädel und Skelett eines erwachsenen Weibchens

Geboren 1991 in den Pretoria National Zoo Gardens, ab 1992 im Zoo Wuppertal, dort gestorben 2002

Präpariert im Museum Koenig, inventarisiert 2005

2006

Der Salvinia-Effekt

Containerschiffe oder Olympiaschwimmer, also Festkörper im Wasser, verlieren einen Teil ihrer Bewegungsenergie durch Reibungswiderstand. Wären sie von einer Luftschicht umschlossen, würde diese Reibung drastisch reduziert. Forschungen zum Lotuseffekt offenbarten in der Arbeitsgruppe von Wilhelm Barthlott am Nees-Institut der Universität Bonn Erstaunliches:

Der kleine Schwimmfarn *Salvinia* im Botanischen Garten hat mit elastischen schneebesenförmigen Haaren die komplizierteste Oberfläche aller der beinahe 20.000 in Bonn untersuchten Pflanzenarten. *Salvinia* ist extrem wasserabstoßend und zugleich scheinen die kugelrunden Wassertropfen auf der Oberfläche zu haften. Sie laufen eben nicht bei geringstem Neigungswinkel ab, wie es beim Lotuseffekt ist. Hydrophile »Ankerzellen« auf den Spitzen mikroskopisch kleiner Schneebesen auf der Oberfläche des Schwimmfarns stabilisieren die Luft-Wasser-Grenzschicht. *Salvinia* hält dauerhaft unter Wasser eine Luftschicht. Dies ist der *Salvinia-Effekt*.

Ab 2005 konnte in Zusammenarbeit mit Strömungsmechanikern der Universität Rostock an ersten technischen Prototypen eine Reduktion des Reibungswiderstandes mit Wasser um bis zu 30% durch die gehaltene Luftschicht gezeigt werden. Containerschiffe transportieren weltweit etwa 80% aller Güter – mehr als alle Autos, Züge und Flugzeuge zusammen. Also könnten Schiffe, die auf Luftschichten durch das Wasser gleiten, etwa 3% ihres Treibstoffverbrauches und damit die entsprechende Emission von Kohlendioxid (CO_2) einsparen – eine klimarelevante Zahl. Untersuchungen am Rückenschwimmer *Notonecta* zeigten eine weitere unerwartete Eigenschaft lufthaltender Oberflächen: Sie sind in Kombination mit Mechano-Sensoren (Haaren) raffinierte Detektoren, die in der Sensortechnik eine Rolle spielen werden.

Bionik heißt technisches Lernen von biologischen Vorbildern. Auch ein modernes Verkehrsflugzeug fliegt nach den gleichen Prinzipien, die Otto Lilienthal 1889 beim Gleitflug der Vögel entdeckte und umsetzte. Bionik-inspirierte Materialien und Mechanismen wirken in unserem Alltag öfter, als wir bemerken.

Wilhelm Barthlott

Wassertropfen auf Härchen
wie Schneebesen,
Schwimfarn (Salvinia)

Bild: Wilhelm Barthlott

Synthetischer Wismutkristall

Wismut oder auch Bismut finden sich als natürliches Mineral und als im Labor hergestellte Kristalle. Synthetische Wismutkristalle weisen bunte Anlauffarben auf und sehen bizarr aus. Ihr treppenförmiger Aufbau inspirierte den Künstler Wenzel Hablik in den 1920er Jahren, die Zimmerdecke eines Itzehoer Wohnhauses nach dem Muster zu gestalten.

Im Vorfeld einer Sonderausstellung über Edelsteine und ihre Fälschungen erwarb das Mineralogische Museum im Jahre 2007 einen Wismutkristall. Inzwischen ist der Kristall neben seinem natürlichen Partner in einer Vitrine der Ausstellung »Heavy Metal. Minen – Minerale – Metalle« mit Informationen zum Thema Wismut ausgestellt.

Das Halbmetall Wismut gilt als ungiftig, obwohl es im Periodensystem von giftigen Schwermetallen umgeben ist. Es dient in einigen Legierungen als umweltfreundlicher Ersatz für Blei, taucht jedoch als unerwünschtes Begleitelement in den aus Metallschrott erzeugten Stählen auf und lässt sich kaum wieder aus ihnen entfernen. Wismutsalze finden als Bestandteil einer antibiotischen Therapie gegen den Erreger Helicobacter pylori Verwendung. Dieser Erreger kann in Magen und Zwölffingerdarm Geschwüre verursachen. Lösungen mit Wismutsalz dienen gegen Magen-Darm-Beschwerden.

Der mittlere Wismutgehalt der Erdkruste beträgt nur etwa 0,008 Gramm/Tonne Gestein. Dies entspricht 0,0000008 Gewichtsprozent. Lagerstätten, in denen ausschließlich Wismuterze abgebaut werden, sind sehr selten. Daher wird das Metall meist als Nebenprodukt bei der Verhüttung von Blei-, Kupfer-, Gold- und Wolframerzen gewonnen. Im Jahr 2012 stammten etwa 80 % der Weltjahresproduktion aus China, gefolgt von Mexiko. Die wichtigsten Wismutminerale sind Bismuthinit sowie in elementarer Form auftretendes, gediegenes Wismut. Synthetisches Wismut wird im Labor aus einer Schmelze gezüchtet.

Renate Schumacher

Größe 7 cm x 7 cm x 7 cm,
Gewicht 325 g

Kristall gekauft 2007 auf Mineralienmesse St. Marie-aux-Mines, Elsass

Montage vor einer südkoreanischen Flasche, deren Inhalt Wismut enthält

Pure-Aid™
NDC No. 67510-0505-4
ORIGINAL
Indigestion
Upset Stomach
Nausea
Diarrhea
NET 4FL OZ(120mL)

Tigerauge

Seit November 2008 ist im Mineralogischen Museum der Universität Bonn das größte in einem deutschen Museum ausgestellte Tigerauge zu sehen. Die Scheibe besteht aus Bändern von schillerndem Tigerauge, eingebettet in Jaspis und Magnetit. Fantastische Muster wurden durch tektonische Kräfte in der langen Geschichte des Gesteins geformt.

Fundort ist die Bergkette Hamersley Range in Westaustralien, das weltweit beste Tigerauge-Vorkommen. Die bekanntere braun-goldene Variante stammt meist aus Südafrika. Weniger bekannt, weil erheblich seltener, sind die Tigeraugen-Funde aus Westaustralien. Die Gesteinsplatte schimmert aufgrund ihrer Vielfalt an enthaltenen Mineralen in leuchtenden roten, grünen und sogar blauen Farbtönen.

Unter Einsatz modernster Techniken schnitt David Vaughan, einer der vier Finder, die Platte zu und polierte sie in erstklassiger Qualität. Entstanden ist ein Meisterwerk, da der Schnitt exakt parallel zu den Fasern erfolgte, damit das Gestein nicht stumpf erscheint. Nach der Präsentation des Exponats auf der »Gem and Mineral Show« in Tucson (Arizona, USA) und auf den »Münchner Mineralientagen« war der australische Besitzer bereit, dem Mineralogischen Museum das Tigerauge gegen Zahlung einer Aufwandsentschädigung für Bergung, Politur und Transport zu über-

lassen. Durch viele private Spenden, besonders von Alumni der Bonner Mineralogie, sowie durch einen Zuschuss der Universität gelang es, den erforderlichen Betrag innerhalb von drei Jahren aufzubringen. Seit Januar 2012 zählt das australische Tigerauge nun zum Bestand des Museums, wo es seine Besucher immer wieder in Staunen versetzt.

Renate Schumacher

Hamersley Gebirgszug der Pilbara, Region Westaustraliens, poliert, 2, 5 Mrd. Jahre

Länge 2 Meter, Gewicht 150 kg

Montage verschiedener Aufnahmen desselben Tigerauges

Faksimile der Rechenmeisterwerke

Das Arithmeum beherbergt ergänzend zur Sammlung historischer Rechenmaschinen eine Sammlung bibliophiler Rara mit einem Umfang von knapp 2000 Werken. Ihr Schwerpunkt sind Rechenbücher und frühe Mathematikbücher aus dem 16. und 17. Jahrhundert. Sie gehört inzwischen zu den führenden Sammlungen ihrer Art. Die Erstauflage der »Principia Mathematica« von Newton ist hier ebenso vertreten wie die Ausgabe von Diophantes, »Arithmeticorum libri sex«, die Pierre de Fermat mit Annotationen versehen hatte und die sein Sohn mit diesen herausgab. Unter anderem findet sich dort die berühmte Bemerkung, dass er einen Beweis für den »Satz von Fermat« habe, aber die Randspalte zu klein sei, um ihn dort niederzuschreiben. Es hat bekanntlich einige Jahrhunderte gedauert, bis 1994 ein sehr aufwendiger Beweis hierfür gegeben werden konnte.

Um den Charme, die arithmetischen Inhalte, aber auch die Kuriositäten der deutschen Rechenbücher aus dem 15. und 16. Jahrhundert möglichst authentisch zu vermitteln, wurden 2009 pars pro toto vier Rechenbücher aus der Rara-Sammlung des Arithmeums als Faksimiledrucke aufgelegt. Die Autoren Johannes Widmann, Adam Ries, Christoph Rudolff und Johann Albrecht können als konkurrierende Rechenmeister verstanden werden, auf der Suche nach dem besten Weg, das Rechnen breiteren Bevölkerungsschichten zu erschließen. Ihre Rechenbücher wenden sich an den erwachsenen Leser und vermitteln einfachste Grundkenntnisse. Als zu den ersten gedruckten Büchern in deutscher Sprache gehörend, geben sie ein spannendes kulturhistorisches Zeugnis, das neben dem Rechnen auch die Entwicklung der Schriftsprache dokumentiert. Ein Begleitband von Professor Dr. Ina Prinz, der Direktorin des Arithmeums, erschließt die Besonderheiten didaktischer Vermittlung. Wie in einem Kochbuch haben die Rechenmeister das Rechnen dem Leser in Einzelrezepten aufbereitet. Abstraktion und Verallgemeinerung finden sich selten. Im Vergleich der vier Rechenmeister zeigt sich die didaktische Kunst von Adam Ries, der im Ausdruck »Das macht nach Adam Riese …« bis heute im Gedächtnis geblieben ist.

Ina Prinz

Widmann, Johannes: Behende un hübsche Rechnunge auff allen Kauffmannschafften […]. Augsburg, 1526.

Ries, Adam: Rechenbuch, auff Linien und Ziphren, in allerley Handthierung, Geschäfften unnd Kauffmanschafft […]. Frankfurt am Main, 1574.

Rudolff, Christoph: Künstliche Rechnung mit der Ziffer unnd mit den Zalpfenningen […]. Augsburg, 1601.

Albrecht, Johann: Rechenbüchlein auff der linien […]. Wittenberg, 1534.

Inv.-Nr. der Originale 04.7-0612, 94.7-0267, 00.7-0762, 98.7-0510

Fragment eines Marmorsarkophages

Zur Sammlung des Franz-Josef-Dölger-Instituts zur Erforschung der Spätantike gehört ein Marmorfragment, das als Bruchstück eines römischen Säulensarkophags aus der zweiten Hälfte des 4. Jahrhunderts identifiziert werden kann: die Heilung der Blutflüssigen durch Jesus (Matthäus 9, 18-22). Rechts im Bild steht der jugendliche Jesus und heilt die vor ihm kniende Frau durch Handauflegung; links von ihm steht ein Jünger.

Im Berliner Bode-Museum gibt es ein ähnliches Fragment, das die verstorbene Sarkophaginhaberin zwischen zwei Begleitern zeigt: Sie trägt eine dreifache Perlenkette und hat die Hände zum Gebet ausgebreitet. Links von der das Bildfeld abschließenden Säule war eine Blindenheilung wiedergegeben: Dabei stand Jesus links; davon sind nur die Schriftrolle in der linken und Reste der rechten Hand zu erkennen, mit der er die Augen des Blinden berührt. Vorn rechts kniet der Blinde und hinter diesem steht ein Jünger.

1996 entdeckte Jutta Dresken-Weiland, dass beide Stücke ursprünglich zusammengehörten: Sowohl Material, Bearbeitung als auch Gliederungsschema stimmen überein; die beiden Bruchkanten passen exakt aneinander. Wann und wie die beiden Teile des ursprünglich etwa zwei Meter langen Sarkophags getrennt wurden, kann heute nicht mehr ermittelt werden. Das Berliner Fragment wurde im Jahre 1906 im römischen Kunsthandel erworben, das Bonner Fragment 1963. 2010 wurden sie in einer Ausstellung wiedervereint.

Susanne Heydasch-Lehmann

Fragment und Gipsabguss
eines Säulensarkophags, Marmor,
letztes Drittel 4. Jahrhundert,
erworben 1963 in Rom

Höhe 49 cm, Breite ca. 54 cm,
Inv.-Nr. 126,
Montage

Palmenblatt im Dünensand

Ein gut erhaltenes fossiles Palmblatt ist im Goldfuß-Museum des Steinmann-Instituts zu sehen. Das Blattfossil zeigt nicht allein die Blattfieder, sondern zeigt auch die Blattbasis und Blattstiele ganz deutlich. Der Kontrast zwischen Blatt und Gestein ist gut erkennbar, denn der fossile Wedel liegt als brauner Abdruck auf einem helleren Sandstein. Dieser Sandstein hat den geologischen Namen »Neurather Sand« und repräsentiert Dünen hinterm Strand der Ur-Nordsee. Sand und Blatt kommen aus dem Mittelmiozän und sind also beide 12 Millionen Jahre alt. Das Fossil wurde von Mitarbeitern des Energieversorgungsunternehmens RWE (vormals Rheinbraun AG) im Braunkohlentagebau Zukunft-West bei Eschweiler geborgen. Seit 1983 wurden etwa 20 solcher Palmenblätter aus der gleichen Schicht des Tagebaus entdeckt. Das Stück im Goldfuß-Museum wurde im Jahr 2011 vom LVR-Amt für Bodendenkmalpflege der Universität Bonn als Schenkung überlassen.

Zusätzlich zu Palmen wuchs damals auf den Dünen eine Küstenvegetation von immergrünen Feuchtwäldern mit Laubbäumen sowie Sümpfen mit Nadelbäumen und Riesenpalmen. Das Klima war subtropisch, mit milden Temperaturen über das ganze Jahr. Palmen gibt es schon seit der Kreidezeit vor etwa 70 Millionen Jahren. Dort, wo heute die Braunkohlengruben in Nordrhein-Westfalen liegen, werden sie gefunden. Offenbar waren Palmen vor 12 Millionen Jahren sehr häufig anzutreffen; dies belegt ein frostfreies Klima. Ihr Fehlen in nur wenig jüngeren Schichten zeigt, dass sich das Klima in unseren Breiten zunehmend abkühlte.

Es gibt grundsätzlich zwei Blattformen bei Palmen: Fächerpalmen mit fächerförmigen Wedeln und Fiederpalmen mit federähnlichen Wedeln. Fächerpalmen wachsen heutzutage vor allem an offenen sonnigen Standorten wie Dünen, während Fiederpalmen häufiger in schattigen tropischen Wäldern oder in milderen Küstengebieten zu finden sind. Das fossile Palmblatt wird zur Zeit als *Sabal maior* bezeichnet, aber ob es wirklich zur Palmettopalme *Sabal* gehört oder zur Hanfpalme *Trachycarpus*, erfordert weitere paläobotanische Forschung.

Carole Gee

Großes fossiles Blatt einer Fächerpalme, 12 Mio. Jahre alt

Höhe 70 cm, Breite 48 cm, Tiefe 48 cm, STIPB

Bild: Georg Oleschinski, bearb. von Volker Lannert

Spätklassische Trinkschale der Maya

Der 21. Dezember 2012, jener Tag (13.0.0.0.0 4 Ajaw 3 K'ank'in), an dem laut Mayakalender der sogenannte 13. Bak'tun – eine 394 Jahre währende Periode – endete, sorgte sowohl in esoterischen, populärwissenschaftlichen wie auch in seriösen wissenschaftlichen Kreisen für viel Gesprächsstoff und hitzige Debatten. Die Themen rangierten dabei von angeblich prophezeiten apokalyptischen Weltuntergangsszenarien bis hin zu fachmännisch epigrafischen und linguistischen Interpretationsansätzen. Bezeichnenderweise gründet das »Phänomen 2012« auf den verschiedenen Lesarten einer einzigen Steininschrift: Monument 6 aus Tortuguero, Mexiko; die bis dato einzige bekannte Inschrift, die explizit das besagte Datum erwähnt und es konkret zeitlich verankert und in einen historischen Kontext stellt.

Monument 6 war einst Teil eines monumentalen Heiligtums, das im Jahr 669 n. Chr. im Rahmen einer Gebäudeweihung Tortugueros lokalen Patronatsgöttern gewidmet wurde. Das am Ende der Inschrift prophezeite Ereignis – »die Ankleidung von Bolon Yokte' für die große Investitur« – hatte keineswegs apokalyptischen Charakter und markiert auch nicht das mutmaßliche Ende des Mayakalenders.

Vielmehr verbanden die Maya mit diesem zukünftigen Datum die Vorstellung eines festlichen Jubiläums zu Ehren ihres Herrschers und dessen Patronatsgöttern. Wichtige Periodenenden, insbesondere das Ende jeder Bak'tun Periode, wurden traditionell von Göttern namens Bolon Yokte' eingeleitet, wobei Periodenenden, die mit der Zahl 13 assoziiert wurden, besondere Bedeutung beigemessen wurde. Zelebriert wurden die Festgelage der Maya je nach Anlass mit Opfergaben an die Götter, wobei in den meisten Fällen Speise- und Getränkegaben unerlässlich für die Zurschaustellung von Reichtum und Überfluss waren. Die hier gezeigte spätklassische (ca. 600-800 n. Chr.) Trinkschale aus dem guatemaltekischen Tiefland diente bei Festgelagen für den Konsum von Mais- und Kakaogetränken. Abgebildet ist der zoomorphe Kopf des Gottes K'awiil, der an seinen schlangenartigen Gesichtszügen und an der aus der Stirn ragenden Fackel erkannt werden kann; die Fackel ist ein Symbol der Königswürde.

Das Gefäß gelangte 2012 als Schenkung in die Bonner Altamerika-Sammlung, wo es nebst anderen Artefakten interessierten Laien und Forschern für Studienzwecke zugänglich ist und dazu anregt, sich – auch nach dem »Phänomen 2012« – mit dem kulturellen Erbe der klassischen Maya zu beschäftigen.

Guido Krempel

Gebrannter Ton,
Maya-Tiefland, Guatemala,
Sammlung Wagner

Höhe 12 cm,
Durchmesser 20 cm,
Montage

Terrakottastatuetten von Bes und Besit

Mit »Kleopatra VII. – Die wohlvertraute Unbekannte« präsentierten im Jahr 2013 das Ägyptische Museum und das Akademische Kunstmuseum der Universität Bonn eine Ausstellung, welche die gleichzeitige große Schau der Bonner Bundeskunsthalle »Kleopatra. Die ewige Diva« erweiterte und ergänzte. Themen der Ausstellungen waren Kleopatra VII. selbst, Herrscherrepräsentation und Herrscherkult im Spannungsfeld zwischen hellenistisch-römischen und pharaonisch-ägyptischen Vorstellungen sowie der räumliche Kontext, die Stadt Alexandria. Durch die Berührung altägyptischer mit hellenistisch-römischen Kunstformen etablierten sich in Ägypten auch Objekte, welche die ägyptische Bilder- und Götterwelt in typisch griechischen Materialgattungen umsetzen, wie die hier gezeigten Terrakottastatuetten.

Bes ist als Teil des Gefolges der ägyptischen Göttin Hathor eng mit Mutterschaft verknüpft: Er erscheint als Tänzer und Musiker, aber auch als Kämpfer, der schwangere Frauen sowie die Geburt und Kinder beschützt. In dieser Funktion wird er häufig bewaffnet gezeigt, wie die Statuette des Akademischen Kunstmuseums zeigt: In der Rechten ein Schwert, der linke Arm ist von einem Schild verdeckt, die Straußenfedern auf seinem Kopf symbolisieren wohl Jagd- und Kriegserfolge. Als unheilabwehrend ist zudem auch sein meist grimassenhaftes Gesicht mit herausgestreckter Zunge zu verstehen. Gelegentlich werden Bes und Besit gemeinsam dargestellt, wobei Statuetten, die Bes zeigen, wie er Besit auf seinem Kopf trägt, eine Seltenheit sind. Auf dem vorliegenden, fragmentarisch erhaltenen Stück des Ägyptischen Museums ist sein Kopf in Ansätzen (Stirn und Augenbrauen) unter ihrer Scham zu erkennen. Aus praktischen wie auch ikonografischen Gründen trägt Bes hier keine Straußenfedern und im umgekehrten Fall, wenn Besit Bes trägt, fehlt bei ihr dieses typische Attribut. Die Austauschbarkeit der beiden Gottheiten auch bei seltener Ikonografie mag erstaunen, zeigt aber, wie ähnlich und nahe sie sich sind.

Andreas Dorn,
Nele Schröder-Griebel

Ton, Ägypten, 2.-1. Jh. v. Chr., Höhe 15,9 cm, Akademisches Kunstmuseum Inv. D 647

Ton, Herkunft unbekannt, ca. 2.-1. Jh. v. Chr. Höhe 14,7 cm, Breite 8,5 cm, Tiefe 3,8 cm, Ägyptisches Museum Inv.-Nr. BoSAe 902, Montage

Der Zahnkärpfling *Valencia robertae*

Wissenschaftler der Stiftung Zoologisches Forschungsmuseum Alexander Koenig – Leibniz-Institut für Biodiversität der Tiere hatten im Rahmen des von der Leibniz-Gemeinschaft geförderten Projektes FREDIE (Freshwater Diversity Identification for Europe) eine spektakuläre neue Fischart in Griechenland gefunden. Die wissenschaftliche Beschreibung dazu wurde 2014 publiziert.

Es handelt sich dabei um einen Vertreter der einzigen in Europa endemischen Fischfamilie *Valenciidae* der Zahnkärpflinge, mit nur zwei bekannten Arten bisher. Alle nun drei *Valencia*-Arten sind stark gefährdet oder vom Aussterben bedroht und geschützt. So hat *V. letourneuxi* von Korfu und Albanien 2012 traurigen Ruhm als eine der 100 meist-gefährdetsten Arten weltweit erlangt. Dem spanischen *V. hispanica* geht es dabei nicht besser, auch er wird als stark gefährdet von der IUCN geführt. Die größte Gefährdung geht vom Lebensraumverlust durch Wasserentnahme für die Landwirtschaft sowie Konkurrenz durch eingeschleppte, gebietsfremde Fische aus.

Die neue Art trägt den Namen *Valencia robertae* zu Ehren der griechischen Ichthyologin Roberta Barbieri, welche sich für den Schutz bedrohter Fischarten einsetzt. Wie sich herausstellte, wurde die Art seit den neunziger Jahren bei Hobbyisten gepflegt, aber erst die molekulargenetischen Befunde via DNA Barcoding aus FREDIE offenbarten die großen Unterschiede zwischen Tieren vom Balkan und aus Griechenland. Als dann die Morphologie und Färbung verschiedener Populationen detailliert verglichen wurde, gab es keinen Zweifel mehr – die wissenschaftliche Beschreibung folgte. Für den Artenschutz, aber auch den Naturschutz, kann solch eine Beschreibung einen wichtigen Beitrag leisten, müssen doch nach europäischem Recht Schutzgebiete für solche Lokalendemiten ausgewiesen werden. Es bleibt deshalb zu hoffen, dass der fragile Lebensraum der neuen Art bald unter besonderen Schutz gestellt wird.

Matthias Geiger

Valencia robertae,
die neuerdings dritte
Valencia-Art,
entdeckt von Bonns Wissenschaftlern im Projekt FREDIE,
Montage

Rebellischer und Sterbender Sklave

500 Jahre nach Entstehung der Originale erhielt das Paul-Clemen-Museum Gipsabgüsse der beiden Louvre-Sklaven Michelangelos zum Geschenk. Sie waren von der Kunst- und Ausstellungshalle der Bundesrepublik Deutschland in der Ausstellung »Der Göttliche. Hommage an Michelangelo« gezeigt worden und kamen 2015 mit zwei weiteren Gipsen nach Michelangelo in die Italienische Abteilung des Museums.

Die beiden Aktfiguren repräsentieren zentrale Werke der europäischen Bildhauerkunst. Ursprünglich für das Grabmal Papst Julius' II. in St. Peter bestimmt, stellen die gebundenen Jünglinge wahrscheinlich Personifikationen der gefangenen Künste dar, die durch den Tod des Papstes ihren Gönner und freien Spielraum verloren haben. Die beiden unfertigen Figuren gelangten als Geschenk Michelangelos von Rom nach Frankreich, wo sie bis gegen 1800 der Öffentlichkeit weitgehend entzogen blieben. Mit ihrer Aufstellung im neugeschaffenen Musée du Louvre traten sie einen wirkungsgeschichtlichen Siegeszug an, der in der Kunstgeschichte der Moderne seinesgleichen sucht. Als nunmehr isolierte, autonome Aktskulpturen verkörpern sie in Haltung, Gebärde und Ausdruck alternativ zwei innere Zustände unter abstrakter äußerer Bedrängnis: ein sich Auflehnen und ein sich Ergeben (»Rebellischer« und »Sterbender Sklave« – die Bezeichnungen entstanden erst im 19. Jahrhundert). Die Spur des Meißels läßt noch im Gips die arbeitende, suchende Hand des Künstlers erkennen. Das der Ausführungsgeschichte des Grabmals geschuldete *non finito* gerät unter den Vorzeichen einer anderen Epoche zum Merkmal besonderer Lebendigkeit, die ursprüngliche Ikonografie der Gefangenschaft im Zeichen der Trauer kann zugleich als allgemeingültige Chiffre tragischer Unterbindung der Entfaltung von Lebenskraft verstanden werden. Für den Neuaufbau der 1944 schwer dezimierten Abgusssammlung bedeutet das großzügige Geschenk einen Meilenstein.

Georg Satzinger

Gipsabgüsse nach Michelangelo,
Originale im Louvre, Paris

Bruchstücke von Eierschalen

Die Bedeutung von wissenschaftliche Sammlungen wie der des Goldfuß-Museums wird an diesen unscheinbaren Fossilien augenfällig, die in den 1980er Jahren unter der Leitung von Heinrich Karl Erben (1921-1997) vom damaligen Institut für Paläontologie der Universität Bonn in China gesammelt wurden. Es handelt sich um Bruchstücke der Schalen von Dinosaurier-Eiern, die er wenige Jahre nach der Öffnung Chinas in der südchinesischen Provinz Guangdong sammeln konnte. Die Bruchstücke stammen aus den Schichten der jüngsten Kreidezeit, also vor etwa 66 Millionen Jahren. Erben wollte mit seinen Untersuchungen das Aussterben der Dinosaurier aufklären.

Heute erzählen diese Schalenfragmente eine Geschichte vom Leben der Dinosaurier, die ebenso spannend ist wie ihr Aussterben. Inzwischen wissen wir auch, welche Dinosaurier die Eier legten, nämlich die Oviraptorosaurier. Der Name bedeutet »Eierdiebsaurier« und beruht auf einer Fehlinterpretation der Funde solcher Eier in Assoziation mit erwachsenen Sauriern. Erst als 1993 Embryonen von Oviraptorosauriern in den Eiern gefunden wurden, wurde klar, dass die erwachsenen Saurier die Eier gar nicht rauben, sondern eher beschützen und vielleicht bebrüten wollten. Die Struktur der Nester, die Erben in China beobachtete, und die geringe Zahl der Poren in der Eierschale zeigen, dass Oviraptorosaurier ein halb offenes Nest anlegten, wobei zumindest das obere Ende des Eis sichtbar war.

Mit modernsten analytischen Methoden aus der organischen Chemie und der Pharmazie konnte unsere Arbeitsgruppe im Jahr 2016 den Nachweis führen, dass sich in den von Erben gesammelten Eierschalen noch Farbstoffe erhalten hatten, die den Eiern eine blaugrüne Farbe verliehen. Gefärbte Eier wurden bisher als ein Merkmal der Vögel angesehen, während Reptilien immer weiße Eier legen, die sie vergraben und sie so vor Fressfeinden schützen. Die Entdeckung der Farbe in Dinosaurier-Eiern ist also ein weiteres in einer langen Liste von Merkmalen, die schon weit vor der Evolution der Vögel innerhalb der Dinosaurier entstanden sind. Hierzu gehören auch die Befiederung, die Warmblütigkeit und viele Skelettmerkmale. Die Farbe der Dinosaurier-Eier hatte neben der Tarnung vermutlich auch eine Signalfunktion wie bei heutigen Vögeln, wo die Intensität der Färbung über die Fitness der Weibchen Auskunft gibt.

Martin Sander

China, Provinz Guangdong, Sammlungskästchen mit Eierschalen vom Oviraptorosaurier, 2 x 4 cm, STIPB (Slg. H. K. Erben)

Bild: Georg Oleschinski

25

Eingeweidekasten

Der Eingeweidekasten des Heri-ib-djehuti, Sohn des Pa-di-osiris, aus der Ptolemäerzeit, stammt aus den Antikensammlungen Ursula und Karl-Heinz Preuß. Er soll exemplarisch für alle Schenkungen und Leihgaben stehen, welche die Universität Bonn und ihre Museen und Sammlungen in 200 Jahren seit Errichtung des inzwischen untergegangenen Naturhistorischen Museums bis heute erhalten haben und in Zukunft erhalten werden.

Im Rahmen der Mumifizierung, die dem Erhalt des menschlichen Körpers für ein Leben nach dem Tod diente, wurden dem Verstorbenen Leber, Milz, Lunge und Gedärme entnommen. Diese wurden gesondert mumifiziert und in eigenen Krügen oder in eigenen Kästen wie im vorliegenden Eingeweidekasten als kleine Pakete beigesetzt. Wie der Verstorbene selbst, benötigten auch seine Eingeweide einen besonderen Schutz, der durch Bemalung auf dem Kasten sichergestellt wurde. Den oberen Abschluss bilden liegende Caniden – u.a. Repräsentationen des Totengottes Anubis, der den Verstorbenen balsamierte, mumifizierte und die Bestattungsriten durchführte. Unten sind zwei verschiedene Schutzsymbole dargestellt, ein Schlaufenamulett (Tjtsymbol) und ein pfeilerartiges Gebilde (Djedpfeiler), wahrscheinlich ein alter Fetisch, der auch den Totengott Osiris symbolisieren kann. Zudem sind die spezifischen Schutzgötter für die einzelnen Organe präsent sowie weitere Gottheiten. Die gesamte Komposition stellt ein Kondensat des Weges durch das Jenseits dar, den Verstorbene gehen, um sich dabei zu verjüngen und zu einem »Osiris« zu werden.

Den Museen und Sammlungen der Universität Bonn wünsche ich eine dauernde Verjüngung im Namen aller Kustoden und Kustodinnen, sowie Museums- und Sammlungsleitenden, damit sich die Forschungsarbeit weiterentwickeln kann und immer wieder aufs Neue Besucher und Gäste von den Objekten der Bonner Sammlungen und Museen gebannt sind.

Unser Dank gilt aktuellen und künftigen verantwortungsvollen Mäzenen, die durch ihre Schenkungen bisher meist unbekannte Objekte einer breiten Öffentlichkeit und der Forschung zugänglich machen und so einen wichtigen Beitrag zur Strahlkraft unserer Universität leisten.

Andreas Dorn

Holz, stuckiert, schwarz, dunkelgrün, hellgrün, rot, hellblau, ocker, wahrscheinlich Mittelägypten, um 300 v. Chr.

Höhe 50,9 cm, Breite 19,7 cm, Tiefe 21,8 cm, Inv.-Nr. BoSAe 3323

Universitätsjubiläum

Jubiläen sind eine universitäre Erfindung. Die Welt würde vielleicht keine historischen Jubiläen feiern, wenn nicht die Universität Tübingen 1577 ihr 100-jähriges Bestehen gefeiert hätte. Von den Universitäten wanderte die Idee zu den Buchdruckern, von ihnen zu den Kirchen und von dort aus in die gesamte Bevölkerung. Dienstjubiläen, Goldhochzeiten und runde Geburtstage waren die Folge.

In den Universitäten entwickelten sich bald präzise Rituale, wie Universitätsjubiläen zu begehen seien. Neben Umzügen, feierlichen Ehrenpromotionen und festlichen Ansprachen gehörten auch fröhliche studentische Feste dazu. Auch die Bonner Universität feierte ihr 50-jähriges Bestehen mit einer studentischen Feier, einem sogenannten Kommers. In der damaligen Beethovenhalle in der Nähe der Rheinbrücke fand am 3. August 1868 dieser Kommers statt. Der Festkommers war und ist die offizielle und repräsentative Form der studentischen Kneipe, die allerdings nicht der üblichen Zweiteilung in offiziellen und inoffiziellen Teil unterliegt. Zu ihr sind neben Verbindungsstudenten auch Gäste zugelassen, und der Höhepunkt ist die Festrede, die von einer möglichst hochgestellten Persönlichkeit gehalten wird. In diesem Fall war diese Persönlichkeit der preußische Kronprinz, der spätere Kaiser Friedrich III., der abends um 20 Uhr von ca. 800 Studenten abgeholt und mit einem Fackelzug mit 800 Fackeln in die Festhalle begleitet wurde, wo sich die trink- und sangesfreudigen Herren (Damen waren damals keine dabei) schon versammelt hatten. Die feiernde Menge wurde auf ca. 3000 Personen geschätzt. Das Blatt mit der feiernden Festgemeinschaft erschien damals zur Illustration der Bonner Jubelfeier in deutschen Zeitungen.

Auch 2018 feiert die Universität Bonn Jubiläum, traditionell in der Erinnerung an ihre 200-jährige Vergangenheit, modern in den Formen, in denen im 21. Jahrhundert ein Universitätsjubiläum zu begehen ist. Ad multos annos.

Thomas Becker

Papier, Lithografie von Gottlob Theuerkauf nach einer Skizze von R. Beissel, 33 x 24,3 cm
Baerbeitung / Montage: Volker Lannert

Das fünfzigjährige Jubiläum der Universität Bonn. Der große Commers im poppelsdorfer Schloß. Nach einer Skizze von R. Beissel, von G. Theuerkauf. (S. 815.)

Museen und Sammlungen

Ägyptisches Museum der Universität Bonn

Das Ägyptische Museum der Universität Bonn beheimatet die größte Sammlung altägyptischer Objekte im Rheinland. Der repräsentative Objektbestand umfasst nahezu alle Objektgattungen und Epochen. Paläolithische Steinartefakte, darunter Faustkeile und andere Steinwerkzeuge, die älter als 50.000 Jahre sind, stellt für die vor- und frühgeschichtliche Zeit bis um 3000 v. Chr. die umfangreiche Sammlung von Keramik- und Steingefäßen sowie von steinernen Schminkpaletten aus gesicherten Fundkontexten einen der Schwerpunkte dar. Aus eigener Grabungstätigkeit stammen Funde, die durch ein Grabungsprojekt der Universität Bonn vornehmlich in den 1960er und 1970er Jahren im Abhang eines Gräberbergs an Ägyptens Südgrenze beim heutigen Assuan gemacht wurden und aufgrund der damals praktizierten Fundteilung nach Bonn gelangten. Hunderte beschrifteter Tongefäße, die uns Namen von Menschen und Inhaltsstoffen überliefern, zählen zu den Bonner Beständen und vermitteln vielseitige Aussagen zu lokalen Bestattungsbräuchen aus der Zeit um 2100 v. Chr.

Das Ägyptische Museum der Universität Bonn ist die einzige Sammlung außerhalb Ägyptens, die seinem Publikum eine so umfassende Sammlung solcher Gefäße präsentieren kann. Hinzu kommen vom selben Ort zwei weltweit einmalige, bemalte Keramikgefäße: die sogenannte Bonner Jagdschale, die eine Darstellung eines nubischen Jägers umgeben von verschiedenen Tieren aus seiner Lebenswelt enthält, sowie eine Schale, auf welcher eine Szene aufgemalt wurde, die eine Frau beim Frisieren zeigt.

Historisch eng mit dem Akademischen Kunstmuseum der Universität Bonn verbunden, aus welchem das Ägyptische Museum hervorging, weisen auch heute noch zahlreiche Gipsabgüsse von Grab- und Tempelwänden auf diese Verbindung. Das Ägyptische Museum zeigt mit dem Schlachtenrelief Sethos' I. aus dem großen Amun-Tempel in Karnak (19. Dynastie) eines der größten aus Gipsabgüssen bestehenden ägyptischen Wandbilder. Der Ausstellungsbereich »Kabinett des Sammelns« zeigt Schenkungen privater Sammler und macht sie zum Thema heutiger und vergangener Auseinandersetzung mit Objekten der altägyptischen Kultur.

Die Nutzung der Museumsräumlichkeiten auch für Kindergeburtstage, Hieroglyphenkurse, Schulklassen und Gruppen interessierter Laien und Studierender anderer Universitäten, schließlich für Abendvorträge, universitären Unterricht, Sonderausstellungen zu ägyptischen Themen oder zu Werken moderner Kunst, zeigt das Ägyptische Museum als außergewöhnliche Bildungs- und Kulturstätte in der Bonner Museumslandschaft.

Ägyptisches Museum der Universität Bonn
Prof. Dr. Ludwig Morenz, Direktor
Dr. Frank Förster, Kurator
Regina-Pacis-Weg 7, 53113 Bonn

Akademisches Kunstmuseum – Antikensammlung der Universität Bonn

Das Akademische Kunstmuseum – Antikensammlung der Universität Bonn ist eines der ältesten Museen der Stadt. Seit seinen Anfängen 1818 – das Museum wurde gemeinsam mit der Universität gegründet – hat es die Aufgabe, griechisch-römische Kunst aus den Mittelmeerländern in Abguss und Original zu sammeln. Die ersten Bestellungen von Abgüssen für ein Kunstmuseum in der Rheinprovinz gingen bereits 1815 in Paris ein. In den ersten Jahrzehnten wurden hauptsächlich Gipsabgüsse nach antiken Skulpturen und Reliefs gesammelt, aber auch einige Originale befinden sich seit dem frühen 19. Jh. im Bestand, so etwa die umfangreiche Münzsammlung. Heute beherbergt das Museum eine der größten Abgusssammlungen Deutschlands mit insgesamt rund 2400 Gipsabgüssen von Statuen, Reliefs und Kleinkunst. Daneben kamen ab dem späten 19. Jh. immer mehr Originalobjekte hinzu: Insgesamt 15.000 Werke aus Marmor, Terrakotta und Bronze erlauben dem Besucher Streifzüge durch die Welt der Antike. Die Schwerpunkte der Sammlung bilden die antike Vasenmalerei sowie architektonische und figürlich Terrakotten aus nahezu allen Regionen rund um das Mittelmeer. Auch antikes Glas, Bronzen und Steinobjekte sowie rund 5000 griechische und römische Münzen gehören zur Bonner Sammlung. An die Objekte schließen sich u.a. kunsthistorische, technisch-handwerkliche Fragen sowie solche nach den Kontexten an. Das Museum ist als Lehrsammlung konzipiert, was deutlich an der Zusammensetzung des Bestandes erkennbar ist: Es wurden nicht nur große Kunst und Werke berühmter Meister gesammelt, sondern insbesondere auch wissenschaftlich bedeutende Einzelstücke und Konvolute. In der Lehrsammlung wird anhand des Bestandes Forschung und Lehre zugleich betrieben.

Das Akademische Kunstmuseum ist auch dem breiten Publikum geöffnet und bietet regelmäßig Sonntagsführungen an, weiter archäologische Sonderausstellungen, Ausstellungen zeitgenössischer Kunst sowie Vorträge, Konzerte oder Tanzvorführungen.

Akademisches Kunstmuseum
Antikensammlung der Universität Bonn
Prof. Dr. Frank Rumscheid, Direktor
Dr. Kornelia Kressirer, Kustodin
Am Hofgarten 21, 53113 Bonn

Arithmeum

Das Arithmeum ist ein Museum zum Thema »rechnen einst und heute«. Es befindet sich unter einem Dach mit dem Forschungsinstitut für Diskrete Mathematik der Universität Bonn. Das Arithmeum beherbergt die weltweit umfassendste Sammlung historischer Rechenmaschinen und präsentiert die Höhepunkte der Geschichte des mechanischen Rechnens. Die Anfänge der Sammlung mechanischer Rechenmaschinen, die mit mehr als 10.000 Exponaten als weltweit führend gilt, gehen auf die 1970er Jahre zurück. Damals wurde Mechanik durch Elektronik verdrängt; eine 300-jährige Entwicklung komplexer Technik ging abrupt zu Ende. Der Stifter der Sammlung, Professor Dr. Dr. h.c. Bernhard Korte, sammelte bereits während seines Mathematikstudiums mechanische Rechenmaschinen, von den Anfängen im 17. Jahrhundert bis zu ihrem technologischen Untergang.

Ergänzt wird diese Sammlung durch eine mehr als 3.000 Exponate umfassende Sammlung bibliophiler historischer Rechen- und Mathematikbücher, die bis in Gutenbergs Zeit zurückgehen. Begonnen bei den Rechenmeistern, wie beispielsweise Adam Ries, die erstmals in deutscher Sprache publizierten, bis hin zu Newtons »Principia Mathematica« sind die Highlights der Mathematikgeschichte hier versammelt. Nachdem die Sammlung der mechanischen Rechenmaschinen kaum noch ergänzt werden konnte, wurde die Sammlung früher elektronischer Rechner und Computer aufgebaut. Unter anderem kann nach Voranmeldung eine funktionierende Zuse Z25 besichtigt werden. Diesem Sammlungszweig wird durch ein zusätzliches Schaudepot ergänzt.

Moderne höchstintegrierte Logikchips sind wohl die komplexesten Strukturen, die der Mensch bisher erdacht und gefertigt hat. An der Entwicklung dieser elektronischen Winzlinge, die mit atemberaubendem Tempo weitergeht, haben Methoden der Diskreten Mathematik einen besonderen Anteil. Der Besucher des Arithmeums kann die Funktionsweise von Mikroprozessoren studieren, selbst interaktiv Chips entwerfen und mit einem Polarisationsmikroskop tief in ihr Innenleben blicken und ihre Schönheit bestaunen. Wir dringen hier in Dimensionen vor, die weit außerhalb unserer menschlichen Vorstellung liegen. Eine Million Transistoren passen unter die Spitze eines Bleistifts. Die auf Rechtwinkligkeit reduzierten Strukturen im Chipdesign haben ihre eigene inhärente Ästhetik.

In der Architektur des Arithmeums lassen sich Wissenschaft und Kunst wie selbstverständlich kombinieren. Inzwischen beherbergt das Arithmeum eine der umfangreichsten Sammlungen dieser Kunstrichtung im deutschen Sprachraum und präsentiert regelmäßig Kunstausstellungen. Eine kleine Sammlung von Designmöbeln und -objekten auf diesem Gebiet hat ihren Platz in der ständigen Ausstellung. Objekte mit intuitiven geometrischen Darstellungen, wie beispielsweise afrikanische Kunst, fanden Eingang in die Sammlung des Arithmeums und bilden ein eigenes kleines Sammlungsgebiet. Die Symbiose von Wissenschaft, Technik und Kunst im Arithmeum ist nicht zufällig, sondern gewollt. Ästhetik und Schönheit helfen, in unserer homogenen und schnelllebigen Welt zu differenzieren und zu erleben.

Arithmeum
Rechnen einst und heute
Forschungsinsitut für Diskrete Mathematik
der Universität Bonn
Professor Dr. Ina Prinz, Direktorin
Lennéstr. 2, 53113 Bonn

Sammlung der Abteilung für Asiatische und Islamische Kunstgeschichte

Die Sammlung der Abteilung für Asiatische und Islamische Kunstgeschichte besitzt Objekte aus ganz Asien: von Dolchen aus dem Jemen bis zum Samuraihelm aus Japan. Auch die Medien sind mannigfaltig. Von Malereien aus Japan, über Skulpturen aus Indien, bis hin zu Kunsthandwerk aus Indonesien gibt es unterschiedlichste Objekte, die aktiv in die Lehre der Abteilung eingebunden werden. So lernen die Studierenden nicht nur theoretisch etwas über Kunstobjekte, sondern können praktisch den musealen Umgang mit ihnen lernen.

Heinrich Lützeler (1902-1988) war ordentlicher Professor für Kunstgeschichte in Bonn und gründete im Jahre 1967 die Forschungsstelle für Orientalische Kunstgeschichte, die bis heute in Form der Abteilung fortbesteht. Lützeler stellte wissenschaftliche Sachverhalte für ein Laienpublikum verständlich und interessant dar, beispielsweise in den Drehbüchern seiner Fernsehsendung »Die Kunst Asiens« in den 1960er Jahren, die sich in der Sammlung befinden. Der Nachlass von Dr. Kurt Erdmann befindet sich ebenfalls in der Sammlung der Abteilung. Er war von 1958-1964 Direktor des Berliner Museums für Islamische Kunst und Experte im Bereich islamische Teppiche. Weiterhin gibt es von Professor Klaus Fischer (1919-1993) Grabungspläne und -tagebücher aus Afghanistan. Fischer forschte wie Prof. Dr. Julia A.B.Hegewald, der derzeitigen Leiterin der Abteilung, zur Architektur des Jainismus. Die auf die Kunst und Kultur dieser Religionsgruppe spezialisierte Bibliothek von Paolo Pianarosa (1949-2010), war 2011 der Abteilung übergeben worden. Durch die Münchener Professorin Gritli von Mitterwallner kamen indische Skulpturen in die Sammlung.

Seit 2010 erhielt die Abteilung von verschiedenen Privatpersonen kleinere und größere Schenkungen. Vor allem ostasiatische Objekte kamen von Ingrid Gahl-Schoeller, Masken aus Nepal von Anna Flammersfeld, ein Thangka aus Nepal von Dr. Johannes Gröner, Schwarz-Weiß-Fotografien aus Ladakh von Marlene Nix, indonesische Holzschnitzereien von Meinhard Pendzich sowie verschiedene Objekte wie Schaudolche und Rosenwassersprenkler aus dem vorderen Orient von Prof. Dr. Helmut Rössler.

Institut für Orient- und Asienwissenschaften
der Universität Bonn,
Sammlung der Abteilung für Asiatische und
Islamische Kunstgeschichte
Prof. Dr. Julia Hegewald, Sammlungsleiterin
Adenauerallee 10, 53113 Bonn

Bienensammlung und Zoologische Sammlung des Lehrstuhls Agrar- und Produktionsökologie

Der Lehrstuhl Agrar- und Produktionsökologie ist 2015 aus der Tierökologie am Institut für Nutzpflanzenwissenschaften und Ressourcenschutz (INRES) der Landwirtschaftlichen Fakultät der Universität Bonn hervorgegangen. Vor der Gründung des INRES im Jahre 2005 wurde die Lehre und Forschung der Tierökologie in der Landwirtschaftlichen Fakultät durch das Institut für Landwirtschaftliche Zoologie und Bienenkunde wahrgenommen, das 1972 gegründet worden war. Heute erstrecken sich die Lehrveranstaltungen von tierökologischen Themen sowohl des terrestrischen als auch der aquatischen Ökosysteme, über Themen zur Produktivität von Graslandgesellschaften und der Crop Ecology bis hin zur ökonomischen Bedeutung von Nutztieren und Nutzpflanzen. Die Module zeichnen sich durch ein hohes Maß an Praxisbezug aus.

Der langjährigen Tradition folgend, bildet die Bienenkunde – die Lehre und Forschung rund um die Honig- und Wildbienen – ein zentrales Element des Lehrstuhls. Hierzu verfügt das INRES über eine Lehr- und Forschungsimkerei – eine von zwei universitären Imkereien in Deutschland –, die je nach Bedarf zwischen 100 und 200 Honigbienenvölker vorhält. In zahlreichen Qualifikations- und Abschlussarbeiten wird die Bedeutung dieser Ökosystemdienstleister insbesondere für die Agrarökosysteme sowohl auf nationaler als auch auf internationaler Ebene beleuchtet. Die dabei entstehenden Belegsammlungen befinden sich zum überwiegenden Teil in der zoologischen Sammlung des Lehrstuhls.

Institut für Nutzpflanzenwissenschaften
und Ressourcenschutz (INRES) der
Universität Bonn,
Lehrstuhl für Agrar- und Produktionsökologie (APOEK)
Dr. Andrée Hamm
Auf dem Hügel 6, 53121 Bonn

Bonner Altamerika-Sammlung

Die Bonner Altamerika-Sammlung (BASA) ist die archäologisch-ethnografische Lehr- und Studiensammlung der Universität Bonn. Sie spiegelt mit etwa zehntausend Objekten die Vielfalt der indigenen Gruppen der Amerikas in Vergangenheit und Gegenwart. Die meisten Objekte stammen aus Südamerika, die einen beeindruckenden Querschnitt der materiellen Kultur von Brasilien bis Peru repräsentieren. Darüber hinaus umfasst die Sammlung archäologische Objekte aus Süd- und Mesoamerika, beispielsweise der Olmeken, der Maya, Nasca, Moche und Inka. Diese ermöglichen die Forschung über vorspanische archäologische Kulturen. Ergänzt wird diese Sammlung durch figurale Kunst und Objekte aus Afrika, Asien und Ozeanien.

Die Geburtsstunde der BASA im Jahr 1948 fällt mit der Gründung des Seminars für Völkerkunde (heute Abteilung für Altamerikanistik) unter der Leitung von Prof. Dr. Hermann Trimborn zusammen. Trimborn förderte den planmäßigen Aufbau einer völkerkundlichen Sammlung von Archäologika und Ethnografika in Bonn, zunächst mit dem Ziel, die Lehre anschaulicher zu gestalten. Sein Nachfolger Prof. Dr. Udo Oberem setzte diese Sammeltätigkeit fort und legte wie Trimborn den regionalen Forschungs- und Sammlungsschwerpunkt auf den südamerikanischen Andenraum. Zur Erweiterung des Bestands trugen aber auch mehr als 35 Bürger aus dem Rheinland – Handelsreisende, Diplomaten, Unternehmer und Interessierte – bei, indem sie die auf ihren Reisen erworbenen Dinge der BASA überließen. Die kulturelle und zeitliche Vielfalt der Sammlung wird beständig durch regionale und überregionale Leihgeber und Schenker erweitert.

Die Konzeption der Ausstellungsräume der BASA wurde im Wintersemester 2013/14 erneuert und weiterentwickelt. Mit dem »BASA-Baukasten« entstand ein Gegenmodell zum starren, typologischen Aufbau der einstigen Lehr- und Studiensammlung. Der »BASA-Baukasten« ermöglicht neue Lehr- und Lernformen im Sinne des »forschenden Lernens«. Die ethnologische und archäologische Universitätssammlung ist damit auf dem Weg zu einem »partizipativen Museum«.

Der als öffentliches Museum zugängliche Raum der BASA ist zugleich Ausstellungsraum, Veranstaltungsraum und Aufenthaltsraum für Studierende sowie Depot. In Schauvitrinen sind überwiegend Objekte aus Lateinamerika ausgestellt, die unabhängig von Sonderausstellungen besichtigt werden können.

Institut für Archäologie und Kulturanthropologie der Universität Bonn, Abteilung für Altamerikanistik
Bonner Altamerika-Sammlung, BASA
Prof. Dr. Karoline Noack, Sammlungsleiterin
Oxfordstr. 15, 53111 Bonn

Papyrussammlung

»Die kleine Bonner Papyrussammlung, die aus den Beständen des Deutschen Papyruskartells über Kiel an das Seminar für Alte Geschichte der Rheinischen Friedrich-Wilhelms-Universität Bonn gelangte, als Ulrich Wilcken den dortigen Lehrstuhl (1912-1915) innehatte, ist erst von Friedrich Oertel der Vergessenheit entrissen worden. Sie bildete zusammen mit den ebenfalls geretteten Bibliotheksbeständen nach dem Ende des zweiten Weltkrieges den Grundstock für eine Papyrus-Abteilung [...].«

So fasste Horst Braunert 1964, seines Zeichens ehemaliger Assistent am Bonner Seminar für Alte Geschichte und zur Zeit der Niederschrift Professor für Alte Geschichte in Kiel, in kurzen Worten die Geschichte der Bonner Papyrussammlung für die ersten ca. 50 Jahre ihres Bestehens zusammen. Es sind dies die präzisesten Informationen, die heute über die Sammlung aus griechischen, demotischen, koptischen Papyri und Ostraka sowie wenigen papiernen Seitenfragmenten in koptischer und arabischer Handschrift vorliegen. Horst Braunert, wie einst Ulrich Wilcken (der Begründer der deutschsprachigen Papyrologie) und Braunerts Lehrer Friedrich Oertel in Bonn eng mit der historischen Analyse dieses Quellenmaterials verbunden, war nach der Emeritierung Oertels unter der Ägide des neuen Direktors Johannes Straub am Bonner Seminar für die Betreuung der Papyri zuständig.

Hatte Friedrich Oertel die Papyri einst in Bonn im Unterricht verwendet, blieb es doch Horst Braunert wie seinen Mitarbeitern und Kollegen Ursula Buske und John Shelton in den 60er und 70er Jahren vorbehalten, die ersten Stücke auch in Publikationen zugänglich zu machen. Mit Braunerts Emeritierung wurde es indes in Bonn wie in Kiel wieder ruhig um die Papyrussammlung. Untersuchungen der jüngeren Zeit zu einzelnen Stücken, so von Fritz Mitthof, Amphilochios Papathomas, Daniela Colomo und Reinhard Scholl unterstreichen jedoch deutlich den wissenschaftlichen Wert dieser mit 277 Papyri und 13 Ostraka relativ kleinen Kollektion vornehmlich römisch bis spätantik-byzantinischer Texte und Fragmente. Unter der Leitung der Bonner Professoren für Alte Geschichte Winfried Schmitz und Konrad Vössing wurde ab 2007 eine vor allem auch digitale Bestandsaufnahme zur Erschließung der Bonner Papyrussammlung unternommen. Papyri und Ostraka sind seitdem über die Homepage des Althistorischen Seminars online abrufbar. Die Originale werden zudem auch wieder im akademischen Unterricht eingesetzt. Eine umfassende Edition der Papyri werden Mitthof und Papathomas vorlegen.

Institut für Geschichtswissenschaft der
Universität Bonn
Papyrussammlung des Seminars
für Alte Geschichte
Andreas Blasius M.A., Sammlungsleiter
Am Hof 1e, 53113 Bonn

Botanische Gärten

Die Botanischen Gärten der Universität Bonn dienen der Forschung und der Lehre und nicht zuletzt auch als Schaufenster der Vermittlung universitärer Forschung gegenüber der Öffentlichkeit. Auf ungefähr 13 ha werden über 10.000 Pflanzenarten nach unterschiedlichen Themen angeordnet präsentiert. Die systematische Abteilung umfasst ca. 1200 Arten aus 168 Pflanzenfamilien, das Arboretum (Gehölzsammlung) ca. 800 Arten, die Nutzpflanzensammlung viele tropische Nutzpflanzen und der Gewächshausbereich Pflanzen aus Regenwäldern, Trockengebieten, Mangroven- und Bergregenwäldern. In einem der größten Victoria-Becken in Deutschland entfalten sich alljährlich bis zwei Meter große Blätter der Riesenseerose *Victoria*. Spektakuläre Blühereignisse wie das der Titanenwurz *(Amorphophallus titanum)* ziehen regelmäßig Hunderte von Besuchern in ihren Bann.Die Grüne Schule bietet regelmäßig allgemein gehaltene Gartenführungen im Sommerhalbjahr an Sonn- und Feiertagen an.

Botanische Gärten der Universität Bonn
Direktor: Prof. Dr. Maximilian Weigend
Kustodin: Dr. Cornelia Löhne
Technischer Leiter: Markus Radscheit
Meckenheimer Allee 171, 53115 Bonn

Studiensammlung des Franz Joseph Dölger-Instituts

Gegründet wurde das Dölger-Institut im Jahre 1955 von Theodor Klauser, damals Professor für Alte Kirchengeschichte in Bonn an der Katholisch-Theologischen Fakultät. Er wählte den Namen eines seiner Amtsvorgänger, Franz Joseph Dölger (Ordinarius von 1929 bis 1940), dessen Forschungen bereits zu Beginn des 20. Jahrhunderts auf die Frage gerichtet waren, wie sich die Kultur der Spätantike entwickelte, die Europa bis heute prägt. 1955 erreichte Klauser die Gründung eines eigenen Instituts.

Die Sammlung des Instituts umfasst 175 Objekte aus der Spätantike und dem frühen Mittelalter, die vor allem in den 60er und 70er Jahren des 20. Jahrhunderts zusammengetragen wurden. Viele Objekte hat Theodor Klauser selbst im deutschen und vor allem ägyptischen Kunsthandel erworben, einige kamen als Geschenke ins Institut und ein großer Teil stammt aus dem 1960 erworbenen Nachlass von Alfons Maria Schneider, der ebenfalls Gelegenheitskäufe auf diversen Reisen im Orient getätigt hatte.

Ein erstes, handschriftlich verfasstes Inventar entstand im Jahre 1970, das heutige Inventarverzeichnis liegt in digitaler Form vor. Die meisten Objekte wurden im Jahrbuch für Antike und Christentum publiziert, das ebenfalls im Institut bearbeitet wird. Nach Anmeldung können die Sammlungsbestände besichtigt werden.

Franz Joseph Dölger-Institut zur Erforschung der Spätantike an der Universität Bonn
Arbeitstelle der Nordrhein-Westfälischen Akademie der Wissenschaften und Künste
Dr. Susanne Heydasch-Lehmann, Sammlungsleiterin
Oxfordstr. 15, 53113 Bonn

Sammlungen und Archive des Geographischen Instituts

Das Geographische Institut der Universität Bonn beherbergt verschiedene Sammlungen und Archive, die vorzugsweise dem Einsatz in Forschung und Lehre dienen. Die Gerätesammlung des Instituts verfügt über einen großen Pool an Feld- und Messgeräten für geografische Geländearbeiten. Dazu gehört neben Geräten aus dem Bereich Klimatologie, Hydrologie, Vegetationsgeografie, Geomorphologie und Bodenkunde auch die Ausrüstung für humangeografische Arbeiten wie Diktiergeräte sowie Foto- und Videoausrüstung. Die Geräte können von Studierenden und Mitarbeitern des Geographischen Institutes für Geländepraktika, Übungen, Abschlussarbeiten (Diplom, Bachelor, Master), Doktor- und Forschungsarbeiten ausgeliehen werden.

In der Kartensammlung des Instituts befinden sich Landkarten, Luftbilder und Atlanten aus der ganzen Welt, in gedruckter und in digitaler Form, sowie Wandkarten und historische Karten. Der Kartenbestand umfasst ca. 115.000 Karten. Dieser setzt sich aus Kartenwerken (ca. 850), Einzelkarten, Übungssätzen und Wandkarten zusammen. Sammlungsschwerpunkt bei den Kartenwerken bilden die topografischen und geologischen Karten. Bei den Einzelkarten überwiegen thematische Ausgaben und als Übungssätze sind sowohl topografische als auch thematische Karten vorhanden. Die Karten sind chronologisch, thematisch, regional und nach Maßstäben erfasst. In jüngerer Zeit wurde der Papierkartenbestand zudem durch digitale Karten und Geodaten ergänzt. Hervorzuheben ist der große Bestand von nahezu 1000 Wandkarten. Ein Großteil des Bestandes stammt aus der Zeit zwischen 1950-1970; einige der Wandkarten sind allerdings deutlich älter. Alle Wandkarten wurden fotografisch erfasst und sind über die Mediendatenbank des Instituts recherchierbar.

Das Archiv des Geographischen Institutes erschließt und bewahrt historische Dokumente zur Geschichte des Instituts und seiner Mitglieder. Dies sind überwiegend nicht gedruckte Dokumente wie Briefe, Manuskripte, Tagebücher oder Fotos. Die größten Bestände des Archivs sind die (Teil-)Nachlässe der Geografen und früheren Institutsdirektoren Alfred Philippson und Carl Troll. Die Findbücher hierzu können online eingesehen werden. Darüber hinaus existieren Dokumente zu Hans Günther Gewehr, Ernst Schmidt-Kraepelin, vor allem zur Luftbildforschung, sowie Rudolf Stickel.

Kartensammlung des Geographischen Instituts der Universität Bonn
Dr. Dirk Wundram
Meckenheimer Allee 166, 53115 Bonn

Goldfuß-Museum

1818 bezogen auf Vorschlag von Georg August Goldfuß, Professor für Zoologie und Mineralogie, die neu geschaffenen naturwissenschaftlichen Institute das Poppelsdorfer Schloss. Das zugehörige Naturhistorische Museum, dessen erster Direktor Goldfuß bis 1848 war, bekam bereits 1820 eine Museumsordnung. Aus dem Naturhistorischen Museum gingen das heutige Mineralogische Museum und das Goldfuß-Museum hervor. Auf Initiative von Prof. Gustav Steinmann wurde 1911 das Gebäude Nussallee 8 als Geologisch-Paläontologisches Institut eingeweiht. Im Hochparterre des neuen Gebäudes wurden das Paläontologische und das Geologische Museum eingerichtet. In dem nach Goldfuß benannten Paläontologischen Museum befindet sich bis heute die Systematische Sammlung, die sich noch stark an die Ersteinrichtung aus dem Jahr 1911 anlehnt.

Die frühen Jahre des Goldfuß-Museums sind durch die wissenschaftlichen Aktivitäten von G.A.Goldfuß geprägt. Seine Nachfolger Dr. Ferdinand Roemer und Prof. Clemens Schlüter erweiterten die Bestände des Museums durch Forschungsreisen in Europa und Nordamerika. Die Jahre vor dem 1. Weltkrieg nutzten Prof. Johannes Wanner und Prof. Gustav Steinmann mehrfach für Forschungsreisen nach Timor (Indonesien) und nach Südamerika. Die Fossilien dieser Expeditionen stehen bis heute im Fokus der wissenschaftlichen Sammlungsbesucher. Prof. Heinrich Karl Erben und Prof. Klaus-Jürgen Müller gaben der Paläontologie in Bonn nach dem 2. Weltkrieg neue Schwerpunkte: Erben nutzte als erster Wissenschaftler in Deutschland das Rasterelektronenmikroskop zur Untersuchung fossiler Ultrastrukturen. Müller konnte mithilfe dieser neuen Technologie Mikrofossilien aus der Frühzeit tierischen Lebens untersuchen. Heute zählt die Bonner Paläontologie mit fünf Lehrstühlen zu den am breitesten gefächerten Forschungsstandorten an deutschen Universitäten.

Steinmann-Institut für Geologie, Mineralogie und Paläontologie an der Universität Bonn
Goldfuß-Museum
Dr. Georg Heumann, Kustos
Nussallee 8, 53115 Bonn

Gustav-Korkhaus-Sammlung

Der größte Teil der Sammlung wurde von Gustav Korkhaus, der von 1948 bis 1966 Direktor der Universitäts-Zahnklinik war, zusammengetragen. Nach der Einweihung des neuen Klinikums an der Welschnonnenstraße am 18.11.1960 waren die meisten Stücke bis in die 70er Jahre des vergangenen Jahrhunderts in einem eigenen Raum ausgestellt.

Wegen einer umfangreichen Expansion einzelner Abteilungen des Hauses konnten die Exponate bis Anfang der 90er Jahre nur in Vitrinen im Durchgangsbereich des Hörsaalgebäudes betrachtet werden. Durch weit reichende Umbaumaßnahmen der gesamten Klinik mussten die Stücke danach für etwa 15 Jahre in einem Nebengebäude eingelagert werden. Seit 2007 präsentiert sich die um einige Stücke erweiterte Sammlung in neuem Gewand wieder in einem eigenen Raum.

Neben einigen zahnärztlichen Behandlungseinheiten, die die Entwicklung der optimalen Patientenlagerung für die jeweilige Behandlung widerspiegeln, ist eine Fülle von zahnärztlichen Instrumenten der vergangenen 150 Jahre ausgestellt. Das Repertoire reicht von Spritzensystemen für die Lokalanästhesie über Extraktionszangen für die Zahnentfernung bis zu chirurgischen Hebeln zur Wurzelhebung. Eine Besonderheit stellen die früher häufiger eingesetzten »Pelikane« dar. Eine größere Anzahl verschiedener Artikulatoren, die seit etwa 100 Jahren für die korrekte Einstellung der Kiefermodelle zur Anfertigung von Zahnersatz verwendet werden, kann ebenfalls besichtigt werden. Ein weiterer Teil der Ausstellung soll anhand einiger exotischer Tierschädel sowie humaner Exponate die unterschiedliche Größe des Kausystems und der Zähne im Vergleich zum Gesamtschädel darstellen. 30-minütige Führungen werden nach Vereinbarung als Audio-Führungen für Gruppen von acht bis 12 Personen angeboten.

Gustav-Korkhaus-Sammlung für die Geschichte der Zahnheilkunde
Priv.-Doz. Dr. Ernst-Heinrich Helfgen, Leiter der Gustav-Korkhaus-Sammlung
Universitätsklinikum Bonn
Welschnonnenstr. 17, 53111 Bonn

Horst-Stoeckel-Museum zur Geschichte der Anästehesiologie

Eines der weltweit wenigen Museen zur Geschichte der Anästhesiologie wurde durch den ehemaligen Bonner Professor für Anästhesiologie, Prof. em. Dr. Horst Stöckel, konzipiert und im Jahr 2000 errichtet. Sinn dieses Museums auf dem Gelände des Universitätsklinikums auf dem Bonner Venusberg ist dem Gründer zufolge, das kulturelle Erbe der Geschichte dieser spezifischen Disziplin zu erhalten. Das Museum zeigt dazu erste Methoden und Hilfsmittel, die den Beginn der Schmerzfreiheit für Patienten markieren und führt die Besucher durch einen systematischen Rundgang von der »Bostoner Glaskugel« (1846) über die erste Anästhesie-Workstation von Prof. Dr. Karl-Heinz Oehmig aus dem Jahr 1958 über etwa 800 weitere Objekte in 26 Themen-Vitrinen bis zum aktuellen Stand der Anästhesiologie. Besucher schätzen dieses Museum für einen bedeutenden Teil der Medizingeschichte für den tiefen Einblick in die Technikgeschichte der Anästhesiologie, ohne die aktuelle Möglichkeiten der Betäubung und der Schmerzfreiheit für Patienten nicht denkbar sind.

Horst-Stoeckel-Museum für die Geschichte der Anästhesiologie
Prof. em. Dr. Horst Stöckel, Museumsleiter
Sigmund-Freud-Str. 25, 53105 Bonn

Kataoka-Sammlung

Die Kataoka-Sammlung besteht aus rund 3850 japanischen Schellackplatten aus dem Zeitraum von ca. 1915 bis 1950. Die Abteilung für Japanologie und Koreanistik hat sie 2012 vom japanischen Filmerzähler *(benshi)* Ichirō Kataoka erworben, der als Künstler im Bereich der historischen Erzählkunst zum Stummfilm international anerkannt ist und seinerseits zur Geschichte der Filmerzähler arbeitet. Entsprechend besteht ihr Schwerpunkt im Bereich des Films; es handelt sich um eine weltweit einzigartige Sammlung filmrelevanter historischer Tonträger japanischer Produktion aus der Frühgeschichte der japanischen Medienindustrie. Sie umfasst Aufnahmen von Filmerzählungen, Filmdigests, Titelmusiken, Hintergrundmusiken sowie weitere, damals in der Phonoindustrie populäre Gattungen, darunter Erzähl- und Rezitationskunstwerke, Bühnenkunst, öffentlicher Vortrag, Volkslieder, Schlager, Nachrichten und Hörspiele zu politischen sowie sozialen Großereignissen. Viele der Aufnahmen sind nur in dieser Sammlung nachweisbar.

Die Kataoka-Sammlung spiegelt den transmedialen Charakter der damaligen Unterhaltungsindustrie wider, in welcher derselbe Film in unterschiedlichen Medien verarbeitet und vermarktet wurde. Die Sammlung hat somit zwar einen filmischen Schwerpunkt, stellt jedoch auch eine Miniatur der japanischen Phonoindustrie als Teil der japanischen Kulturwirtschaft vor dem Zweiten Weltkrieg dar. Aufschluss über Aspekte der damaligen Kulturwirtschaft gibt die Sammlung nicht nur durch das Etikett der Schallplatten, sondern auch durch die originalen Plattenhüllen oder Begleittexte bzw. Begleithefte. Da die Sammlung Schallplatten bis zum Ende der 1940er Jahre enthält, sind in ihr die verschiedenen Facetten der japanischen Technikgeschichte der Schallplatten wie der Übergang von mechanischen zu elektrischen Aufnahmen repräsentiert.

Alle Objekte werden in einem mehrjährigen Projekt digitalisiert und öffentlich zugänglich sein. Für die Japanologie weltweit bietet die Kataoka-Sammlung großes und neuartiges Potenzial als Forschungsmaterial. Die medienwissenschaftliche Forschung wird um wertvolles Material zur Aufführungspraxis von Filmen sowie um dort gleichfalls bislang vernachlässigte auditive Quellen wesentlich ergänzt. Dies gilt auch für die Linguistik; erst in jüngster Zeit ist die Schellackplatte auch in Japan bei Sprachhistorikern als Forschungsquelle entdeckt worden. Über die Japanologie hinaus stellt die Datensammlung der historisch orientierten vergleichenden Musik- , Film- und Medienwissenschaft wichtige neue Ressourcen zur Verfügung.

Abteilung für Japanologie und Koreanistik
Institut für Orient- und Asienwissenschaften, IOA, Universität Bonn
Prof. Dr. Reinhard Zöllner und
Dr. Shiro Yukawa
Regina-Pacis-Weg 7, 53113 Bonn

Mineralogisches Museum

Das Mineralogische Museum der Universität Bonn ist im Nordwestflügel des barocken Poppelsdorfer Schlosses beheimatet. Es wurde als Teil eines naturkundlichen Museums 1818, im Gründungsjahr der Universität, im Schloss eingerichtet und zählt zu den ältesten Museen der Universität. Nach Verlusten während des 2. Weltkrieges konnten in den 1950/60er Jahren bedeutende Sammlungen in die Bestände integriert werden. Heute zeigt das Museum in seiner ständigen Ausstellung etwa 6000 Edelsteine, Minerale, Erze, Gesteine und Meteorite aus aller Welt, aber auch Stücke mit regionalem Bezug: aus Siebengebirge, Eifel, Westerwald und Siegerland. Mit etwa 60.000 Objekten ist das Museum eines der bedeutendsten seiner Art in Deutschland, mit großer internationaler

Reputation. Wechselnde Sonderausstellungen umfassen stets ein museumspädagogisches Programm für Jugendliche, Erwachsene sowie für jüngere Besucher entwickelt.

Unter den Sammlungen des Museums ist die des Firmengründers des Mineralien-Kontors F. Krantz, Friedrich Krantz, hervorzuheben, die 1874 an das Museum kam. Sie umfasst etwa 14.000 Minerale und 184 Meteorite. Gegenwärtig ist diese historische Sammlung erstmals als eigenständiges Forschungsobjekt Schwerpunkt wissenschaftlicher Untersuchungen. Eine weitere Sammlung von Weltruf ist die von Carl Duisberg, Mitbegründer der heutigen Universitätsgesellschaft Bonn (UGB) und ehemaliger Generaldirektor der Farbenfabriken, die 1954 nach Bonn kam.

Die Museumsbestände werden derzeit für eine moderne, zerstörungsfreie Analyse von Mineralen (Raman-Spektroskopie) als Referenzobjekte herangezogen; sie helfen bei der Lösung wissenschaftlicher Fragestellungen. Teils historische Sammlungsbestände werden nach wie vor zur Beantwortung aktueller wissenschaftlicher Fragestellungen herangezogen. Zugleich sind sie kulturelles Erbe und Wissenschaftsgeschichte.

Steinmann-Institut für Geologie, Mineralogie und Paläontologie der Universität Bonn
Mineralogisches Museum
Dr. Renate Schumacher und Dr. Anne Zacke
Poppelsdorfer Schloss, 53115 Bonn

Moulagensammlung der Universitätshautklinik Bonn

Viele dermatologische Erkrankungen wurden zu einer Zeit erstmals beschrieben, in der es kaum Möglichkeiten gab, diese farbig darzustellen. Wachsobjekte stellten neben Aquarellen eine Möglichkeit da, Hautbefunde plastisch zu visualisieren. Die menschliche Haut zeigt bei Erkrankungen unterschiedlichste Oberflächenbeschaffenheiten. Schuppen, Haare, Eiter, Krusten – all das wird auf einer Moulage nachgeformt.

Der Begriff *Moulage* stammt von dem französischen Verb *moule*, dt: formen. Bei der Herstellung einer Moulage wurde Gips auf die Körperstelle aufgetragen, die abgeformt werden soll. Die entstehende Gipsform wurde dann mit einer Wachsmischung ausgefüllt. Diese war je nach Mouleur unterschiedlich und zumeist ein gut gehütetes Geheimnis. Es entstand eine Wachsform, die weiterbearbeitet wurde, bis sie das Original, den Patienten, exakt abbildete. Dann wurde sie auf einem Holzbrett befestigt und mit einer Einfassung versehen, um die unebenen Wachskanten zu verstecken. Diagnoseschilder sowie Inventarnummern ergänzen die Objekte mit wichtigen Informationen. Manchmal findet sich auch eine Signatur des Mouleurs sowie ein Herstellungsdatum, Letzteres ist aber eher eine Seltenheit.

Inspiriert von der Pariser Moulagensammlung von Jules Baretta im Hôpital Saint-Louis wurden nach dem ersten internationalen Kongress für Dermatologie 1889 weltweit vermehrt Moulagensammlungen gegründet. Erich Hoffmann, Mitentdecker des Syphiliserregers, wurde 1910 Direktor der Hautklinik in Bonn und gründete die Moulagensammlung. Damals befand sich diese noch in der Theaterstr. 5. Während seiner Amtszeit bis 1934 entstanden die meisten der heute erhaltenen 1004 Objekte. Wann die Produktion in Bonn aufhörte, ist nicht belegt. In Bonn wurden diese vor allem von den Mouleuren Auguste Kaltschmidt (geb. 1873) und Hermann Hessling (1876-1944) gefertigt. Vor allem die sehr realistische Farbgestaltung sowie Detailtreue der Kaltschmidt-

Moulagen fallen auf. Heute ist die Bonner Sammlung die größte in Deutschland. In der Sammlung befinden sich darüber hinaus weitere Moulagen von namhaften europäischen Mouleuren wie Otto Vogelbacher aus Freiburg, Alfons Kröner aus Breslau, Jules Baretta aus Paris, Lotte Volger aus Zürich und weitere.

Den Krieg überlebte die Sammlung wie ein Wunder und dank des unermütlichen Einsatzes des damaligen Klinikfotografen ohne größere Schäden. Die Sammlung zog 1956 mit der Einweihung der neuen Hautklinik auf den Venusberg um, wo sie in einem Raum unter dem Hörsaalgebäude untergebracht war. Unter konstanten Temperatur- und Lichtverhältnissen hatte sie dort perfekte Lagerungsbedingungen, fristete aber lange ein Schattendasein. Professor Ralf Bauer und Professor Thomas Bieber sorgten 2008 dafür, dass die Sammlung beim Abriss des alten Hörsaalgebäudes nicht entsorgt wurde. Es entstand eine Unterkellerung im neuen Hörsaalgebäude, in der die Sammlung ihre neue Heimat fand. Seit 2011 wird die Sammlung nun erforscht. 2014 gelang mit Restauratoren-Expertise eine komplette Reinigung aller Stücke, eine erste Schadenskartierung, eine umfassende Inventarisierung und die Einrichtung eines Depots. Seither können 400 Moulagen fachgerecht liegend gelagert werden. So kann die Sammlung nun wieder regelmäßig in der Lehre genutzt werden. Ein umfassender, einmaliger Quellenbestand rund um die Sammlung, also systematisch zugängliche Daten zu Fotografien, zu originalen Patientenakten, zu Verzeichnissen u.a. m., ist weltweit für eine Moulagensammlung einmalig und Ausgangslage für weitere Erforschungen.

Eine Besichtigung wird in angemeldeten Gruppen für die Öffentlichkeit ermöglicht.

Moulagensammlung
Dr. Béatrice Bieber, Kuratorin
Klinik und Poliklinik für Dermatologie und Allergologie, Universitätsklinikum Bonn
Sigmund-Freud-Straße 25, 53127 Bonn

Stiftung Zoologisches Forschungsmuseum Alexander Koenig

Das Zoologische Forschungsmuseum Alexander Koenig geht auf die Aktivitäten seines Gründers Alexander Koenig (1858-1940) zurück, der schon als Schüler begann, Wirbeltiere und Insekten zu sammeln. Im Jahr 1900 ließ er ein Ornithologisches Privatmuseum errichten, dem 1912-1934 das heutige Instituts- und Ausstellungsgebäude folgte. Durch Forschungsreisen von Mitarbeitern sowie Ankäufe und Schenkungen von Sammlungen wurde der Bestand erheblich erweitert und wächst weiter an, was den Ruf des Museums als Forschungseinrichtung von internationalem Rang begründet. Das heutige Museum Koenig ist als Leibniz-Institut für die Biodiversität der Tiere auf die Erforschung der Artenvielfalt mithilfe klassischer und moderner Untersuchungsmethoden spezialisiert; es wird von Bund und Ländern gleichermaßen finanziert. Das Museum nimmt seine Aufgaben in enger Kooperation mit anderen naturwissenschaftlichen Forschungssammlungen im In- und Ausland wahr. Lehrstühle für Spezielle Zoologie und Molekulare Biodiversitätsforschung und vielfältige Kooperationen bilden Brücken zur Universität Bonn.

Das Herz des Museums sind die zoologischen Sammlungen mit über fünf Millionen Individuen. Als Datenbanken des Lebens sind sie eine unverzichtbare Referenzquelle für alle weiterführenden Analysen der Artenvielfalt der Erde. Schwerpunkt der Sammlungen sind terrestrische Wirbeltiere und Wirbellose, vor allem Insekten. Die Wirbeltiere sind mit etwa 500.000 Exemplaren an Fischen (Pisces), Amphibien

(Amphibia), Reptilien (Reptilia), Vögeln (Aves) und Säugetieren (Mammalia) vertreten. Wirbellose Tiere sind mit rund 4.5 Millionen Exemplaren von Spinnen (Arachnida), Meeresspinnen (Pantopoda), Libellen (Odonata), Käfer (Coleoptera), Hautflüglern (Hymenoptera), Wanzen (Heteroptera), Schmetterlingen (Lepidoptera) und Tausendfüßern (Diplopoda) vertreten. Die morphologischen Sammlungen sind mit der Biobank verknüpft, in der ultra-tiefgefrorene Proben von DNA und Gewebe für die molekulare Forschung aufbewahrt werden.

In umfangreichen Spezialbibliotheken werden zahlreiche Monografien und 750 laufende Zeitschriften bereitgestellt. Das Biohistoricum archiviert Nachlässe, Briefe, Illustrationen und Porträts mit Bezug zur Geschichte der Biologie im deutschsprachigen Raum, die hauseigene Schrift- und Bildsammlung sammlungsbezogene Dokumente.

Zoologisches Forschungsmuseum
Alexander Koenig
Prof. Dr. Wolfgang Wägele, Direktor,
Lehrstuhl für Spezielle Zoologie der
Universität Bonn,
Adenauerallee 160, 53113 Bonn

Naturhistorischer Verein der Rheinlande und Westfalens e.V. (NHV)

Die Zerstörung des NHV-Gebäudes und seines Museums im Zweiten Weltkrieg hatte zur Folge, dass die überlieferten Sammlungsstücke seitdem auf andere Bonner Einrichtungen verstreut sind. Ein wesentlicher Teil des Sammelgutes befindet sich derzeit in der Universitätsbibliothek in Bonn-Poppelsdorf, wo auch die Geschäftsstelle des NHV ihren Sitz hat. Hier liegen in einer Präsenzbibliothek stets die aktuellen Ausgaben aller wissenschaftlichen Veröffentlichungen aus, zuletzt über 400 Titel aus aller Welt, weiter auch die Vereinszeitschrift »Decheniana«, ihre Vorläufer sowie die Buchreihe »Decheniana-Beihefte«.

Im nicht öffentlich zugänglichen Magazin werden außer den Zeitschriften, die auch katalogisiert sind, Bücher und Sonderdrucke aus allen Bereichen der deskriptiven Naturwissenschaften aufbewahrt. Es befinden sich darunter auch Rara aus der Frühzeit des NHV. Das gilt auch für handschriftliche Zeugnisse wie Briefe, Notiz- und Tagebücher, Tagungsprogramme, Exkursionsberichte, Prospekte u.a. Schließlich lagern hier zahlreiche alte Karten zur Geomorphologie und Geologie, naturkundliche Tafeln und alte Fotografien. Hier befindet sich auch das Rheinische Herbarium.

Sammlungstücke des zerstörten NHV-Museums befinden sich vor allem im Zoologischen Forschungsmuseum Alexander Koenig, Goldfuß-Museum und im Mineralogischen Museum. Einzelne Objekte liegen in verschiedenen Universitätsinstituten, im Biohistoricum, im Archiv der Stiftung Naturschutzgeschichte, Königswinter, oder in Privathand.

Naturhistorischer Verein
Dr. Rolf Wisskirchen
Nussallee 15a, 53115 Bonn

Paul-Clemen-Museum

Kern des Museums sind etwa 400 Gipsabgüsse nach mittelalterlichen und frühneuzeitlichen Bildwerken, die besonders in der Lehre eingesetzt werden, aber auch ältere, bisweilen verlorene Zustände dokumentieren. Er geht zu zwei Dritteln auf Paul Clemen (1866-1947) zurück, der das Kunsthistorische Institut in den 33 Jahren seines Wirkens prägte. Die 1913 von Clemen eröffnete »Skulpturenhalle« im glasgedeckten Binnenhof verlor durch einen Bombenangriff im Jahr 1944 mehr als die Hälfte ihrer etwa 600 Abgüsse.

Prof. Heijo Klein »reaktivierte« die in den 1950er Jahren eingelagerten Reste ab 1987 und konnte 1993 die Dauerausstellung 50 ausgewählter Abgüsse im Foyer am Regina-Pacis-Weg 1 eröffnen. Seit 2008 wurden von Prof. Harald Wolter-von dem Knesebeck die Aufstellung weiterer Abgüsse mittelalterlicher Skulpturen realisiert sowie Neuankäufe, etwa zu Byzanz und zu Elfenbein, getätigt. 2013 konnte das Museum mit der gewachsenen mittelalterlichen Abteilung wiedereröffnet werden, nun als Paul-Clemen-Museum. Im Juni 2015 kam auch die im Krieg sehr dezimierte italienische beziehungsweise neuzeitliche Sektion mit alten, teilweise aufwendig restaurierten und mit neu erworbenen Stücken hinzu, darunter vier durch die Bundeskunsthalle übergebene Abgüsse großer Statuen Michelangelos. Zahlreiche Sponsoren leisteten Unterstützung beim Ankauf neuer Werke und bei der Restaurierung von Altbestand. Mit hohem Einsatz hat eine 2016 mit dem Initiativpreis der Bonner Universitätsgesellschaft ausgezeichnete Gruppe Studierender unter der Leitung von Prof. Georg Satzinger diese Neueinrichtung bewerkstelligt und didaktisch erschlossen.

Moderne Ausstellungen als zweite Säule des Paul-Clemen-Museums sind heute vor allem der studentischen Ausstellungsgruppe zu verdanken. Sie errichtete auch die jüngsten Abteilungen des Museums. Die eine zeigt »Facsimiles«, Lehr-readymades nach Duchamp, die andere, von Friedrich Becher realisierte, historische Lehrmittel des Kunsthistorischen Unterrichts. Sie entstand für die Feier des 150. Geburtstags Paul Clemens am 31.10.2016, bei der auch ein Abguss des Denkers von Rodins Höllenpforte als jüngste Erwerbung in die Sammlung kam.

Paul-Clemen-Museum
Kunsthistorisches Institut der
Universität Bonn
Prof. Dr. Harald Wolter-von dem Knesebeck
Regina-Pacis-Weg 1, 53113 Bonn

Sammlung Historischer Himmelsaufnahmen

Die Sammlung Historischer Himmelsaufnahmen wurde 2012 nach der Schließung des Observatoriums Hoher List ins Leben gerufen. Die Sammlung enthält das gesamte fotografische Beobachtungsmaterial des Observatoriums Hoher List, weitere fotografische Himmelsaufnahmen anderer Sternwarten und Objekte aus der Geschichte der Astronomie der Bonner Universität. Die Sammlung befindet sich im Argelander-Institut für Astronomie der Universität Bonn. Sie wird vom Verfasser dieser Darstellung betreut. Die Aktivitäten der Sammlung verfolgen ein Konzept mit den Schwerpunkten Wissenschaft, Didaktik, Öffentlichkeitsarbeit.

Der wissenschaftliche Wert astronomischer Fotoplatten, die vor 1990 aufgenommen worden sind, ist bisher nur unvollständig erforscht. Langfristig sollen die Fotoplatten des Bonner Archivs komplett digitalisiert und über das Internet zur Verfügung gestellt werden. Das erste größere Ziel liegt in einer Sichtung und Ordnung des Materials. Kleinere Projekte mit der Bearbeitung einer überschaubaren Anzahl von Fotoplatten liefern Erfahrungen für zukünftige Digitalisierungsprojekte und helfen, den wissenschaftlichen Wert der historischen Beobachtungen zu ermitteln.

Das historische Material bietet gute didaktische Möglichkeiten, um angehende Wissenschaftler und Wissenschaftlerinnen mit der Methodik wissenschaftlicher Arbeit vertraut zu machen. Der Vorteil liegt in der direkten

Verfügbarkeit des Materials für zeitlich andauernde Prozesse, wie beispielsweise Lichtkurven von langperiodischen Veränderlichen Sternen, verbunden mit der direkten Arbeit an dem Beobachtungsmaterial.

In Ausstellungen, Vorträgen und Veröffentlichungen erinnert dieses historische Material an die Leistungen Argelanders und seiner Kollegen und Nachfahren an der Bonner Universität. Exponate können nach Vereinbarung an Wochenenden in kleinen Gruppen bis zu 15 Personen besichtigt werden.

Sammlung Himmelsaufnahmen,
Bonn Stellar Physics Group
Argelander-Institut für Astronomie
der Universität Bonn
Dr. Michael Geffert, Sammlungsleiter,
Auf dem Hügel 71, 53121 Bonn

Universitätsmuseum Bonn

Das Bonner Universitätsmuseum wurde im Juni 2013 eröffnet. Es befindet sich in den Räumen der ehemaligen Studentenbücherei im Hauptgebäude der Universität. Das Universitätsmuseum versteht sich als »Schaufenster der Wissenschaft«, es will Aufgabe, Leistungen und Geschichte der Universität Bonn einer breiteren Öffentlichkeit näherbringen. Die noch im Aufbau befindliche Sammlung des Museums umfasst in erster Linie Gegenstände aus dem Bereich des akademischen Brauchtums bzw. akademischer Gepflogenheiten. Dazu gehören Talare und Barette, Siegelabdrücke und Siegel, weiter auch Gastgeschenke auswärtiger Delegationen, Glückwunschurkunden zu Jubiläen und anderen festlichen Anlässen, Karnevalsorden der Universität Bonn und Ähnliches. Materialien aus Forschung und Lehre, beispielsweise Mikroskope, Glasbildplatten oder auch ein Heliometer, wurden vereinzelt auch aus den Naturwissenschaften abgegeben. Eine umfangreiche Sammlung von Gipsarbeiten der Bonner Künstlerin Ingeborg vom Rath befindet sich im Depot.

Das Universitätsmuseum wurde vom Universitätsarchiv der Rheinischen Friedrich-Wilhelms-Universität Bonn gegründet. Seine Dauerausstellung ist nicht zu denken ohne die »Flachware«, die in Form von Akten, Flugblättern, Ausweisen, Reisepässen, Doktorurkunden oder Fotos dem Museum als Dauerleihgabe übergeben worden ist. Die Bestände des Universitätsarchivs mit seinem Archiv- und Sammlungsgut sind im Grunde mitzudenken, wenn es um das Depot des Universitätsmuseums geht. Auf 4000 Regalmetern wird hier die Überlieferung der Universität Bonn verwahrt. Zu den Beständen gehören neben den Verwaltungsakten aus der Universitätsverwaltung, der akademischen Selbstverwaltung und den studentischen Gremien auch Nachlässe und die Archive verschiedener studentischer Gruppen und Studentenverbindungen.

Universitätsmuseum Bonn
Dr. Thomas Becker, Leiter
Regina-Pacis-Weg 1, 53113 Bonn

Vor- und Frühgeschichtliche Lehr- und Studiensammlung

Bereits mit der Einrichtung des Vorgeschichtlichen Institutes an der Universität Bonn im Jahre 1938 ist eine Sammlung archäologischer Altertümer aufgebaut worden. Kurt Tackenberg, Gründungsdirektor des Instituts, hatte den Wert einer Lehr- und Studiensammlung für die akademische Ausbildung stets betont. Durch Anfragen bei Kollegen benachbarter Fächer wurden erste Ensembles – so etwa ein repräsentativer Anteil der Sammlung trojanischer Altertümer aus dem Akademischen Kunstmuseum – für den Aufbau der Sammlung eingeworben. Es fehlen kriegs- und zerstörungsbedingt eigene Unterlagen für diesen frühen Zeitpunkt der Sammlungsgeschichte.

In den Jahrzehnten nach dem zweiten Weltkrieg wurde die Sammlung durch Materialien aus eigenen Ausgrabungen sowie Schenkungen und Übernahmen, aber auch anhand gezielter Ankäufe durch den seinerzeitigen Direktor Otto Kleemann, kontinuierlich erweitert. Höhepunkt dieser Sammlungstätigkeit war die Übernahme der vorgeschichtlichen Bestände des Paläontologischen Instituts der Universität Bonn im Frühjahr 1971 mit etwa 2000 Artefakten.

Der Sammlungsbestand umfasst derzeit knapp 4000 Datensätze mit schätzungsweise 6000-7000 Fundstücken vom Altpaläolithikum bis in die frühe Neuzeit. Hinzu kommt ein sog. Scherbenkatalog, bei dem es sich um etwa 4000 neolithische bis frühneuzeitliche Einzelscherben handelt, die auf unterschiedliche Art und Weise in den vergangenen Jahrzehnten dem Institut überlassen wurden und im Jahre 2001 inventarisiert wurden. Es gibt im Gegensatz zu den anderen Sammlungen des Instituts für Archäologie und Kulturanthropologie keine eigenen musealen Räume zur Präsentation der Artefakte. Die Funde werden jedoch regelmäßig im Rahmen von praxisorientierten Übungen für die Studierenden unseres Faches herangezogen. Wissenschaftlich bearbeitet und ediert sind nur geringe Ausschnitte.

Institut für Archäologie und Kulturanthropologie, Abt. Vor- und Frühgeschichtliche Archäologie
Dr. Ernst Pohl, Sammlungsleiter
Regina-Pacis-Weg 7, 53113 Bonn

Zoologische Sammlung

Mit dem Berliner Zoologen Franz Hermann Troschel rückte die Universität Bonn ab 1849 fest ins internationale Blickfeld systematisch-zoologischer Forschung. Troschels umfangreiche, im erhaltenen Eingangsverzeichnis dokumentierte Sammlungsarbeit war sehr beachtlich. Auf ihn folgten die verdienstvollen Forscher Richard Hertwig, dann Franz Leydig und schließlich Hubert Ludwig. Mit Richard Hesse und August Reichensperger wirkten für die Systematik wichtige Zoologen in Bonn. Von der einstigen Sammlung, die nicht zuletzt auch unzählige unersetzliche Typusexemplare enthielt, ist leider nach den Kriegsjahren kaum etwas übrig geblieben.

Neben der Betreuung der aktiven Lehrsammlung ist die heutige Erhaltung der wenigen verbliebenen historischen Sammlungsobjekte des einstigen Museums maßgeblich dem persönlichen Einsatz von Klaus Völker zu verdanken, der seit 1974 als Präparator am Haus tätig ist. Neben diesen zoologischen Objekten beherbergt das heutige Institut für Zoologie auch nach wie vor einige bibliophile Kostbarkeiten. Der Direktor des Zoologischen Forschungsmuseums Alexander Koenig (ZMFK) ist stets auch der Inhaber des Lehrstuhls für Spezielle Zoologie an der Universität Bonn. Es kam also schließlich zu einer thematischen Erweiterung der Zoologischen Forschung an der Universität Bonn durch die Kooperation mit dem ZFMK.

Institut für Zoologie der Universität Bonn
Sektion Herpetologie
Dr. Markus Lambertz, Kustodie
Poppelsdorfer Schloss, 53115 Bonn

Autorinnen und Autoren

PD Dr. **Jon Albers**, Akademischer Oberrat, Abteilung Klassische Archäologie, Institut für Archäologie und Kulturanthropologie, Universität Bonn

Dr. des. **Marlis Arnhold** M.A., Akademische Rätin, Abt. Klassische Archäologie, Institut für Archäologie und Kulturanthropologie, Universität Bonn

Prof. Dr. **Wilhelm Barthlott**, ehem. Direktor der Botanischen Gärten der Universität Bonn und ehem. Direktor des Nees-Instituts für die Biodiversität der Pflanzen, Universität Bonn

Dr. **Thomas Becker**, Leiter des Universitätsmuseums, Leiter des Archivs, Universität Bonn

Prof. Dr. **Martin Bentz**, Professor für Klassische Archäologie, Institut für Archäologie und Kulturanthropologie, Universität Bonn

Dipl.-Biol. **Alexandra Bergmann**, Wissenschaftliche Mitarbeiterin, Steinmann-Institut, Universität Bonn

Dr. **Béatrice Bieber**, Kuratorin der Moulagensammlung der Klinik und Poliklinik für Dermatologie und Allergologie, Universitätsklinikum Bonn

Andreas Blasius M.A., Lehrbeauftragter an der Abteilung für Alte Geschichte, Institut für Geschichtswissenschaft, Universität Bonn

Dr. **Andreas Dorn**, Geschäftsführer des Bibel+Orient Museums Fribourg, ehemaliger Kurator des Ägyptischen Museums, Universität Bonn

Dr.-Ing. **Heiko Ellenbeck**, Wissenschaftlicher Mitarbeiter, Institut für Photogrammetrie, Universität Bonn

Dr. **Frank Förster**, Kurator des Ägyptischen Museums, Universität Bonn

PD Dr. **Carol Gee**, Privatdozentin für Paläontologie, Forschungspaläobotanikerin, Steinmann-Institut, Universität Bonn

Dr. **Michael Geffert**, Akademischer Oberrat, Kustos der Sammlung Historischer Himmelsaufnahmen, Argelander-Institut für Astronomie, Universität Bonn

Dr. **Matthias Geiger**, Koordinator des German Barcode of Life Project, Zoologisches Forschungsmuseum Koenig

Dr. **Andreé Hamm**, Wissenschaftlicher Mitarbeiter, Institut für Nutzpflanzenwissenschaften und Ressourcenschutz, Universität Bonn

PD Dr. **Ernst-Heinrich Helfgen**, Leitender Oberarzt der Poliklinik für Zahnärztliche Prothetik, Leiter der Gustav-Korkhaus-Sammlung der Zahnheilkunde, Universitätsklinikum Bonn

Klaus Herkenrath M.A., Dezernat Hochschulkommunikation, Redakteur Museen und Sammlungen, stv. Pressesprecher, Universität Bonn

Dr. **Georg Heumann**, Sammlungsmanager

des Goldfuß-Museums für Paläontologie, Steinmann-Institut, Universität Bonn

Dr. Susanne Heydasch-Lehmann, Wissenschaftliche Mitarbeiterin, Franz Joseph Dölger-Institut zur Erforschung der Spätantike, Arbeitsstelle der nordrhein-westfälischen Akademie der Wissenschaften und der Künste

Regina Höfer M.A., Wissenschaftliche Mitarbeiterin der Abteilung für Asiatische und Islamische Kunstgeschichte, Universität Bonn

Dr. Rainer Hutterer, ehem. Kustos und Leiter des Archivs, Zoologisches Forschungsmuseum Koenig

Christoph Keller M.A., Wissenschaftlicher Mitarbeiter am LVR-Amt für Bodendenkmalpflege, Bonn

Oliver Kessler M.A., Wissenschaftlicher Mitarbeiter, Abteilung Asiatische und Islamische Kunstgeschichte, Institut für Orient- und Asienwissenschaften, Universität Bonn

Prof. Dr. Friedrich Klein, Professor für experimentelle Hadron-Physik, Physikalisches Institut, Universität Bonn

Philipp Knaus B.Sc., ehem. Student der Paläontologie, Wissenschaftliche Hilfskraft, Goldfuß-Museum für Paläontologie, Steinmann-Institut, Universität Bonn

Dr. Volkmar Kramarz, Wissenschaftlicher Mitarbeiter, Institut für Sprach-, Medien-, Musikwissenschaft, Abt. Musikwissenschaft / Sound Studies, Universität Bonn

Dr. Michael Kraus, Kustos der Ethnologischen Sammlung der Universität Göttingen, vormals Akademischer Rat an der Abteilung für Altamerikanistik, Institut für Archäologie und Kulturanthropologie, Universität Bonn

Guido Krempel M.A., Wissenschaftlicher Mitarbeiter, Abteilung für Altamerikanistik, Institut für Archäologie und Kulturanthropologie, Universität Bonn

Dr. Kornelia Kressirer, Wissenschaftliche Mitarbeiterin, Kustodin der Antikensammlung des Akademischen Kunstmuseums, Universität Bonn

Prof. Dr. Ralf Krumeich, Professor für Klassische Archäologie, Institut für Archäologie und Kulturanthropologie, Universität Bonn

Dr. Gabriele Kühl, Wissenschaftliche Mitarbeiterin, Steinmann-Institut, Universität Bonn

Dr. Markus Lambertz, Wissenschaftlicher Mitarbeiter, Institut für Zoologie, Universität Bonn

Dr. Cornelia Löhne, Kustodin der Botanischen Gärten, Universität Bonn

Dr. Wolfram Lobin, ehem. Kustos der Botanischen Gärten, Universität Bonn

Jennifer Lübke M.A., Wissenschaftliche Mitarbeiterin, Bonner Altamerika-Sammlung, Abteilung für Altamerikanistik, Institut für Archäologie und Kulturanthropologie, Universität Bonn

Miriam Mahn M.A., Doktorandin, Abt. Vor- und Frühgeschichtliche Archäologie, Institut für Archäologie und Kulturanthropologie, Universität Bonn

Katrin Metzger B.A., ehem. Studentische Hilfskraft, Bonner Altamerika-Sammlung, Institut für Archäologie und Kulturanthropologie, Universität Bonn

Dr. **Katja Mikolajczak**, Wissenschaftliche Mitarbeiterin am Kunstgeschichtlichen Seminar der Universität Göttingen, Promotion am Kunsthistorischen Institut, Universität Bonn

Lena Muders B.A., ehem. Studentische Hilfskraft, Bonner Altamerika-Sammlung, Institut für Archäologie und Kulturanthropologie, Universität Bonn

Heinrich Natho M.A., Wissenschaftlicher Mitarbeiter am Linden-Museum, Stuttgart

Ulrike Nemson M.A., Abteilung für Musikwissenschaft und Sound Studies, Institut für Sprach-, Medien- und Musikwissenschaft, Universität Bonn

Prof. Dr. **Karoline Noack**, Professorin für Altamerikanistik und Ethnologie, Institut für Archäologie und Kulturanthropologie, Universität Bonn

Dr. **Ernst Pohl**, Wissenschaftlicher Mitarbeiter, Abt. Vor- und Frühgeschichte, Institut für Archäologie und Kulturanthropologie, Universität Uni Bonn

Dr. **Christian Prager**, Projektkoordinator »Textdatenbank und Wörterbuch der Klassischen Maya«, Bonner Altamerika-Sammlung, Abt. für Altamerikanistik, Institut für Archäologie und Kulturanthropologie, Universität Bonn

Prof. Dr. **Ina Prinz**, Direktorin des Arithmeums, Museum am Forschungsinstitut für Diskrete Mathematik, Universität Bonn

Laurenz Rathke, B.Sc., Institut für Ur- und Frühgeschichte, Universität zu Köln

Dr. **Hermann Josef Roth**, Studiendirektor i.R., Vorstandsmitglied des Naturhistorischen Vereins der Rheinlande und Westfalens

Prof. Dr. **Frank Rumscheid**, Professor für Klassische Archäologie, Institut für Archäologie und Kulturanthropologie, Leiter des Akademischen Kunstmuseums der Universität Bonn

Prof. Dr. **Martin Sander**, Professor für Wirbeltierpaläontologie, Leiter des Goldfuß-Museums für Paläontologie, Steinmann-Institut, Universität Bonn

Prof. Dr. **Georg Satzinger**, Professor für Kunstgeschichte, Kunsthistorisches Institut, Universität Bonn

Sandra J. Schlage M.A., Wissenschaftliche Mitarbeiterin, Abteilung Asiatische und Islamische Kunstgeschichte, Institut für Orient- und Asienwissenschaften, Universität Bonn

Prof. Dr. **Karl Schilling**, Professor für Anatomie und Zellbiologie, Anatomisches Institut, Universität Bonn

PD Dr. **Ralf Schmitz**, Abteilungsleiter Vorgeschichte, LVR-Landesmuseum Bonn

Markus Schoenenborn, Wissenschaftlicher Mitarbeiter der Abteilung für Asiatische und Islamische Kunstgeschichte, Institut für Orient- und Asienwissenschaften, Universität Bonn

Prof. Dr. **Sabine Schrenk**, Professorin für Christliche Archäologie, Institut für Archäologie und Kulturanthropologie, Universität Bonn

Dr. **Nele Schröder-Griebel**, ehem. Kustodin des Akademischen Kunstmuseums, Universität Bonn

Dr. **Renate Schumacher**, Akademische Oberrätin, Leiterin des Mineralogischen Museums, Steinmann-Institut, Universität Bonn

Dr. **Esther-Luisa Schuster**, Wiss. Mitarbeiterin im BMBF-Projekt »Innovation und Tradition. Objekte und Eliten in Hildesheim, 1130-1250«, ehem. Wiss. Hilfskraft im Paul-Clemen-Museum, Universität Bonn

Dr. **Till Töpfer**, Kurator und Leiter der Sektion Ornithologie, Zoologisches Forschungsmuseum Alexander Koenig

Cristel Villarroel Irala, Studentische Hilfskraft der Bonner Altamerika-Sammlung, Institut für Archäologie und Kulturanthropologie, Universität Bonn

Prof. Dr. **Christiane Vorster**, Hon.-Professorin für Klassische Archäologie, Institut für Archäologie und Kulturanthropologie, Universität Bonn

Ivette Weitz M.Sc., Studiengangkoordinatorin Museumsstudien Master of Arts, ehem. Wissenschaftliche Hilfskraft, Goldfuß-Museum für Paläontologie, Steinmann-Institut, Universität Bonn

Rebekka Welker M.A., Wissenschaftliche Mitarbeiterin der Abteilung für Asiatische und Islamische Kunstgeschichte, Institut für Orient- und Asienwissenschaften, Universität Bonn

Dr. **Heinrich Winterscheid**, Goldfuß-Museum für Paläontologie, Steinmann-Institut, Universität Bonn

Dr. **Rolf Wisskirchen**, Sammlungsleiter Herbarium, Naturhistorischer Verein der Rheinlande und Westfalens

Prof. Dr. **Friederike Wißmann**, kommiss. Leiterin der Abteilung für Musikwissenschaft und Sound Studies, Institut für Sprach-, Medien- und Musikwissenschaft, Universität Bonn

Prof. Dr. **Harald Wolter-von dem Knesebeck**, Professor für Kunstgeschichte, Kunsthistorisches Institut, Leiter des Paul-Clemen-Museums, Universität Bonn

Dr. **Dirk Wundram**, Wissenschaftlicher Mitarbeiter, Geographisches Institut, Universität Bonn

Dr. **Anne Zacke**, stv. Leiterin des Mineralogischen Museums, Steinmann-Institut, Universität Bonn

Prof. Dr. **Reinhard Zöllner**, Professor für Japanologie, Abteilung für Japanologie und Koreanistik, Institut für Orient- und Asienwissenschaften, Universität Bonn

Verzeichnis der Beiträge